내일은 1급

장민희 지음

GTQi 일러스트

Ver. CC (CS4 / CS6 포함)

KB131536

김앤북
KIM & BOOK

내일은 1급 GTQi 일러스트

초판1쇄 인쇄 2023년 10월 30일
초판1쇄 발행 2023년 11월 6일
지은이 장민희
기획 김응태, 정다운
디자인 서제호, 서진희, 조아현
판매영업 조재훈, 김승규, 문지영

발행처 ㈜아이비김영
펴낸이 김석철
등록번호 제22-3190호
주소 (06728) 서울 서초구 서운로 32, 우진빌딩 5층
전화 (대표전화) 1661-7022
팩스 02)3456-8073

ISBN 978-89-6512-855-7 13000
정가 20,000원

잘못된 책은 바꿔드립니다.

머리말

GTQ는 그래픽 디자인 분야의 제일 기본적인 자격증이라 할 수 있습니다. 지금도 매년 많은 수험생들이 자격증 취득을 위해 도전합니다. 다른 자격증에 비해 시험 시간도 짧고 문제 난이도가 높지 않아 보이지만 연습을 충분히 하지 않으면 한 번에 취득하기 어려운 자격이기도 합니다. GTQ는 포토샵 자격증을 더 많이 취득하지만 실무에서는 포토샵만 사용하기보다 일러스트레이터를 함께 사용하는 경우가 많습니다. 두 프로그램을 모두 활용한다면 더욱 다양한 작업이 가능하며 작업 시간을 줄일 수 있거나 훨씬 능률이 올라갑니다. 따라서 조금이라도 일러스트레이터를 다룰줄 안다면 GTQ와 GTQi를 함께 취득하는 것이 좋습니다.

GTQi 자격증 취득을 위해서 일러스트레이터의 모든 기능을 다 숙지하여야 하는 것은 아닙니다. 15년 이상의 실무 경력자로서 일러스트레이터를 다루기 위한 기초 지식과 GTQi 시험을 위한 기술들을 핵심만 뽑아 집필하였습니다. 출제되는 유형이 정해져 있으므로 본 도서에 설명된 유형들을 익히고 연습한다면 충분히 자격증을 취득할 수 있습니다.

그래픽 디자이너가 되기 위해 자격증이 반드시 있어야만 하는 것은 아니지만, 어떠한 분야에서 '자격'을 인정받는다는 것은 큰 성취가 될 수 있겠지요. 본 도서는 그러한 여러분의 발걸음에 도움이 되고자 만들어졌습니다. 다년간 그래픽 디자인 강의를 통해 수많은 수강생들을 만나며 수험생분들이 많이 하는 실수가 무엇인지 보았습니다. 실수를 줄이고, 문제를 보다 쉽게 풀기 위한 팁들을 많이 수록하였으니 도서를 꼼꼼히 읽어보고 많이 연습하여 꼭! GTQi 자격증 취득이라는 목표에 도달하시기 바랍니다. 응원하겠습니다!

저자 장민희

버전 안내

이 책은 GTQi 1급 취득 및 실무 적용을 위하여 Adobe Illustrator CC 영문판을 기준으로 제작되었습니다. 프로그램이 계속 업데이트되므로 같은 CC 버전이라도 본 도서와 차이가 있을 수 있습니다. CS4, CS6 등의 다른 버전과 차이점이 있는 메뉴들은 각 페이지에서 확인할 수 있습니다. CC 버전이 아니더라도 기본적인 사용 방법은 같습니다.

| Mac OS 사용자는 ctrl을 Command로, alt를 Option으로 대체하여 사용합니다.

| 예제에 사용된 모든 사진과 자료들은 본 도서 내용 연습 이외의 어떠한 개인적, 상업적 사용이 허가되지 않습니다.

실습파일 다운로드

김앤북(www.kimnbook.co.kr) 사이트 접속

〉 상단 카테고리 중 '자료실'의 자료 다운로드 클릭

〉 도서명 '내일은 GTQi 일러스트' 클릭

〉 첨부파일 다운로드

학습 커리큘럼

계획을 세우고 공부한다면 의지가 더 불타오를 거예요! 중간에 포기하지 말고 끝까지 완주하시길 바랍니다. 김앤북이 여러분의 GTQi 일러스트 합격을 응원합니다.

5일 단기 커리큘럼

1일차	2일차	3일차	4일차	5일차
Chapter 1. Chapter 2.	Chapter 3. 최신 기출유형 1회 최신 기출유형 2회	Chapter 3. 최신 기출유형 3회 최신 기출유형 4회	Chapter 3. 최신 기출유형 5회 Chapter 4. 자율학습 1회	Chapter 4. 자율학습 2회 자율학습 3회

10일 단기 커리큘럼

1일차	2일차	3일차	4일차	5일차
Chapter 1. Chapter 2.	Chapter 2. 복습	Chapter 3. 최신 기출유형 1회	Chapter 3. 최신 기출유형 2회	Chapter 3. 최신 기출유형 3회
6일차	7일차	8일차	9일차	10일차
Chapter 3. 최신 기출유형 4회	Chapter 3. 최신 기출유형 5회	Chapter 4. 자율학습 1회	Chapter 4. 자율학습 2회	Chapter 4. 자율학습 3회

자격증 관련 QnA

디자인 비전공자도 GTQi 자격증 취득이 가능한가요?

GTQi는 응시 자격 제한이 없는 자격증입니다. 문제 출제 유형이 비슷하고 필기 없이 실기만 있는 시험이기에 많이 사용되는 기능 위주로 일러스트레이터 프로그램을 성실히 연습한다면 누구나 취득이 가능합니다.

단기간에 GTQi 자격증을 취득할 수 있는 합격 TIP은 무엇인가요?

GTQi는 KPC(https://license.kpc.or.kr)에서 기출문제를 제공하므로 시험 전까지 많은 문제를 풀어보는 것이 좋습니다. 90분 안에 작업을 완료하는 것에 중점을 두고 연습하는 것이 중요합니다. 본 도서에 합격을 위한 여러 팁을 수록하였으니 잘 익혀 연습 시에도 시간 안에 완성할 수 있다면 시험장에서도 수월히 작업할 수 있을 것입니다.

GTQi 자격증 유효기간이 있나요?

자격증의 유효기간은 [KPC자격 https://license.kpc.or.kr] 로그인 〉 [My 자격] 〉 [성적/자격증 관리] 〉 [자격취득현황]에서 확인할 수 있습니다.

GTQi 자격증을 취득하면 도전할 수 있는 직종은 무엇인가요?

일러스트레이터를 사용하는 모든 직무에 도전할 수 있습니다. 그래픽 디자인, 웹 디자인, UX/UI 디자인, 편집 디자인, 캐릭터 디자인, 게임 원화, 일러스트레이션, 브랜드 디자인, 디자인 전문 공무원, 디자인 강사 등 다양한 직업군이 있습니다.

1급, 2급, 3급을 차례대로 봐야 하나요?

급수에 상관없이 시험에 응시해도 상관은 없습니다. 다만 1급과 2급은 국가공인 자격이지만 3급은 민간 자격이므로 어렵더라도 1급이나 2급을 응시하는 것을 추천합니다.

※ 그 외 시험에 관한 내용 확인 및 접수 후 환불, 자격증 신청 등은 모두 [KPC자격 https://license.kpc.or.kr]에서 확인할 수 있습니다.

도서 구성

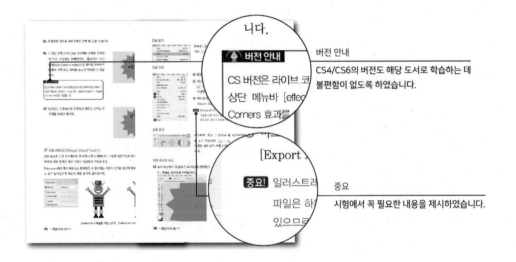

버전 안내
CS4/CS6의 버전도 해당 도서로 학습하는 데
불편함이 없도록 하였습니다.

중요
시험에서 꼭 필요한 내용을 제시하였습니다.

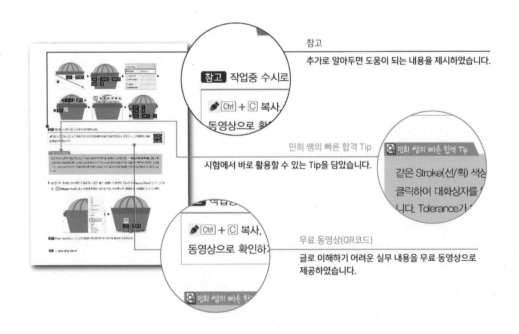

참고
추가로 알아두면 도움이 되는 내용을 제시하였습니다.

민희 쌤의 빠른 합격 Tip
시험에서 바로 활용할 수 있는 Tip을 담았습니다.

무료 동영상(QR코드)
글로 이해하기 어려운 실무 내용을 무료 동영상으로
제공하였습니다.

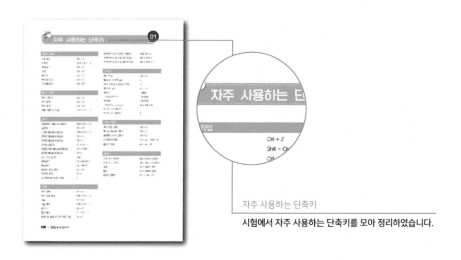

자주 사용하는 단축키

시험에서 자주 사용하는 단축키를 모아 정리하였습니다.

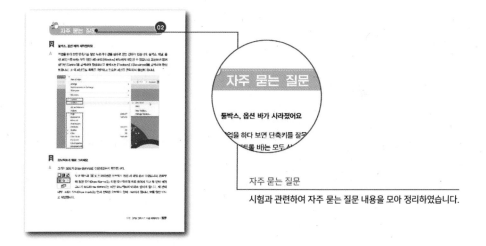

자주 묻는 질문

시험과 관련하여 자주 묻는 질문 내용을 모아 정리하였습니다.

시험 안내

1. GTQi 시험이란?

GTQi(Graphic Technology Qualification illust)는 컴퓨터그래픽 디자인 능력을 평가하는 국가공인 자격(1급, 2급) 시험으로 자격 제한 없이 남녀노소 누구나 응시 가능합니다. 기초 디자인 역량 강화에 특화되어 그래픽디자인, 심벌, 로고 제작 등 디자인에 있어 가장 기본이 되는 기술을 추출하고 조합해 일러스트레이터 프로그램을 활용하여 평가합니다.

2. GTQi 시험 문항 및 합격 기준

자격 종목	등급	문항 및 시험방법	시험 시간	S/W Version	합격 기준
국가공인	1급	3문항 실무 작업형 실기시험	90분	Adobe Illustrator CS4, CS6, CC(영문)	100점 만점 70점 이상
	2급	3문항 실무 작업형 실기시험	90분		100점 만점 60점 이상
민간자격	3급	3문항 실무 작업형 실기시험	60분		100점 만점 60점 이상

※ 시험 접수 기간에 고사장별로 응시 가능한 S/W 버전을 확인 및 선택할 수 있습니다.

3. GTQi 원서접수 및 응시료

- **원서접수**

  [KPC자격 https://license.kpc.or.kr] 접속 〉 [접수/수험표 확인] 〉 [시험일정 안내] 및 [원서접수 신청]

- **응시료**

일반 접수		
1급: 31,000원	2급: 22,000원	3급: 15,000원
군장병 접수		
1급: 25,000원	2급: 18,000원	3급: 12,000원

※부가가치세 포함 및 결제대행수수료 1,000원 별도 금액

- **합격 여부 확인**

  3주 뒤 [KPC자격 https://license.kpc.or.kr]에서 성적 확인 및 자격증 신청 가능합니다.

시험절차

※ 신분증 및 수험표 출력본 미지참 시 응시 불가, 캡처 이미지, 모바일 신분증 불인정

1. 시험장 입실

감독위원의 안내에 따라 수험표 또는 자리 배치표에 지정된 PC에 앉습니다.

2. 컴퓨터 점검

컴퓨터를 켠 후 시스템에 문제가 있는지 확인합니다.

프로그램 또는 컴퓨터 시스템에 문제가 있다면 감독위원에게 자리 변경을 요청합니다.

3. 수험번호 입력

- 감독위원의 지시에 따라 바탕화면에 있는 [KOAS 수험자용] 프로그램을 실행합니다.
- 수험번호를 입력하고 [확인]을 클릭합니다.
- 수험번호와 성명, 수험과목 등을 모두 확인한 후 문제가 없으면 [확인]을 클릭합니다.

4. 문제지 수령

감독위원이 배부한 문제지를 받은 후 총 4쪽이 맞는지 확인하고, 인쇄가 잘못된 곳은 없는지 체크합니다.

5. 시험

시험이 시작되면, 일러스트레이터 프로그램을 실행합니다.

혹시 모를 컴퓨터 오류를 대비해 자주 저장하며 작업합니다.

6. 문제풀이

파일명	예
수험번호-성명-문제번호.ai	12345678-홍길동-1.ai

문제 편집 작업이 모두 완료될 때마다 ai파일을 답안 작성요령에 맞게 저장한 후, [KOAS 수험자용] 프로그램의 [답안 전송하기] 버튼을 눌러 감독관 PC로 전송합니다.

7. 시험 종료

시험이 끝나면 감독위원의 지시에 따라 [수험자 시험 종료] 버튼을 클릭합니다.

8. 시험장 퇴실

일러스트레이터 프로그램 종료 등 주변을 정리 정돈하고 감독위원의 안내에 따라 시험장을 퇴실합니다.

합격자 발표일은 시험일로부터 3주 뒤 [KPC 자격] 〉 [합격 확인/자격증 신청]에서 확인할 수 있습니다.

시험장 환경설정

시험장 입실 후 문제지를 받기 전까지 컴퓨터를 점검할 수 있는데, 이때 연습했던 환경과 동일하게 일러스트레이터를 미리 설정해 두는 것이 좋습니다.

1. 초기화

시험장의 컴퓨터는 많은 사람이 사용했기 때문에 여러 설정값이 다를 수 있으므로 이전 사용자가 설정해 놓은 값을 초기화합니다. 일러스트레이터 프로그램 실행 전 먼저 Ctrl + Alt + Shift 를 누른 채 일러스트레이터 아이콘을 더블클릭하여 실행하거나 마우스 포인터를 일러스트레이터 아이콘으로 가져가 우클릭하여 [열기(O)]를 선택하고 설정 초기화 여부를 묻는 대화상자가 나타나면 [Yes(예)]를 클릭합니다.

2. 기본 환경 설정

❶ 상단 메뉴바 [Edit] 〉 [Preferences(Ctrl + K)] 〉 [General] 〉 Scale Strokes & Effects 항목 체크 해제 (체크하면 오브젝트의 크기가 조절될 때 크기 비율에 따라 선 두께도 함께 조절되므로 문제에 지정된 선 두께를 유지하기 위하여 체크 해제)

❷ [Units] 〉 General: Millimeters, Stroke: Points, Type: Points

❸ [Smart Guides] 〉 Measurement Labels 항목 체크 해제 (CC버전에 해당. 체크하면 회색의 화면 오류가 있을 수 있음)

3. 폰트명 한글로 나타내기

[Edit] 〉 [Preferences] 〉 [Type] 〉 Show Font Names in English 항목 체크 해제

4. 작업 내역 설정

작업 내역을 저장하여 되돌아갈 수 있도록 하는 [History] 기능은 환경 설정에 정해놓은 횟수까지만 저장하므로 최대값을 설정합니다.

❶ [Edit] 〉 [Preferences] 〉 [Performance]를 선택

❷ [Other] 항목 History States(작업 내역 상태)]: 200

5. 패널 설정

자주 활용하는 패널을 꺼내두고 작업이 용이하도록 설정하여 저장합니다.

❶ 상단 메뉴바 [Window] 〉 [Workspace] 〉 [Essentials Classic] 〉 [Reset Essentials Classic]

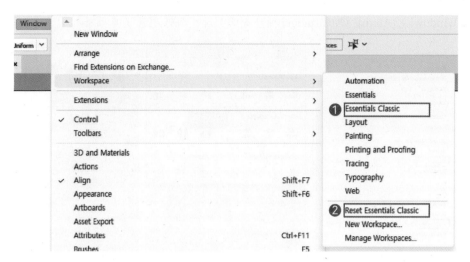

버전안내: 이전 버전 사용자는 [Essentials]로 세팅합니다.

❷ [Properties] 패널은 접고 [Color] 패널을 펼친 뒤, [Color] 패널과 [Stroke] 패널의 메뉴버튼
(≡) 눌러 [Show Options]

❸ ◆Eraser Tool(Shift + E)을 길게 꾹 누른 뒤 Tear off 버튼을 눌러 새 창으로 분리

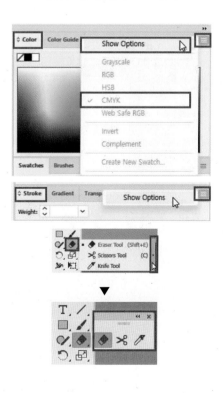

❹ [Window] 〉 [Align], [Pathfinder] 패널 선택 〉 작업 화면 편한 곳에 배치

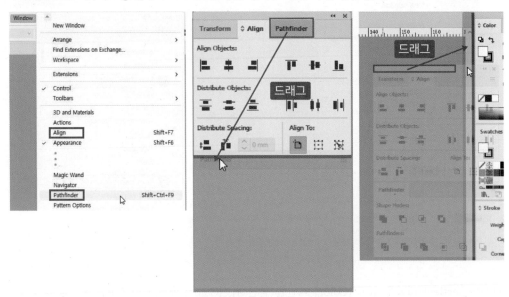

❺ 도구 박스에 모든 도구가 활성화되어있고 상단에 옵션바([Window] 〉 [Control])가 있는지 확인한 다음, 그 밖에 사용자의 편의에 맞춘 작업화면을 구성하고 [Window] 〉 [Workspace] 〉 [New Workspace] 〉 현재 작업환경 저장(이름 예시: GTQ)

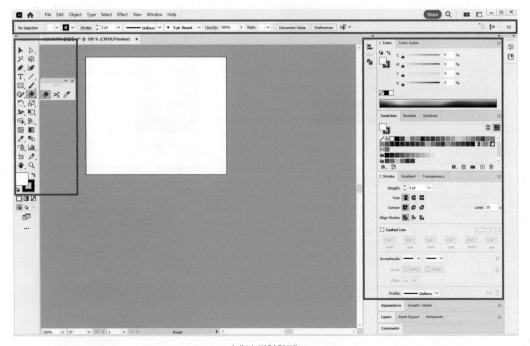

〈예시 작업환경〉

참고 작업 도중 필요한 패널을 닫았거나 초기화가 필요한 경우 [Window] 〉 [Workspace] 〉 [Reset GTQ] 하여 저장했던 처음 환경으로 초기화하고, 작업환경을 삭제하거나 편집할 경우 [Window] 〉 [Workspace] 〉 [Manage Workspace] 메뉴에서 설정합니다.

6. 작업화면에서 Ctrl + R을 눌러 눈금자를 표시합니다.

7. 문제지 배부 후 문제 사진에 격자 그리기

문제의 《출력형태》와 비슷하게 작업하기 위하여 가이드를 그려두는 것도 좋습니다. 문제 사진을 가로, 세로 각각 2등분하거나 4등분하여 선을 그려두고, 작업화면에도 가이드를 같은 위치에 생성한 뒤 작업합니다. (시간이 부족하다면 생략하여도 무관합니다.)

CON TENTS
차례

내일은 GTQi 일러스트

CHAPTER

01

GTQi 일러스트 시험 파헤치기

급수	문제유형	시험시간	수험번호	성명
1급	A	90분		

수험자 유의사항

- 수험자는 문제지를 받는 즉시 응시하고자 하는 과목 및 급수가 맞는지 확인한 후 수험번호와 성명을 작성합니다.
- 파일명은 본인의 "수험번호−성명−문제번호"로 공백 없이 정확히 입력하고 답안폴더(내문서₩GTQ 또는 라이브러리₩문서₩GTQ)에 ai 파일 포맷으로 저장해야하며, 다른 파일 형식으로 저장하였을 경우 0점 처리됩니다. 답안문서 파일명이 "수험번호−성명−문제번호"와 일치하지 않거나, 답안 파일을 전송하지 않아 미제출로 처리될 경우 불합격 처리됩니다.
- 수험자 정보와 저장한 파일명, 저장 위치가 다를 경우 전송이 되지 않으므로, 주의하시기 바랍니다.
- 답안 작성 중에도 주기적으로 '저장'과 '답안 전송'을 이용하여 감독위원 PC로 답안을 전송하셔야합니다. (※ 작업한 내용을 저장하지 않고 전송할 경우 이전의 저장내용이 전송되오니 이점 반드시 유념하시기 바랍니다.)
- 답안문서는 지정된 경로 외의 다른 보조기억장치에 저장하는 행위, 지정된 시험 시간 외에 작성된 파일을 활용한 행위, 기타 통신수단(이메일, 메신저, 네트워크 등)을 이용하여 타인에게 전달 또는 외부 반출하는 행위는 부정으로 간주되어 자격기본법 제32조에 의거 본 시험 및 국가공인 자격시험을 2년간 응시할 수 없습니다.
- 시험 중 부주의 또는 고의로 시스템을 파손한 경우와 〈수험자 유의사항〉에 기재된 방법대로 이행하지 않아 생기는 불이익은 수험자의 책임임을 알려 드립니다.
- 시험을 완료한 수험자는 최종적으로 저장한 답안파일이 전송되었는지 확인한 후 감독위원의 지시에 따라 문제지를 제출하고 퇴실합니다.

답안 작성요령

- 온라인 답안 작성 절차
- 수험자 등록 ⇒ 시험 시작 ⇒ 답안파일 저장 ⇒ 답안 전송 ⇒ 시험 종료
- 배점은 총 100점으로 이루어지며, 점수는 각 문제별로 차등 배분됩니다.
- 각 문제는 제시된 조건에 맞게 답안을 작성하셔야 하며, 조건을 지키지 못했을 경우에는 0점 또는 감점 처리됩니다.
- 조건에서 주어진 단위는 'mm(밀리미터)'입니다. 눈금자는 작성하지 않으며, 그 외는 출력형태(레이아웃, 색상, 문자, 규격 등)와 같게 작업하십시오.
- 문제 조건에 서체의 지정이 없을 경우 한글은 굴림이나 돋움, 영문은 Arial로 작업하십시오. (단, 그 외 제시되지 않은 문자 속성을 기본값으로 작성하지 않은 경우는 감점 처리됩니다.)
- 문제 조건에 크기와 색상, 두께의 지정이 없을 경우 《출력형태》를 참고하여 작업해 주시기 바랍니다.
- Image Mode(이미지 모드)는 별도의 처리조건이 없을 경우에는 CMYK로 작업하십시오.
- 조건에서 제시한 기능을 임의로 합치거나 각 기능에 대한 속성을 해지할 경우 해당 요소는 0점 처리됩니다.

한국생산성본부

다음의 《조건》에 따라 아래의 《출력형태》와 같이 작업하시오.

조건

파일저장규칙	AI	파일명	문서₩GTQ₩수험번호−성명−1.ai
		크기	100 x 80mm

1. 작업 방법
   ① 도형, 변형 툴과 Pathfinder 기능을 활용하여 오브젝트를 작성한다.
   ② 그 외 《출력형태》참조

2. 문자 효과
   ① SUMMER HOLIDAYS (Arial, Regular, 14pt, 21pt, C0M0Y0K0, C40M70Y100K50)

출력형태

C30Y70,
C10M40Y60,
M60Y60,
K100, M30Y30,
C0M0Y0K0,
C50M80Y100K30,
Y100 → M90Y90,
(선/획) C30Y70, 2pt,
C30M60Y80K20, 1pt

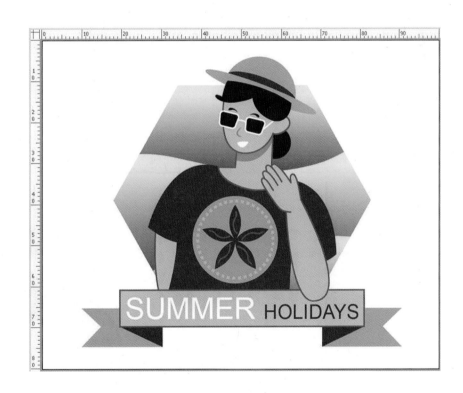

다음의 《조건》에 따라 아래의 《출력형태》와 같이 작업하시오.

조건

파일저장규칙	AI	파일명	문서\GTQ\수험번호-성명-2.ai
		크기	160 x 120mm

1. 작업 방법
   ① 야자 음료는 Pattern 기능을 활용하여 작성한다. (패턴 등록 : 야자 캔디)
   ② 튜브에는 Clipping Mask를 적용한다.
   ③ Brush는 《출력형태》를 참고하여 작성한다.
   ④ Effect는 《출력형태》를 참고하여 작성한다.
   ⑤ 그 외 《출력형태》참조

2. 문자 효과
   ① COCONUT CANDY (Times New Roman, Bold, 15pt, 21pt, C0M0Y0K0, C80M50)
   ② Cool Summer (Times New Roman, Bold Italic, 22pt, C0M0Y0K0, Opacity 50%)

출력형태

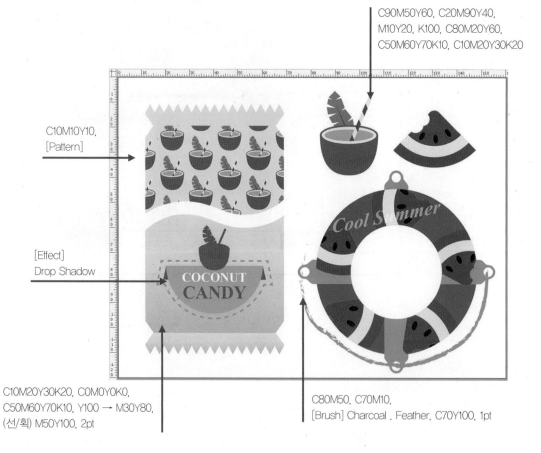

C90M50Y60, C20M90Y40,
M10Y20, K100, C80M20Y60,
C50M60Y70K10, C10M20Y30K20

C10M10Y10,
[Pattern]

[Effect]
Drop Shadow

C10M20Y30K20, C0M0Y0K0,
C50M60Y70K10, Y100 → M30Y80,
(선/획) M50Y100, 2pt

C80M50, C70M10,
[Brush] Charcoal . Feather, C70Y100, 1pt

다음의 《조건》에 따라 아래의 《출력형태》와 같이 작업하시오.

조건

파일저장규칙	AI	파일명	문서₩GTQ₩수험번호-성명-3.ai
		크기	210 x 297mm

1. 작업 방법
① 《참고도안》은 직접 제작한 후 Symbol로 활용한다. (심볼 등록 : 갈매기)
② 'WELCOME', 'HAPPY ISLAND' 문자에 Envelope Distort 기능을 적용한다.
③ Brush는 《출력형태》를 참고하여 작성한다.
④ Effect는 《출력형태》를 참고하여 작성한다.
⑤ Clipping Mask를 이용하여 디자인을 정리한다.
⑥ 그 외 《출력형태》참조

2. 문자 효과
① WELCOME (Arial, Bold, 70pt, C100M100)
② HAPPY ISLAND (Times New Roman, Regular, 45pt, C0M0Y0K0)
③ 해녀회 (궁서, 25pt, K100)

참고도안

C0M0Y0K0,
K40,
K70, K100,
C10M40Y60

출력형태

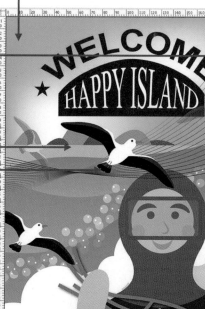

210 X 110mm
[Mesh] C60, C0M0Y0K0

[Brush] Bubbles, 2pt

[Blend] 단계 : 15,
(선/획) C100, 1pt
→ C100M100, 1pt

C100M100, C0M0Y0K0,
C70M70Y70,
C40M40Y40,
C30M20Y20,
C80M20 → C40M30

[Symbol]

K100, C0M0Y0K0,
C90M70Y70K40,
C20M90Y70,
M30Y30, M50,
M40Y30, C100,
C10M50Y50, M20Y40,
C30M40Y50, C70M70Y70,
C70M30Y70,
C100, Opacity 40%,
(선/획) C30M70Y50, 3pt

[Effect]
Drop Shadow

도형, 변형 툴과 Pathfinder 기능을 활용한 아이덴티티 디자인

주요 기능
- 도형 도구(Shape, Line Tool)
- 그리기 도구(Pen, Pencil Tool)
- 문자 도구(Type Tool)
- 변형 도구
  (Scale, Rotate, Reflect, Free Transform Tool)

- Brush 패널 및 도구
- Stroke 패널 활용
- 그라디언트 칠
- Pathfinder

Brush와 Pattern 기능을 활용한 패키지 디자인

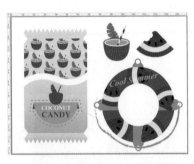

주요 기능
- 도형 도구(Shape, Line Tool)
- 그리기 도구(Pen, Pencil Tool)
- 문자 도구(Type Tool)
- 변형 도구
  (Scale, Rotate, Reflect, Free Transform Tool)
- Brush 패널 및 도구

- Stroke 패널 활용
- 그라디언트 칠
- Pathfinder
- 패턴 생성 및 적용
- Clipping Mask
- Effect-Drop Shadow
- Opacity(불투명도)

다양한 디자인 요소들을 활용한 광고포스터 제작

주요 기능
- 도형 도구(Shape, Line Tool)
- 그리기 도구(Pen, Pencil Tool)
- 변형 도구
  (Scale, Rotate, Reflect, Free Transform Tool)
- Type Tool(문자 도구)
- Mesh Tool(망 도구)
- Blend Tool(블렌드 도구)
- Brush 패널 및 도구
- Symbol 패널 및 도구

- Stroke 패널 활용
- Envelope Distort(둘러싸기 왜곡)
- 그라디언트 칠
- Pathfinder
- Effect-Drop Shadow
- Opacity(불투명도)
- Clipping Mask

GTQi 1급의 시험 시간은 90분, 문제는 3문항이 출제됩니다. 일러스트레이터를 사용하여 문제지에 출제되어 있는 대로 똑같이 작업한 뒤 ai 파일을 제출합니다.

● 파일명은 반드시 본인의 "수험번호–성명–문제번호"로 공백 없이 정확히 입력하고 답안폴더(내 PCW문서WGTQ)에 ai 파일 포맷으로 저장해야 하므로 새 문서를 만들 때부터 문서 이름을 수험번호–성명–문제번호"로 지정하고 저장부터 한 뒤 작업을 시작합니다. (예: 12345678–홍길동–1)

● Color Mode(색상 모드)는 별도의 처리조건이 없을 경우 CMYK로 작업합니다.

● 문제의 조건에 맞게 작업하였어도 요소들의 크기나 위치가 다르다면 감점 요인입니다. 레이아웃을 맞출 때는 문제지에 있는 눈금자를 참고하여 최대한 비슷하게 배치합니다. (* 가이드. 시험장 환경 설정 참고)

● 오브젝트의 배열순서가 다르면 감점 요인이므로 문자, 모양 등 요소들이 서로 겹쳐있을 경우 위아래를 잘 보고 알맞은 순서로 배열합니다.

● 효과(Effect) 적용 시 시험장의 일러스트레이터 기본 값이 《출력형태》와 다르다면 수치를 조절하여 비슷하게 표현합니다.

● 문자의 글꼴, 크기, 스타일이 제시되는 부분은 정확히 설정하고 조건이 제시되지 않았다면 한글은 굴림이나 돋움, 영문은 Arial을 선택합니다. 글꼴명이 영문으로 보여 불편하다면 [Edit] 〉 [Preferences] 〉 [Type]을 선택하여 [Show Font Names in English(글꼴 이름을 영어로 표시)] 항목을 체크 해제 합니다.

● 문제지에 제시되지 않은 조건이 있다면 응시자가 판단하여 《출력형태》와 최대한 비슷하게 작업합니다.

● 조건에서 제시한 Brush, Blend, Effect, Envelope Distort, Symbol, Mesh 등의 기능을 임의로 합치거나 각 기능에 대한 속성을 해지할 경우 해당 요소는 0점 처리되니 확장하거나 속성을 확인할 수 없는 상태로 변형하지 않습니다.

| GTQi 일러스트 1급 시험은 90분 이내에 난이도 있는 3문제를 작업해야 하므로 시간 안에 완성하기 어렵지만, 일러스트레이터의 모든 기능이 출제되는 것은 아닙니다. 문제 출제 유형이 비슷하고 《조건》에 주어지는 기능이 정해져 있으므로 아래의 유형들을 익히고 연습한다면 충분히 합격할 수 있는 시험입니다.

중요 모든 문제는 문자, 모양 등 각 요소들의 위치와 크기가 《출력형태》와 비슷하여야 감점이 되지 않습니다.

유형 1. 도형, 변형 도구 사용하고 Pathfinder를 활용하여 모양 만들기

도형 도구를 사용하여 기본적인 오브젝트를 그린 뒤 회전, 반전, 자유 변형 등의 도구를 사용하여 형태를 변형합니다. [Pathfinder] 패널 및 지우개, 칼, 도형 구성 도구 등을 활용하여 오브젝트를 합치고, 나누어 디테일하게 모양을 만듭니다.

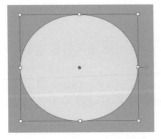

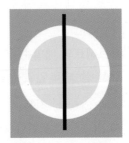

❶ 도형 도구로 기본 도형 생성

❷ 회전 할 오브젝트 선택 후 ↻
Rotate Tool(회전 도구 R)의 대화
상자를 열어 회전 각도 입력하고
[Copy]

❸ Ctrl + D 눌러 변형 반복

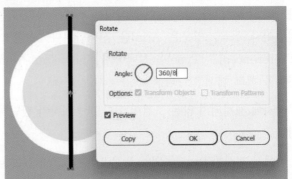

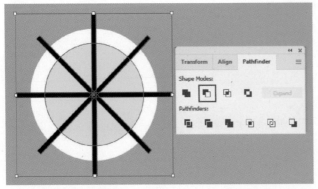

❹ Pathfinder를 적용할 오브젝트 모두 선택 후 적절한 기능의 Pathfinder 아이콘 클릭하여 적용

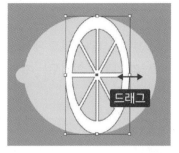

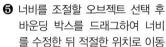

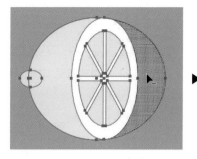

❺ 너비를 조절할 오브젝트 선택 후 바운딩 박스를 드래그하여 너비를 수정한 뒤 적절한 위치로 이동

❻ 오브젝트 모두 선택 후 👆Shape Builder Tool(도형 구성 도구 Shift + M)로 필요 없는 부분 Alt 누르고 클릭

* 도형 도구에 관한 자세한 내용은 48~54쪽을 참고합니다.
* 변형 도구에 관한 자세한 내용은 68~72쪽을 참고합니다.
* Pathfinder 및 오브젝트 자르기, 나누기에 관한 자세한 내용은 78~83쪽을 참고합니다.

유형2. Pen Tool(펜 도구 P), Pencil Tool(연필 도구 N) 사용하여 모양 그리기

그리기 도구를 사용하여 사람, 자연물 등의 형태를 그립니다. 펜 도구 사용이 익숙하지 않으면 시간이 굉장히 오래 걸리는 작업이 많이 출제되므로 상당한 연습이 필요하며, 자유로운 형태의 곡선일 경우 연필 도구를 사용하여 빠르게 그리는 것이 좋습니다.

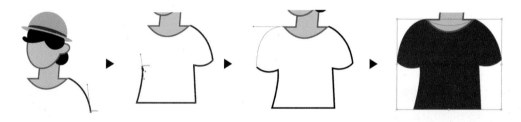

❶ ✏️Pen Tool(펜 도구 P)로 고정점을 드래그하여 곡선을 그리고, 고정점을 Alt 누르고 클릭하여 방향선(Handle) 삭제. 수평, 수직으로 반듯하게 그리려면 Shift 누르고 클릭하여 《출력형태》에 맞춰 작업
❷ 문제에 제시된 속성 적용

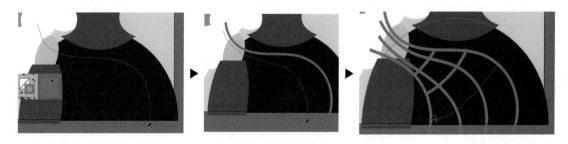

❶ ✏️Pencil Tool(연필 도구 N)로 자유롭게 드래그하여 《출력형태》에 맞춰 작업
❷ 문제에 제시된 속성 적용

* 그리기 도구에 관한 자세한 내용은 73~77쪽을 참고합니다.

유형3. 그라디언트로 색 채우기

지정된 색상으로 칠(Fill) 속성에 그라디언트를 채웁니다. 그라디언트 도구보다는 그라디언트 패널을 활용하여 작업하는 것이 효율적입니다. 색상만 지정되므로 그라디언트 패널의 기능을 익혀두는 것이 좋습니다.

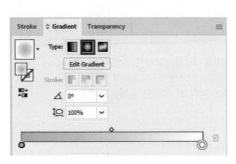

❶ 문제에 제시된 색상으로 그라디언트 적용

❷ [Gradient] 패널에서 《출력형태》에 맞게 [Type]과 색상 정지점의 위치, 방향(각도) 등 설정

* 그라디언트에 관한 자세한 내용은 59~62쪽을 참고합니다.

유형4. Stroke 패널에서 선 모양 변경

선 패널에서는 다양한 선 모양 작업을 할 수 있습니다. 점선으로 변경하는 문제가 반드시 출제되는데 선의 두께는 지정되나 점선의 점 길이는 명시되지 않으므로 《출력형태》와 비슷하게 작업합니다. 선의 프로필을 변경하는 기능도 자주 사용됩니다.

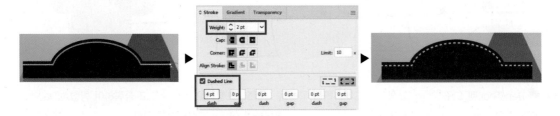

❶ 점선으로 변형할 오브젝트 작업 후 문제에 제시된 획(Stroke) 색상과 두께 적용
❷ [Stroke] 패널에서 [Dashed Line] 항목에 체크하고 첫 번째 [dash] 항목의 값을 《출력형태》와 비슷하게 입력

* Stroke 패널에 관한 자세한 내용은 52쪽을 참고합니다.

유형5. 브러시 적용

획(Storke) 속성에 다양한 모양의 브러시를 적용합니다. 2번 문제에서는 [Artistic] 〉 [Artistic_ChalkCharcoalPencil] 견본의 Charcoal-Pencil, Charcoal-Feather 브러시가 자주 출제되고 3번 문제에서는 [Decorative] 〉 [Decorative_Scatter] 견본의 다양한 산포 브러시가 자주 출제됩니다. 브러시의 이름만 명시되므로 [Artistic], [Borders], [Decorative] 견본들을 열어 위치와 모양을 익혀두는 것이 좋습니다.

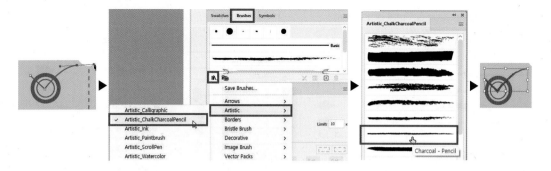

❶ 브러시를 적용할 오브젝트 작업 후 [Brush] 패널에서 라이브러리 버튼()을 눌러 견본 창에서 문제에 제시된 브러시 클릭하여 적용

❷ 문제에 제시된 획(Stroke) 색상과 두께 적용

[Artistic] 〉
[Artistic_ChalkCharcoalPencil]

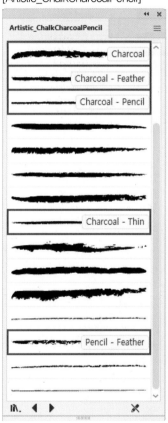

[Decorative] 〉
[Decorative_Scatter]

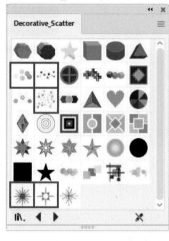

[Borders] 〉
[Borders_Novelty]

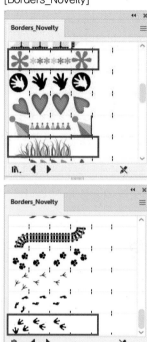

[Decorative] 〉 [Elegant Curl & Floral Brush Set]

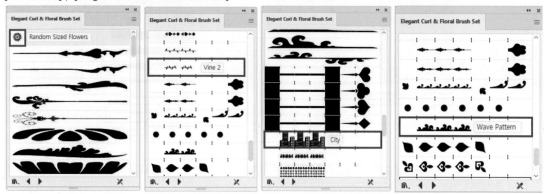

브러시 견본 창의 메뉴 버튼을 누르고 [List View]를 클릭하면 브러시 모양의 미리보기가 아닌 브러시 이름이 보이는 목록으로 변경됩니다. 모양으로 구분하기 어렵다면 [List View] 모드로 변경하여 제시된 브러시 이름을 찾아 적용합니다.

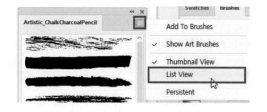

* 브러시에 관한 자세한 내용은 100~102쪽을 참고합니다.

유형6. 패턴 만들고 등록한 뒤, 채우기

2번 문제에서는 패턴을 등록하여 패키지 디자인에 적용합니다. 오브젝트를 패턴으로 등록하면 반복되는 무늬로 적용할 수 있습니다. 패턴의 배열과 사이 간격 등을 다양하게 조정하여 등록할 수 있고 주로 오브젝트의 칠(Fill)에 패턴을 적용한 뒤 ⊞Scale Tool(크기 조절 도구 Ⓢ)의 대화상자에서 크기를 조절합니다.

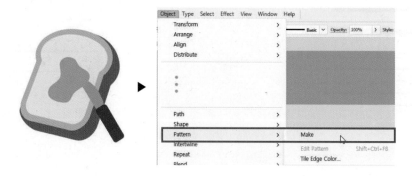

❶ 패턴으로 등록할 오브젝트 선택 후 상단 메뉴바 [Object] 〉 [Path] 〉 [Pattern] 클릭

❷ 패턴 편집 화면으로 변경되면 [Name] 항목에 문제에 제시된 패턴 이름을 입력하고 [Tile Type]을 지정

❸ [Done]을 클릭하여 패턴을 등록하고 [Swatches] 패널에서 확인

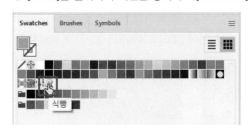

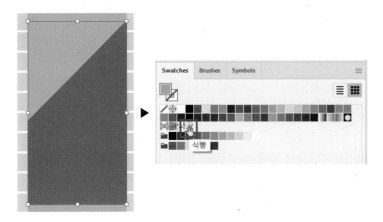

❹ 패턴을 적용할 오브젝트 선택 후 [Swatches] 패널에서 등록한 패턴 클릭

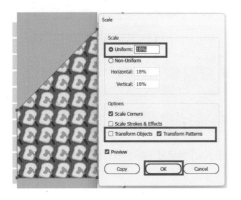

❺ Scale Tool(크기 조절 도구 S) 대화상자에서(도구 더블클릭 또는 Enter↵) [Transform object] 항목은 체크 해제하고 [Transform Pattern] 항목에만 체크 후 [Uniform] 항목의 값을 조절하여 《출력형태》와 비슷한 크기로 지정

* 패턴에 관한 자세한 내용은 86~90쪽을 참고합니다.

유형7. Clipping Mask

아트웍을 특정 마스크 오브젝트 영역만큼 보이도록 하는 기능으로 선택한 오브젝트들 중 맨 위에 있는 개체가 아래에 있는 모든 개체를 클립합니다. 특히 3번 문제에서는 모든 작업을 마친 후 문서와 같은 크기의 사각형을 맨 위에 그리고 아래의 모든 오브젝트를 클립합니다.

❶ 마스크 오브젝트를 그리고 클립할 모든 오브젝트를 선택한 뒤 Clipping Mask(Ctrl + 7)

* Clipping Mask에 관한 자세한 내용은 106~107쪽을 참고합니다.

유형8. 문자 또는 오브젝트에 Envelope Distort 활용하여 형태 변형

선택된 오브젝트를 다른 모양으로 왜곡하거나 형태를 변경하는 기능으로 GTQi 시험에서는 글자에 적용하는 문제가 출제됩니다. 물결 모양, 물고기 모양 등 다양한 형태로 변형합니다. [Style]이 명시되지 않으므로 모양과 이름을 익혀두는 것이 좋습니다.

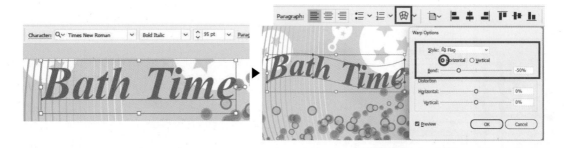

❶ [Object] 〉 [Envelope Distort] 〉 [Make With Warp] 메뉴를 클릭하고 [Style] 항목을 《출력형태》에 맞게 지정

● Arc

Warp Text

● Arc Lower

Warp Text

● Fish

Warp Text

● Shell Lower

Warp Text

● Arc Upper

Warp Text

● Rise

Warp Text

● Arch

Warp Text

● Fisheye

Warp Text

● Bulge

Warp Text

● Inflate

Warp Text

● Shell Upper

Warp Text

● Squeeze

Warp Text

● Flag

Warp Text

● Twist

Warp Text

● Wave

Warp Text

* Envelope Distort에 관한 자세한 내용은 108~111쪽을 참고합니다.

유형9. Effect-Drop Shadow 적용

그림자, 내부광선, 외부 광선 등 다양한 효과를 오브젝트에 적용할 수 있습니다. GTQi 시험에서는 주로 그림자 효과가 많이 출제됩니다.

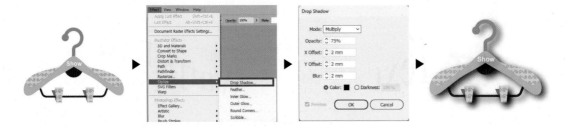

❶ [Effect] 〉 [Stylize] 〉 [Drop Shadow]를 클릭하여 《출력형태》와 비슷하게 그림자 효과를 적용

* Effect에 관한 자세한 내용은 91~93쪽을 참고합니다.

유형10. Opacity(불투명도) 변경

오브젝트 선택 후 옵션바 또는 [Transparency] 패널에서 [Opacity] 항목으로 오브젝트의 불투명도
를 조절할 수 있습니다. 100%는 불투명한 상태이며 값이 낮을수록 오브젝트가 투명하게 표현됩니다.

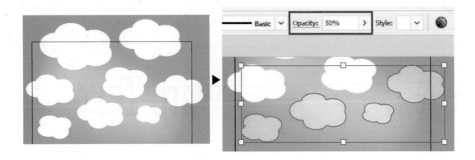

유형11. 심볼 등록하고 뿌리기

오브젝트를 심볼로 등록하면 여러 개를 일괄적으로 생성하기 쉽고 파일 용량을 상당히 줄일 수 있습니
다. 여러 심볼 조절 도구들을 사용하여 크기, 방향, 색상 등을 변경합니다.

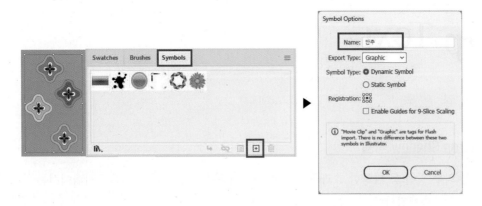

❶ 심볼로 등록할 오브젝트 선택 후 [Symbols] 패널에서 새 심볼버튼(□) 클릭하고 [Name] 항목에 문제에 제시된 심
볼 이름을 입력하고 [OK]하여 등록

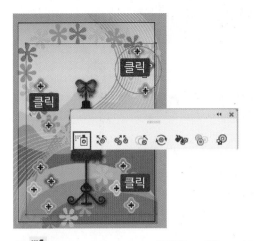

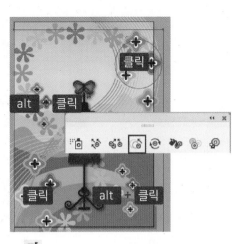

❷ Symbol Sprayer Tool(Shift + S)로 필요한 곳에 클릭하여 《출력형태》에 맞게 배치

❸ Symbol Sizer Tool로 심볼을 클릭하여 크기 조절

❹ Symbol Spinner Tool로 심볼을 드래그하여 회전

❺ Symbol Screener Tool로 심볼을 클릭하여 투명도 조절

* 심볼에 관한 자세한 내용은 103~105쪽을 참고합니다.

유형12. Blend Tool 사용하여 중간 단계 만들기

여러 오브젝트를 블렌드하면 선택한 오브젝트들 사이에 변화하는 중간 단계의 모양을 만들어 색상과 형태의 자연스러운 변화를 고르게 분포합니다. GTQi 시험에서는 두 개의 선 오브젝트를 그리고 사이에 정해진 단계를 생성하는 문제가 주로 출제됩니다.

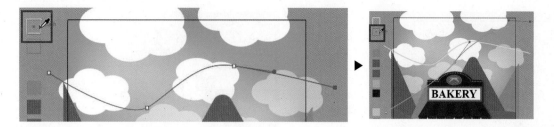

❶ ✏️ Pen Tool(P)로 《출력형태》에 맞게 곡선을 그리고 문제에 지정된 획 색상과 두께 적용

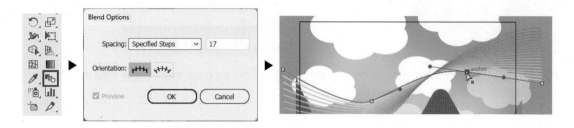

❷ 두 선을 모두 선택하고 🔵Blend Tool(W) 대화 상자에서(도구 더블 클릭 또는 Enter↵) [Spacing] 항목을
Specified Steps로 지정하고 문제에 제시된 단계 값을 입력한 뒤 [OK]

❸ Make(Alt + Ctrl + B)하여 블렌드를 적용하고 어색한 부분은 ▷.Direct Selection Tool(A)로 선택하여 수정
* Blend Tool에 관한 자세한 내용은 98~99쪽을 참고합니다.

유형13. Mesh Tool 사용하여 배경 칠하기

오브젝트에 망을 만들고 각 망 점간 매끄럽게 변화되는 여러 색상을 적용할 수 있습니다. 그라디언트
로는 표현하기 어려운 세밀한 색상 표현이 가능한 기능이지만 GTQi 시험에서는 배경이 되는 오브젝
트에 간단히 하나 또는 두 개의 지점에 색상을 변경하는 문제가 출제됩니다.

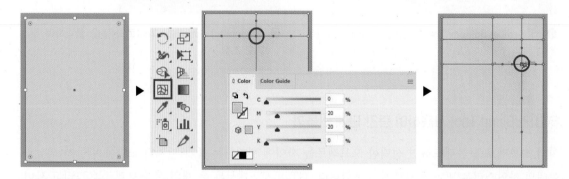

❶ 🔳Mesh Tool(U)로 《출력형태》와 비교하여 색이 바뀌는 부분을 클릭하고 [Color] 패널에서 문제에 지정된 색상
을 입력하여 적용
* Mesh Tool에 관한 자세한 내용은 112쪽을 참고합니다.

CHAPTER 02

일러스트레이터 기능 익히기

Illustrator Interface와 파일관리 01

| 일러스트레이터의 인터페이스는 사용자가 편의에 맞게 설정하여 사용할 수 있습니다. 작업이 익숙해지면 레이아웃을 변경하고 사용자만의 인터페이스를 구성하여 사용합니다.

일러스트레이터 CC 2020 홈 화면

❶ Home: 일러스트레이터 실행 후 가장 먼저 표시되는 시작 화면으로 파일을 열거나 새로운 문서(도큐멘트)를 만드는 홈 화면입니다.

> **🔵 버전 안내**
>
> 이전 버전처럼 홈 화면 없이 바로 기본 화면으로 설정하려면 메뉴바에서 [Edit] 〉 [Preferences] 〉 [General] 대화상자의 [Show The Home Screen When No Documents Are open] 항목을 체크 해제합니다. 다음 실행부터 홈 화면이 나타나지 않습니다.

❷ Learn: 일러스트레이터의 기능을 동영상으로 배울 수 있습니다.

❸ Cloud documents: 작업한 파일을 어도비 클라우드 문서에 저장하면 자동으로 동기화되어 노트북, 스마트폰 등 다양한 환경에서 언제든지 작업을 이어갈 수 있습니다.

❹ Create new: 사용자가 설정하여 새 작업 문서를 만듭니다.

❺ Open: 파일을 불러옵니다.

❻ Start a New file fast: 정해진 파일 유형으로 새 문서를 만듭니다.

일러스트레이터 CC 2020 기본 인터페이스

❶ **메뉴바**: 기능별로 나누어 놓은 메뉴입니다. 일러스트레이터 기능 선택 및 설정 등을 할 수 있습니다.

❷ **옵션바(컨트롤바)**: 도구 박스에서 선택한 도구의 세부 옵션을 설정하는 영역입니다. 옵션바가 없을 경우 메뉴바 [Window] > [Control]을 클릭합니다.

❸ **도구 박스(툴 박스)**: 각각 다른 기능을 하는 도구(툴)들이 모여 있습니다. 펼침 ⯈⯈ , 접힘 ⯇⯇ 버튼을 눌러 도구 박스 크기를 조절 할 수 있습니다. 최소화된 툴만 표시하는 [Basic] 모드와 모든 툴이 표시되는 [Advanced] 모드가 있습니다. 도구 박스가 없을 경우 메뉴바 [Window] > [Toolbars]를 클릭합니다.

[Basic] 모드에서 모든 도구를 표시하려면 도구 박스 하단 더 보기 버튼(⋯)을 누른 뒤 상단 오른쪽 옵션 ☰ 버튼을 눌러 [Advanced]로 변경합니다. [Reset]을 누르면 도구 박스가 초기화됩니다.

❹ **파일 탭**: 파일의 이름, 확대/축소 비율, 색상 모드의 기본 정보가 표시되고 작업화면을 이동하거나 파일을 닫을 수 있습니다.

❺ **패널**: 이미지 편집 작업을 위한 독립된 창으로 도구별 상세 옵션을 설정하거나 개별 특정 기능을 합니다. 모든 패널은 [Window] 메뉴에 있고 클릭하여 화면에 활성화 하거나 비활성화 합니다. 패널의 탭을 드래그하여 사용자가 위치를 변경할 수 있습니다.

 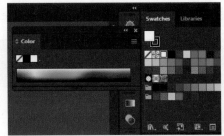

❻ 상태 표시줄: 작업 중인 파일의 확대/축소 비율, 선택한 아트보드와 도구를 표시합니다.

작업환경 설정

[Window] 〉 [Workspace] 메뉴에서 작업 분야별 작업환경을 선택하거나, 사용자가 직접 자주 사용하는 도구와 패널로 위치를 구성하여 새 레이아웃을 만들고 저장할 수 있습니다.

* 자세한 설정 방법은 GUIDE(가이드)를 참고합니다.

파일 메뉴 주요기능

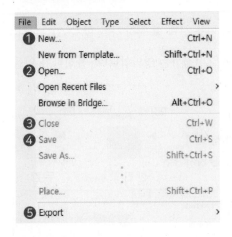

❶ New: 새 문서 만들기 [Ctrl] + [N]

❷ Open: 파일 불러오기 [Ctrl] + [O]

❸ Close: 선택된 파일 닫기 [Ctrl] + [W]

❹ Save: 저장 [Ctrl] + [S] / Save As: 다른 이름으로 저장

❺ Export: 내보내기 (Save 메뉴 외에 다른 프로그램에서 사용할 수 있는 다양한 형태로 저장)

새 문서 만들기

[File] 〉 [New] 메뉴에서 새로운 문서(도큐멘트)를 만들 수 있습니다. Ctrl + N

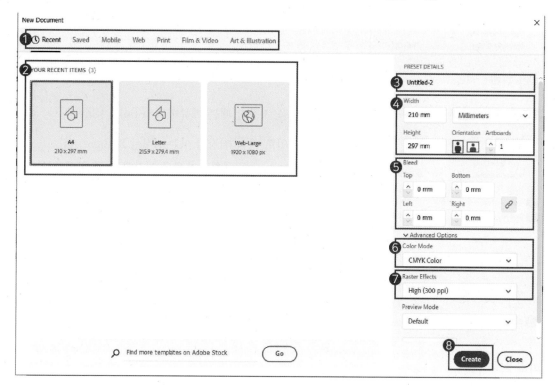

❶ 문서의 규격을 선택합니다. 인쇄용이나 웹용 등 용도에 맞는 규격을 선택할 수 있습니다.

❷ 이전에 사용했던 규격이 표시됩니다. 클릭하면 그대로 설정됩니다.

❸ 문서의 이름을 입력합니다.

❹ 문서의 너비(Width), 높이(Height) 값과 단위, 문서의 방향을 설정합니다. 주로 웹용 문서는 [px],
인쇄용 문서는 [mm] 단위를 사용합니다.
Artboards 항목으로 하나의 작업 문서에 여러 개의 대지를 만들 수 있습니다.

❺ 도련(Bleed)은 인쇄 시 필요한 설정으로 종이가 잘리는 재단 여백입니다. 재단은 오차 범위가 있기
때문에 디자인은 실제 인쇄물 크기보다 상, 하, 좌, 우 각 3mm 정도의 여백까지 더 작업해야 합니다.

❻ 색상 모드를 설정합니다. 웹용은 [RGB Color], 인쇄용은 [CMYK Color]로 설정합니다.

❼ 벡터 방식의 일러스트레이터 파일은 해상도의 영향을 받지 않으나 추후 비트맵 방식의 파일로 저장
할 경우의 해상도를 설정합니다. 웹용은 [72ppi], 인쇄용은 [300ppi]로 설정합니다.

> **중요!** 해상도와 색상 모드는 잘못 설정할 경우 좋지 않은 화질로 인쇄되거나 의도치 않은 색상으로 표현될 수 있으므
> 로 꼭 용도에 맞는 설정을 해야 합니다.

❽ 설정을 다 마쳤다면 [Create]를 눌러 문서를 만듭니다.

파일 열기

[File] 〉 [Open] 메뉴에서 열고자 하는 파일을 선택하여 불러옵니다. ⌃Ctrl + O

파일 저장

❶ 원본 파일을 저장할 때는 메뉴바의 [File] 〉 [Save] Ctrl + S

❷ 새로운 파일로 다시 저장할 때는 [File] 〉 [Save As]
Ctrl + Shift + S 대화상자에서 저장할 파일 형식을 선택하여 저장합니다.

❸ 비트맵 방식의 이미지 파일로 저장할 때는 [File] 〉 [Export] 〉 [Export As] 메뉴를 클릭합니다.

중요! 일러스트레이터 원본 파일 형식(.ai)으로 저장 시 상위 버전에서 저장된 파일은 하위 버전의 일러스트레이터에서 열리지 않거나 편집이 안 될 수 있으므로 저장 시 사용할 버전을 선택하여 저장해야 합니다.

파일 닫기

메뉴바의 [File] 〉 [Close]를 클릭하거나 파일 탭의 ✕ 버튼을 눌러 닫습니다. Ctrl + W
저장할 경우 닫기 전에 먼저 [File] 〉 [Save As] 메뉴에서 저장합니다.

화면 확대와 축소

01. 도구 박스에서 🔍 돋보기 도구(Z)를 선택합니다. 화면을 클릭하면 확대됩니다.

02. Alt 를 누르고 화면을 클릭하면 축소됩니다.

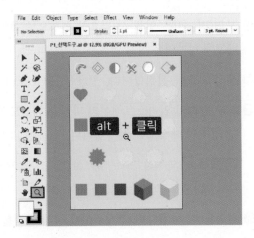

03. 그 외에도 다양한 확대/축소 방법이 있습니다.

[Alt]를 누르고 마우스 스크롤을 위, 아래로 조절해도 화면 확대와 축소를 할 수 있습니다.

[Ctrl] + [+](더하기 키): 화면 확대, [Ctrl] + [−](빼기 키): 화면 축소

[Ctrl] + [1]: 100% 원본 크기로 보기

[Ctrl] + [0]: 작업 창의 크기에 맞춰 보기

화면 이동

01. 화면이 확대된 상태에서 도구 박스의 ✋ 손 도구(H)를 선택합니다. 화면을 드래그하여 이동합니다.

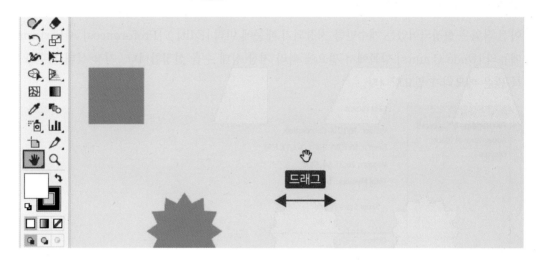

02. 손 도구를 선택하지 않아도 언제든지 [Space Bar]를 누르면 잠시 손 도구가 됩니다. 키를 누르고 있는 상태에서 화면을 드래그하여 이동합니다.

전체 화면 보기

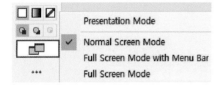

도구 박스의 제일 아래에 있는 🖼️아이콘은 전체 화면 보기 모드입니다. [F]를 누르면 전체 화면 모드로 전환되고 패널이나 도구 박스가 나타나지 않습니다. 키보드의 [Tab] 키도 비슷한 기능을 합니다.

그리기(Draw) 모드 [Shift] + [D]

도구 박스의 아이콘은 오브젝트 생성 시 배열순서 유형입니다. 왼쪽부터 일반 모드(Draw Normal)는 이전 오브젝트의 위로 쌓이게 되고 두 번째 배경 그리기 모드(Draw Behind)는 이전 오브젝트의 아래로 쌓이게 됩니다. 세 번째 내부 그리기 모드(Draw Inside)는 먼저 선택한 오브젝트 안에 그려지게 됩니다. 보통 일반 모드로 작업합니다.

작업 내역 설정

중요! 작업은 [Edit] 메뉴에서 실행 취소(Undo: [Ctrl] + [Z]) 또는 재실행(Redo: [Ctrl] + [Shift] + [Z])을 할 수 있습니다.

이전 작업은 설정되어있는 개수만큼 저장되기 때문에 미리 [Edit] 〉 [Preferences] 〉 [Performance] 메뉴의 [Undo Counts] 항목에서 필요에 따라 저장 상태 수를 설정합니다. 저장 상태 개수가 많을수록 많은 메모리가 필요합니다.

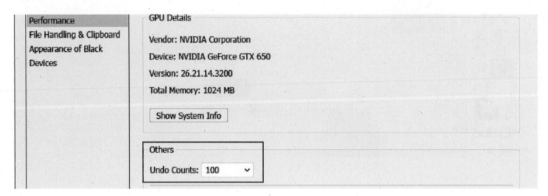

선택 도구: Selection Tool

| 오브젝트를 선택하는 방법은 여러 가지가 있지만, 기본적으로 오브젝트 전체를 모두 다 선택하여 변형·이동할 때는 선택 도구를 사용하고, 일부분의 고정점이나 선분을 부분 선택하여 변형·이동할 때는 직접 선택 도구를 사용합니다.

패스와 오브젝트의 이해: Path & Object

벡터 방식은 그래픽을 수학 함수로 표현하는 방법입니다. 좌표계(x,y)로 점과 점을 직선 또는 곡선으로 연결하여 표현하는 형태를 패스(Path)라고 합니다. 고정점(Anchor Point)과 선분(Segment)으로 이루어져 있고 이러한 패스들로 구성된 개체를 오브젝트(Object)라고 합니다. 수학적 함수로 구성되기 때문에 오브젝트 크기를 줄이거나 늘려도 선명하고 화질의 변화가 없습니다.

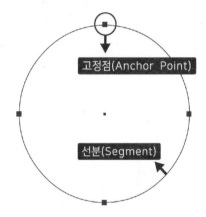

▶ 선택 도구(Selection Tool) Ⓥ

01. 클릭하여 오브젝트 전체를 선택합니다. Shift를 누르고 클릭하면 여러 개의 오브젝트가 중복 선택 되고, 선택된 오브젝트는 다시 Shift를 누르고 클릭하면 선택이 해제됩니다.

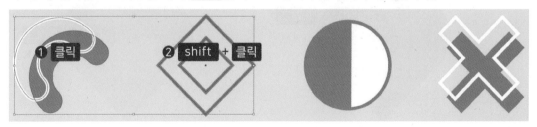

02. 작업 화면을 드래그하여 선택 영역을 지정하면 영역 안에 포함되는 모든 오브젝트를 선택할 수 있습니다.

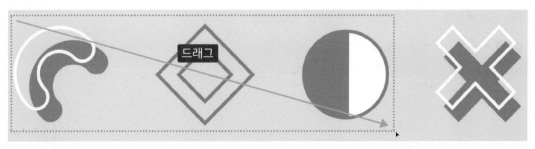

03. 모든 선택을 해제하려면 오브젝트가 없는 작업 화면을 클릭하거나 Ctrl + Shift + A(전체 선택 해제)를 누릅니다.

04. 오브젝트 선택 후 드래그하여 이동합니다. 드래그하면서 Shift를 누르면 수평, 수직, 45° 대각선 으로 반듯하게 이동합니다. 드래그 도중 Alt를 누르면 오브젝트가 복사됩니다.

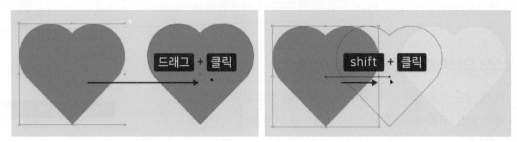

〈이동〉 〈복제〉

05. 선택 도구로 오브젝트를 선택하면 변형을 할 수 있는 바운딩 박스(Bounding Box)가 나타납니다. (바운딩 박스가 나타나지 않는 경우 메뉴바 [View] 〉 [Show Bounding Box] Ctrl + Shift + B 를 클릭합니다. 바운딩 박스의 조절점을 드래그 하여 크기 조절과 회전을 할 수 있습니다. Shift 를 누르면 오브젝트의 조정 전 너비와 높이의 비율을 고정하여 크기가 조정됩니다. 크기 조절 시 Alt를 같이 누르면 바운딩 박스의 중앙이 고정됩니다. 회전 시 Shift를 누르면 45°씩 정확하게 회전할 수 있습니다.

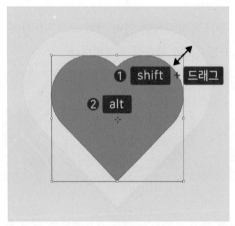

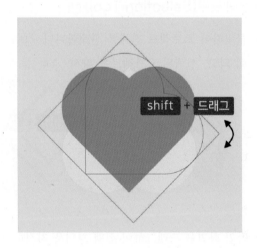

〈크기 조절〉

06. 오브젝트를 삭제하려면 선택 후 Delete를 누릅니다.

중요! 복사 후 같은 자리 위에 붙이기 (Paste in Front) Ctrl + F
복사 후 같은 자리 아래 붙이기 (Paste in Back) Ctrl + B

▷.직접 선택 도구(Direct Selection Tool) Ⓐ

01. 오브젝트 일부분의 고정점이나 선분을 클릭하여 선택합니다. 선택 시 Shift 를 누르고 클릭하면 여러 개의 고정점과 선분이 중복 선택되고, 선택된 고정점과 선분을 다시 Shift 를 누르고 클릭하면 선택이 해제됩니다. 선택된 고정점은 색상이 채워지고 선택되지 않은 고정점은 색이 채워지지 않습니다.

02. 작업 화면을 드래그 하여 선택 영역을 지정하면 영역 안에 포함되는 모든 고정점과 선분을 선택 할 수 있습니다. 오브젝트의 칠(Fill) 색상이 채워져 있는 경우 패스 안쪽을 클릭하면 모든 고정점과 선분이 선택됩니다.

〈부분 선택〉　　　　　　　　　　〈전체 선택〉

03. 모든 선택을 해제하려면 오브젝트가 없는 작업 화면을 아무데나 클릭하거나 Ctrl + Shift + Ⓐ(전체 선택 해제)를 누릅니다.

04. ▶선택 도구(Ⓥ)로 사각형 오브젝트를 선택 후 드래그 도중 Alt 를 눌러 옆의 견본 오브젝트 위에 복사합니다. Ctrl + Shift + Ⓐ를 눌러 전체 선택 해제 후 ▷.직접 선택 도구(Ⓐ)로 왼쪽 상단의 고정점을 드래그하여 이동합니다. Shift 를 누르면 수평, 수직, 45° 대각선으로 반듯하게 이동합니다. 고정점을 이동하여 다양한 형태로 패스 모양을 수정할 수 있습니다.

 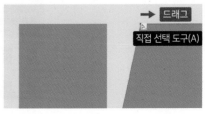

05. 고정점과 선분을 삭제하려면 선택 후 Delete를 누릅니다.

06. ▷.직접 선택 도구(A)로 오브젝트 안쪽을 클릭하여 모든 고정점을 선택합니다. ◉라이브 코너 위젯(Live Corners widget) 중 하나를 선택하여 드래그 하면 모든 코너를 둥글게 변형할 수 있습니다.

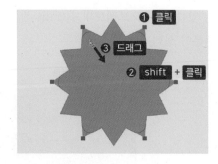

> **🔥 버전 안내**
>
> CS 버전은 라이브 코너 위젯이 없으므로 오브젝트를 선택하고 상단 메뉴바 [effect] 〉 (Illustrator Effects)[Stylize] 〉 Round Corners 효과를 적용합니다.

07. 일부분만 수정한다면 고정점을 일부만 선택한 뒤 위젯을 드래그 합니다.

✨ 자동 선택 도구(Magic Wand Tool) Y

같은 속성을 가진 오브젝트를 한 번에 모두 선택합니다. 도구를 더블클릭하거나 Enter↵를 눌러 대화상자에서 선택 영역의 세부 사항을 체크하고 사용합니다.

Tolerance(허용치): 마우스로 클릭했을 때 선택되는 색상과 비슷한 컬러의 허용치를 나타내는 옵션으로 값이 높아질수록 색상의 허용 범위가 넓어집니다.

〈Tolerance: 0 똑같은 색상만 선택〉 〈Tolerance: 50 비슷한 노랑 색상도 선택〉

올가미 도구(Lasso Tool) Q

오브젝트의 전체 또는 일부 주위를 자유롭게 드래그하여 영역을 설정합니다. 해당 영역 안의 오브젝트, 고정점 또는 패스 선분을 선택할 수 있습니다.

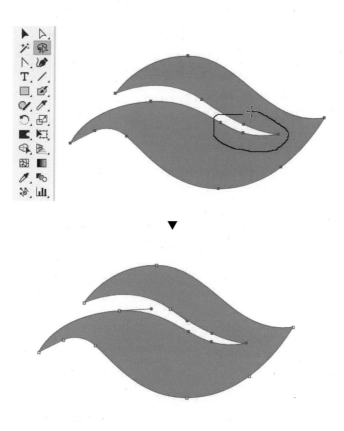

도형 도구: Shape Tool & Line Tool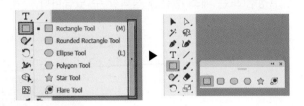

참고 도구 아이콘 하단에 작은 삼각형이 있는 경우 숨겨진 아이콘이 있습니다. Alt 를 누르고 도구를 클릭하면 다음 도구로 바뀝니다. 도구 아이콘을 길게 꾹 누르거나 우클릭하면 숨겨진 도구를 모두 확인하고 선택할 수 있습니다. 숨겨진 도구 확장 시 오른쪽의 화살표 버튼(Tear off)을 누르면 개별 도구 상자가 화면에 하나 더 생깁니다.

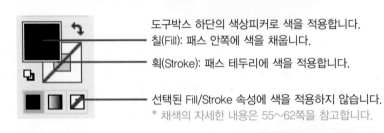

도구박스 하단의 색상피커로 색을 적용합니다.
칠(Fill): 패스 안쪽에 색을 채웁니다.

획(Stroke): 패스 테두리에 색을 적용합니다.

선택된 Fill/Stroke 속성에 색을 적용하지 않습니다.
* 채색의 자세한 내용은 55~62쪽을 참고합니다.

🔲 사각형 도구(Rectangle Tool) Ⓜ

사각형을 그리는 도구입니다.

너비 6cm 높이 4cm 입력

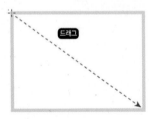

❶ 작업 화면을 클릭하면 사각형 도구 대화상자가 열립니다. 수치를 입력하여 크기를 지정합니다.

❷ 작업 화면을 드래그하여 사각형을 자유롭게 그립니다.

❸ Shift 를 누르고 드래그하면 정비례의 사각형을 그립니다.

❹ Alt 를 먼저 누르고 드래그하면 클릭한 지점이 도형의 중앙이 됩니다. 정 도형을 그릴 경우 Shift 도 같이 누릅니다.

⬜ 둥근 사각형 도구(Rounded Rectangle Tool)

모서리가 둥근 라운드 사각형을 그리는 도구입니다. 그리는 방법은 사각형 도구와 같습니다.

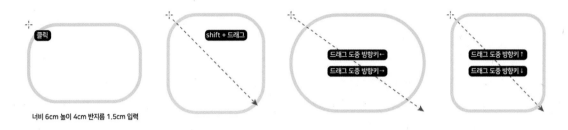

너비 6cm 높이 4cm 반지름 1.5cm 입력

드래그 도중 클릭을 꾹 유지한 상태로 키보드의 좌 방향키⬅를 누르면 각진 모서리가 되고 우 방향키
➡를 누르면 최대로 둥근 모서리가 됩니다. 상 방향키 ⬆를 누르면 모서리가 점점 더 둥글어지고 하 방
향키 ⬇를 누르면 점점 더 각지게 됩니다.

⬭ 원형 도구(Ellispse Tool) Ⓛ

원을 그리는 도구입니다. 그리는 방법은 사각형 도구와 같습니다.

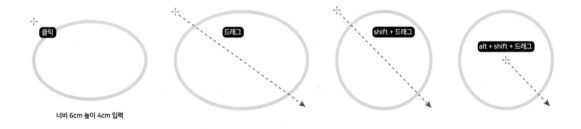

너비 6cm 높이 4cm 입력

⬡ 다각형 도구(Polygon Tool)

다각형을 그리는 도구입니다. 드래그하여 다각형을 그립니다.

01. 다각형 도구는 Alt 를 누르지 않아도 작업화면을 클릭한 지점이 도형
의 중앙이 됩니다. Shift 를 함께 누르면 각도가 비뚤어지지 않고 수
평하게 그려집니다.

02. 작업 화면을 클릭하면 다각형 도구의 대화상자가 열립니다. 중앙부터
모서리까지 반지름과 면의 개수를 입력합니다.

반지름 3cm 면 5 입력

03. 드래그 도중 클릭을 꾹 유지한 상태에서 하 방향키 ↓
를 누르면 면 개수가 줄어들고 상 방향키 ↑를 누르면
면 개수가 늘어납니다.

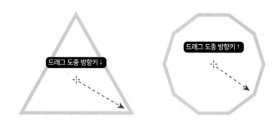

☆ 별모양 도구(Star Tool)

별을 그리는 도구입니다. 그리는 방법은 다각형 도구와 같습니다.

외각 반지름 2.5cm 내각 반지름 1cm 꼭짓점 8

드래그 도중 클릭을 꾹 유지한 상태에서 Ctrl을 누르고 드래그 하면 반지름 길이를 조절할 수 있고 Alt
를 누르면 각을 이루는 선이 수평으로 적용됩니다. 조절이 다 끝난 뒤 마우스를 떼기 전 Shift를 누르
면 각도가 비뚤어지지 않은 수평 도형이 됩니다.

🔘 플레어 도구(Flare Tool)

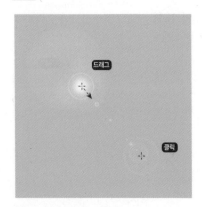

드래그하여 카메라 렌즈 내부에서 생기는 빛 번짐 효과인 플레
어 효과를 나타내는 도형을 그립니다. 자동으로 빛을 표현하기
위한 혼합 모드가 적용되어 있으므로 색이 있는 도형 위에 그릴
때 효과가 더욱 잘 표현됩니다.

작업 화면을 클릭하면 다른 도형 도구처럼 세부 사항을 조절할
수 있는 대화상자가 열립니다.

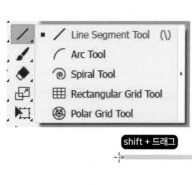

✏️ 선분 도구(Line Segment Tool) ⒲

직선을 그리는 도구입니다. 그리는 방법은 사각형 도구와 같습니다.

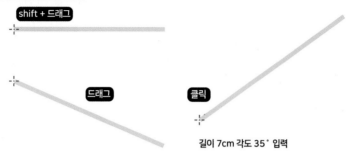

길이 7cm 각도 35° 입력

⌒ 호 도구(Arc Tool)

호를 그리는 도구입니다. 그리는 방법은 사각형 도구와 같습니다. 패스의 시작점과 끝점이 연결되어있지 않은 열린 타입(Open Type)이 있고 시작점과 끝점이 연결되어있는 닫힌 타입(Close Type)이 있습니다. 작업 화면을 클릭하여 열리는 대화상자에서 선택합니다.

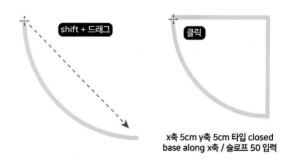

x축 5cm y축 5cm 타입 closed base along x축 / 슬로프 50 입력

◎ 나선형 도구(Spiral Tool)

호를 그리는 도구입니다. 그리는 방법은 사각형 도구와 같습니다.

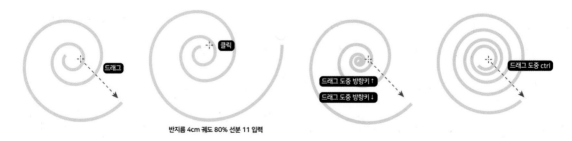

반지름 4cm 궤도 80% 선분 11 입력

드래그 도중 클릭을 꾹 유지한 상태로 키보드의 상 방향키 ⬆를 누르면 선분의 개수가 늘어나고 하 방향키 ⬇를 누르면 줄어듭니다. 드래그 도중 클릭을 꾹 유지한 상태로 Ctrl을 누르고 드래그하면 궤도를 조절할 수 있습니다.

⊞ 사각형 격자 도구 (Rectangular Grid Tool)

사각형 격자를 그리는 도구입니다. 그리는 방법은 사각형 도구와 같습니다.

드래그 도중 클릭을 꾹 유지한 채로 키보드의 방향키를 조절하여 격자 선분의 개수를 조절할 수 있습니다.

⊛ 극좌표 격자 도구(Polar Grid Tool)

원형의 극좌표 격자를 그리는 도구입니다. 그리는 방법은 사각형 도구와 같습니다.

드래그 도중 클릭을 꾹 유지한 채로 키보드의 방향키를 조절하여 격자 선분의 개수를 조절할 수 있습니다.

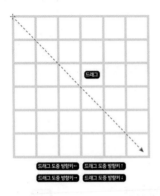

드래그 도중 방향키← 드래그 도중 방향키↑
드래그 도중 방향키→ 드래그 도중 방향키↓

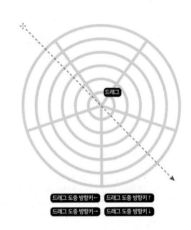

드래그 도중 방향키← 드래그 도중 방향키↑
드래그 도중 방향키→ 드래그 도중 방향키↓

획(Stroke) 패널 Ctrl + F10 중요!

상단 메뉴바 [Window] 〉 [Stroke] 패널에서 획의 여러 가지 속성을 변경할 수 있습니다.

❶ 일러스트레이터의 패널은 축소화되어있는 경우가 많습니다. 패널의 탭을 더블클릭하거나 메뉴 버튼을 눌러 [Show options]를 클릭하면 모든 옵션을 확인할 수 있습니다.

❷ Weight: 획 두께

❸ Cap: 획 끝 처리

  ▪ 끝 고정점을 획으로 감싸지 않는 방식

  ▪ 둥글게 감싸는 방식

  ▪ 각지게 감싸는 방식

❹ Conner: 모서리 처리

  ▪ 일반적인 처리 ▪ 둥근 처리 ▪ 경사진 처리

❺ Align Stroke: 획의 위치

  ▪ 패스를 기준으로 가운데 위치

  ▪ 패스 안쪽에 위치

  ▪ 패스 바깥쪽에 위치

❻ Dashed Line: 점선, 파선 만들기

[dash] 점의 길이 [gap] 점과 점 사이의 거리

(동그란 원형 점선만들기 = Cap: Round / Weight: 점의 크기 / dash: 0 / gap: 점과 점 사이 거리)

❼ Arrowheads: 획 끝 모양을 화살표, 자르기 표시 등 다양하게 변경

❽ Profiles: 획 폭의 형태 선택

참고 선택 도구로 오브젝트를 선택하면 옵션바 [Transform] 항목의 너비(W) 높이(H)에서 크기를 확인하고 수정할 수 있습니다. 종횡비 고정 버튼(⊖)을 누르면 너비와 높이의 비율이 유지되고 누르지 않으면 각각 조절됩니다.

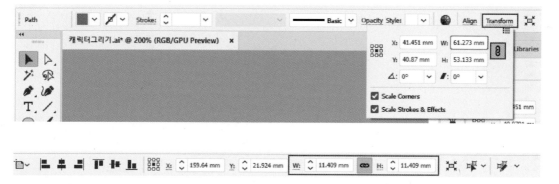

참고 사용 단위를 변경할 경우 Ctrl + R 을 누르면 화면 파일 상단과 왼쪽에 눈금자가 활성화 됩니다. 눈금자 위에서 우클릭하여 단위를 변경합니다. 단축키를 한번 더 누르면 눈금자가 비활성화 됩니다.

투명 격자 보기

일러스트레이터에서는 아무 내용이 없는 레이어나, 투명한 영역의 화면을 다음과 같은 격자로 표시합니다. Ctrl + Shift + D를 누르면 투명 격자 화면이 되고 다시 한번 더 누르면 일반 화면이 됩니다.

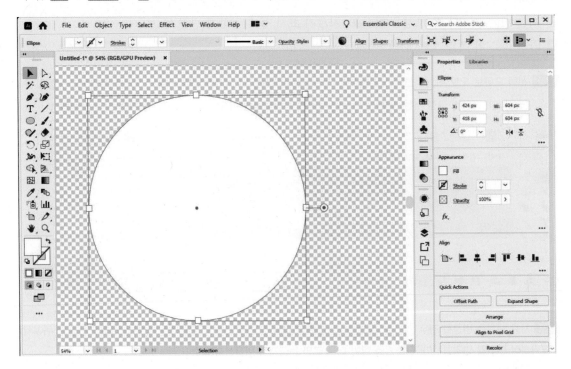

색상 적용: Color & Gradient

| 일러스트레이터의 오브젝트는 패스의 안쪽 공간과 패스 선분 두 영역에 색을 적용할 수 있습니다. 패스 안쪽을 채우는 것은 칠(Fill) 속성, 패스 선분에 테두리를 적용하는 것은 획(Stroke) 속성입니다.

색상 피커

도구 박스 하단에 색상 피커가 있습니다. 선택 도구로 오브젝트를 먼저 선택한 뒤 색을 적용합니다.

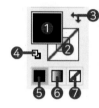

❶ Fill(칠) 색상 ❷ Stroke(획) 색상입니다.
   각 영역을 클릭하면 색상 피커 대화상자가 열립니다.
   칠/획 속성 선택을 변경하려면 X를 누릅니다.
❸ Fill 색상과 Stroke 색상을 교체합니다. Shift + X
❹ Default Color: Fill 색상은 흰색, Stroke 색상은 검은색으로 색상값을 초기화 합니다. D
❺ 단색 적용 ,(쉼표) ❻ 그라디언트 적용 .(마침표)
❼ 색 없음 /(슬래시)

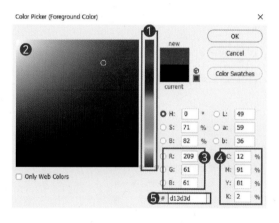

❶ Spectrum Slider: 슬라이더를 드래그하여 색조 선택
❷ Sample Color: 색 영역을 드래그하여 채도와 명도 조절
❸ RGB: 디스플레이는 8비트를 빨강, 초록, 파랑에 각각 할당하여 색을 표현
   검정: R0 G0 B0, 흰색: R255 G255 B255,
   빨강: R255 G0 B0), 노랑: R255, G255, B0
❹ CMYK: 인쇄될 염료 원색의 백분율
   흰색: (0, 0, 0, 0)%
   검정: (0, 0, 0, 100)%
❺ 웹에서 사용하는 HTML 색 코드

색상(Color) 패널

칠 속성과 획 속성을 지정하여 색상 스펙트럼에서 색을 선택하거나 개별 원색의 슬라이더를 드래그하여 조정 또는 색상 값 텍스트 상자에서 수치를 입력하여 색을 선택할 수 있습니다.

참고 패널이 축소화되어있다면 패널의 탭을 더블클릭하거나 메뉴 버튼을 눌러 [Show options]를 클릭하면 모든 옵션을 확인할 수 있습니다.

견본(Swatches) 패널

견본 패널은 색상, 색조, 그라디언트 및 패턴 스와치를 불러오거나 저장하여 채색을 용이하게 하는 패널입니다. 개별 스와치 또는 그룹으로 나타날 수 있습니다. 새 스와치를 만들 경우 패널 하단 추가 버튼을 눌러 스와치로 저장하거나 라이브러리 버튼을 눌러 항목을 선택하여 기본 스와치를 불러옵니다.

색상 지정하기

오브젝트 선택 후 [Swatches] 패널에서 칠 또는 획 속성을 선택하고 색상 스와치를 클릭합니다.

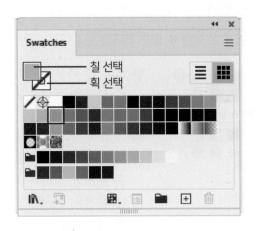

색상 패널에서 새 스와치 추가하기

❶ [Swatches] 패널의 빈 공간을 클릭하여 아무 [Swatches] 도 선택하지 않은 상태에서 새 그룹 버튼 클릭하여 빈 그룹 생성

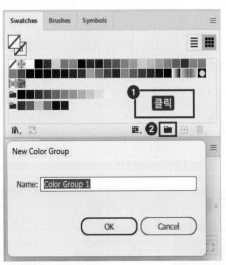

❷ 색상 패널의 스와치를 [Swatches] 패널의 그룹으로 드래그&드랍

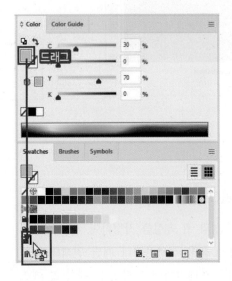

[Swatches] 패널에서 새 스와치 추가하기

❶ 새 스와치를 추가할 그룹 선택하고 New Swatches 버튼 클릭

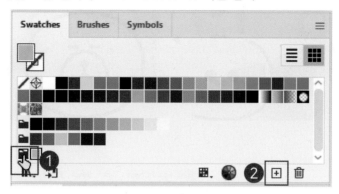

❷ New Swatches 대화상자에 값을 입력하고 [OK]

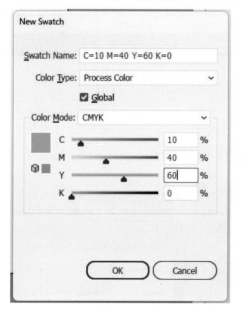 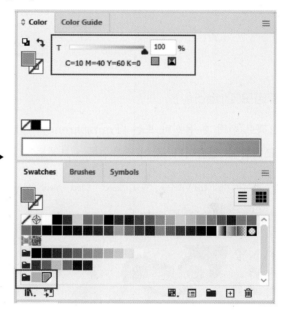

스포이드 도구(Eyedropper Tool) I

작업 화면을 클릭하여 색상을 찾거나 오브젝트 선택 후 스포이드 도구로 다른 오브젝트를 클릭하면 속성과 색상을 동일하게 적용해주는 도구입니다. Shift 를 누르고 클릭하면 속성은 제외하고 색상만 동일하게 적용합니다.

색상 모드

[File] > [Document Color Mode] 메뉴에서 문서의 색상 모드를 선택할 수 있습니다.

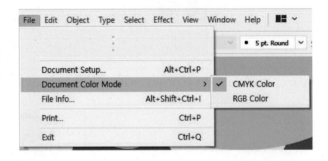

불투명도(Opacity)

오브젝트 선택 후 옵션바 또는 [Transparency] 패널에서 [Opacity] 항목으로 오브젝트의 불투명도를 조절할 수 있습니다. 값이 낮을수록 오브젝트가 투명하게 표현됩니다.

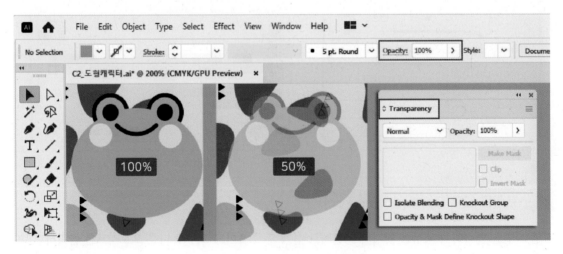

그라디언트(Gradient) 패널 `Ctrl` + `F9`

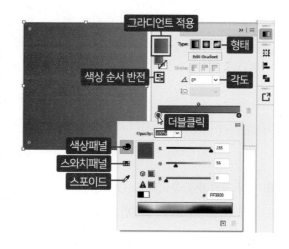

01. 오브젝트 선택 후 .(마침표)를 누르면 그라디언트가 적용 됩니다. 또는 그라디언트 패널의 섬네일을 클릭합니다. Fill/Stroke 속성 모두 그라디언트를 적용할 수 있습니다.

02. 슬라이더의 색상 정지점(Color Stop)을 선택하고 색상 패널에서 색을 지정하거나 정지점을 더블클릭하여 다양한 방법으로 색상을 지정합니다. 대화상자의 스포이드를 사용하면 다른 오브젝트의 색상을 정지점 색상으로 추출할 수 있습니다.

03. 그라디언트 색상 정지점이 무채색인 경우 색상 패널의 원색이 검정(K)만 나타납니다. 옵션 버튼 ☰ 을 눌러 RGB 또는 CMYK 모드로 변경합니다. 색상 패널의 모드는 문서의 전체 색상 모드와 별개로 활용됩니다.

[Swatches] 패널에 있는 단색 스와치를 색상 정지점으로 사용할 경우 `Alt`를 누르고 스와치를 클릭합니다.

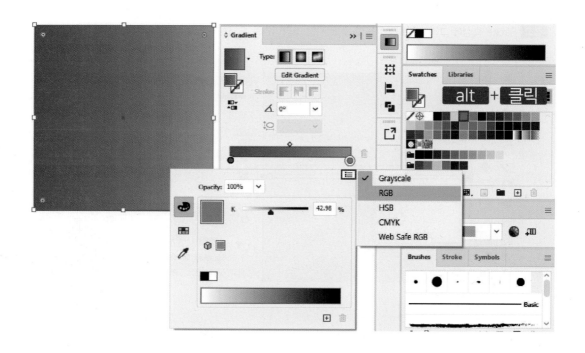

04. Location(위치) 버튼◇을 드래그 하여 두 정지점 사이의 색 범위를 조절합니다.

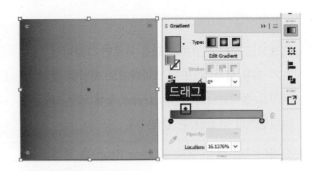

05. 색상 정지점을 클릭하고 [Opacity] 항목으로 불투명도를 조절합니다. 값이 낮을수록 투명하게 표현됩니다.

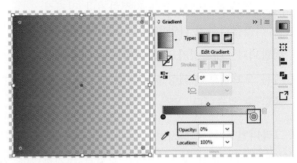

06. ▨ 그라디언트 도구(Gradient Tool) Ⓖ를 선택하면 오브젝트에서 직접 드래그하여 방향과 각도를 설정하거나 그라디언트 패널의 슬라이더와 동일하게 색상 정지점 추가, 삭제, 위치 이동 등의 편집을 할 수 있습니다. 오브젝트에 그라디언트를 조절하는 Annotator가 보이지 않는 경우 [View] 〉 [Show Gradient Annotator] 메뉴를 클릭합니다.

참고 Stroke 속성에 그라디언트를 적용할 수 있지만 그라디언트 도구는 사용할 수 없습니다.

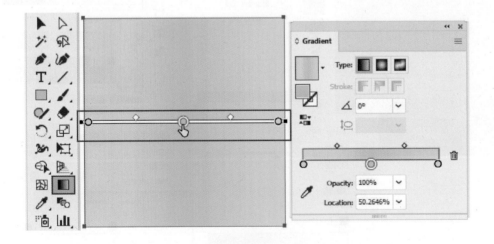

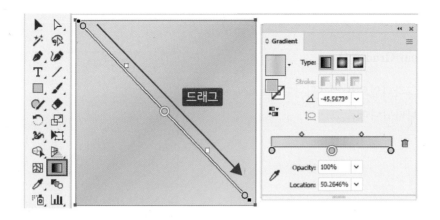

07. 색상 정지점은 슬라이더에서 클릭하여 추가하고 삭제할 경우 선택 후 휴지통 버튼을 누르거나 슬
라이더 아래로 드래그하여 삭제합니다.
색상 정지점을 Alt를 누르고 드래그하면 복사할 수 있습니다.

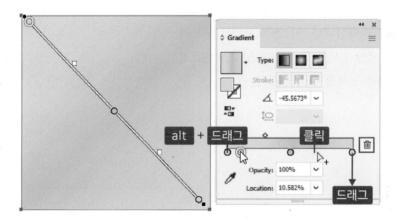

그라디언트 타입

■ 선형(Linear Gradient)

직선 형태로 그라디언트가 적용됩니다. Annotator도
직선 형태로 나타납니다.

■ 원형(방사형)(Radial Gradient)

그라디언트 모양이 원형으로 적용되고 Annotator의
모양도 원형으로 나타납니다. 각 조절 포인트를 드래
그하여 크기 및 색상 범위를 조절할 수 있고 타원으로
그라디언트 모양을 변형할 수 있습니다.

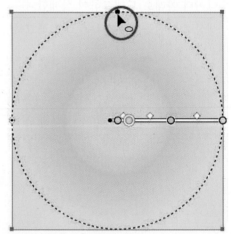

■ 자유형(Freeform Gradient)

특정한 형태 없이 사용자가 원하는 곳을 클릭하여 색
상을 추가합니다.

(CC 2018부터 추가된 기능입니다.)

배열과 정렬: Arrange & Align

| 모든 오브젝트는 레이어 내에서 계층적으로 쌓입니다. 레이어 패널의 맨 아래 오브젝트는 작업화면에서 맨 뒤에 있습니다.

레이어(Layer) 패널

레이어는 오브젝트가 포함된 하나의 층입니다. 오브젝트의 정리와 배열을 조정하고 레이어가 여러 개라면 층을 여러 장 쌓아 작업하는 것과 같습니다.

❶ 사용자의 편의에 맞게 오브젝트들을 구분하여 작업하는 경우 레이어를 추가합니다.
❷ 선택 도구를 사용하지 않고 [Click to Target] 버튼을 눌러 오브젝트를 선택할 수 있습니다.
❸ 오브젝트 층을 드래그하여 배열 순서를 변경합니다.
❹ [Indicates Selected Art] 버튼을 드래그하여 오브젝트의 레이어 위치를 변경합니다.
❺ 레이어의 이름 부분을 더블클릭하면 이름을 변경할 수 있습니다.
❻ 잠금 영역을 클릭하여 오브젝트가 선택되지 않도록 잠그거나(Ctrl + 2) 다시 클릭하여 잠금을 해제합니다.

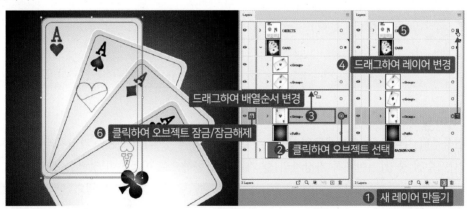

배열 메뉴

오브젝트를 선택하고 우클릭하여 [Arrange] 메뉴에서 배열 순서를 변경할 수 있습니다. 자주 사용하는 기능이므로 단축키를 외워두는 것이 좋습니다.

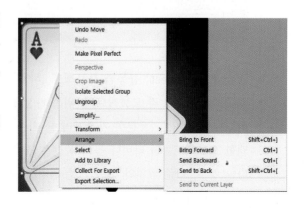

Bring to Front(맨 앞으로) Shift + Ctrl +]
Bring Forward(한 단계 앞으로) Ctrl +]
Send Backward(한 단계 뒤로) Ctrl + [
Send to Back(맨 뒤로) Shift + Ctrl + [

그리기(Draw) 모드 `Shift` + `D`

그리기 모드에 따라 오브젝트 생성 시 배열 순서가 다릅니다. 오브젝트가 아래로 생긴 다면 일반모드로 변경합니다. * 자세한 내용은 42쪽을 참고합니다.

정렬(Align)

오브젝트를 선택하고 옵션바 또는 Align(정렬) 패널에서 다양한 기준으로 정렬합니다.

❶ **Align To:** 정렬 대상을 먼저 선택한 뒤 정렬 아이콘을 클릭합니다.

Align To Selection: 선택한 오브젝트끼리 정렬합니다.

Align To Key Object: 키 오브젝트를 지정하면 해당 오브젝트가 기준이 되어 움직이지 않고 나머지 오브젝트를 그에 맞춰 정렬합니다. 정렬할 오브젝트를 모두 선택한 다음 기준이 될 오브젝트를 다시 한번 더 클릭합니다. 패스 획이 두껍게 표시됩니다. (키 오브젝트를 해제할 경우 다시 한번 더 클릭합니다.)

Align To Artboard: 대지를 기준으로 오브젝트를 정렬합니다.

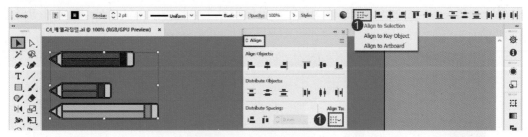

a. **Align Object: 오브젝트 정렬**

왼쪽부터 차례로 각 오브젝트의 [왼쪽 가장자리], [수평 중앙], [오른쪽 가장자리], [위쪽 가장자리], [수직 중앙], [아래쪽 가장자리]를 기준으로 한쪽으로 이동하여 정렬합니다.

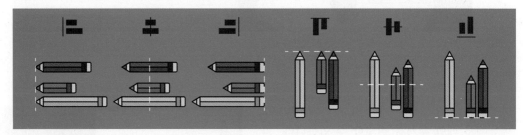

b. **Distribute Object: 균등한 오브젝트 분배**

왼쪽부터 차례로 각 오브젝트의 [위쪽 가장자리], [수직 중앙], [아래쪽 가장자리], [왼쪽 가장자리], [수평 중앙], [오른쪽 가장자리]를 기준으로 같은 간격이 되도록 분산시킵니다. 따라서 선택한 오브젝트들의 너비나 높이가 같은 경우에는 사이 간격도 같지만 오브젝트의 형태가 각각 다른 경우, 기준 위치와 다음 기준 위치까지의 거리는 균등하나 오브젝트의 사이 간격은 다를 수 있습니다.

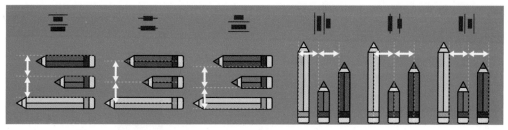

〈오브젝트의 너비나 높이가 같은 경우〉

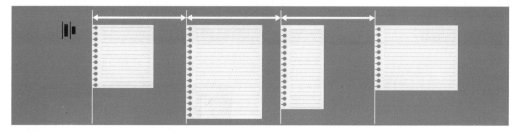

〈오브젝트의 너비나 높이가 다른 경우〉

c. Distribute Spacing: 균등한 간격 분배

정렬 기준을 오브젝트의 상, 하, 좌, 우, 중앙에 두지 않고 오브젝트 간의 사이 간격만을 기준으로 [세로 간격], [가로 간격]을 고르게 분산시킵니다.

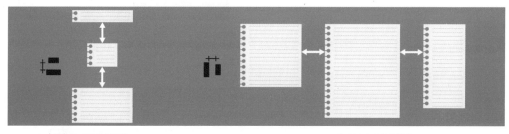

〈세로 균등 간격〉   〈가로 균등 간격〉

키 오브젝트를 활용하여 간격 수치 지정

정렬할 오브젝트를 모두 다 선택한 다음 기준이 될 키 오브젝트를 다시 한번 클릭하여 지정합니다. 정렬 패널의 [Distribute Spacing] 항목에서 수치를 입력하고 정렬 방향에 따라 [세로 간격] 또는 [가로 간격] 버튼을 클릭합니다.

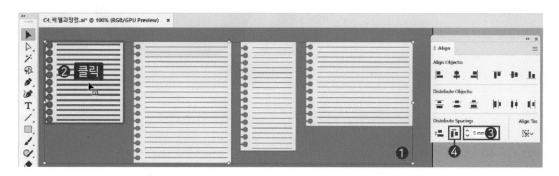

수치에 숫자 0을 입력하고 정렬 방향에 따라 [세로 간격] 또는 [가로 간격] 버튼을 클릭하면 거리 없이 딱 붙여 정렬합니다.

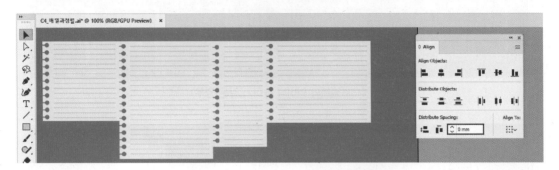

그룹(Group)

여러 오브젝트를 그룹으로 만들어 일괄적으로 선택, 변형할 수 있습니다. 그룹으로 묶인 오브젝트들은 선택 도구로 한 번에 선택됩니다. 그룹으로 묶을 오브젝트를 모두 선택 후 우클릭하여 [Group]을 클릭합니다. Ctrl + G

해제할 경우 [UnGroup]합니다. Ctrl + Shift + G

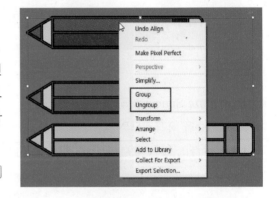

중요! 정렬 시 그룹의 오브젝트들은 각각 개별로 정렬되지 않고 하나의 오브젝트처럼 정렬됩니다.

가이드 만들기

01. Ctrl + R을 눌러 눈금자를 활성화합니다. 눈금자 위를 클릭하고 드래그하면 가이드 선이 생성됩니다.

삭제하려면 ▶ 선택 도구(V)로 선택하고 Delete를 눌러 삭제하거나, 다시 눈금자 쪽으로 드래그합니다. (가이드가 잠겨 있으면 선택되지 않습니다.)

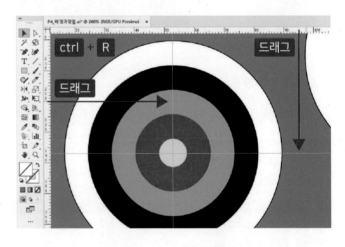

02. [View] 〉 [Guides] 메뉴
에서 가이드를 숨기거
나, 잠그고 한 번에 모두
삭제합니다.

[Smart Guides] Ctrl + U
메뉴가 활성화(체크) 되어
있으면 작업 화면에 오브젝
트 사이의 등간격, 중앙, 왼
쪽 가장자리, 오른쪽 가장자
리 등이 표시되어 정렬을 수
월하게 할 수 있습니다.

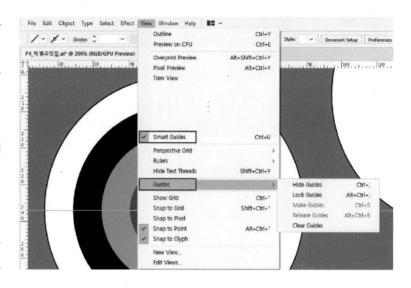

변형: Transform

⊡ 크기 조절 도구(Scale Tool) ⑤

오브젝트 크기를 조절합니다. 선택 도구로 오브젝트 선택 후 ⑤를 눌러 크기 조절 도구로 변경합니다. 도구 박스에서 도구를 더블클릭 하거나 Enter↵를 누르면 대화상자가 열립니다.

Scale

❶ Uniform: 너비와 높이 비율 동일하게 조절(100%= 현재 크기)
❷ Non-Uniform: 너비와 높이 비율 각각 조절
   Horizontal: 수평 가로 너비 조절
   Vertical: 수직 세로 높이 조절
❸ Scale Corners: [체크] 오브젝트 크기가 조절될 때 적용된 모서리의 라운드 수치가 같은 비율로 조절
   [체크 해제] 적용된 모서리의 라운드 수치는 조절되지 않음

❹ Scale Strokes & Effects: [체크] 오브젝트 크기가 조절될 때 적용된 획의 두께/적용된 효과 수치가 같은 비율로 조절
   [체크 해제] 획의 두께/적용된 효과 수치는 조절되지 않음

❺ Transform Objects: 오브젝트 크기 변형
Transform Patterns: 오브젝트에 적용된 패턴 크기 변형

❻ Preview: 변형 사항 미리보기
❼ Copy: 오브젝트 복사

참고 정확한 수치를 입력하여 크기를 조절할 경우 옵션바 너비(Width (W)) 높이(Height (H)) 박스에서 입력합니다.

참조점(고정점) 활용

01. 변형 도구들은 참조점을 기준으로 오브젝트를 변형합니다. 작업 화면에서 오브젝트 변형 시 기준이 될 고정 위치를 클릭하면 참조점의 위치가 변경됩니다. 그 후 오브젝트를 드래그하여 크기를 조절합니다.

02. 참조점의 위치를 변경하였더라도 Enter↵를 누르면 다시 오브젝트의 중앙이 고정되어 대화상자가 열립니다.

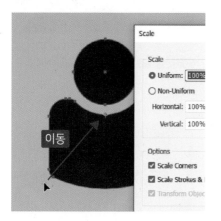

03. 참조점의 위치를 변경하고 대화상자를 열 경우, 참조점을 클릭하기 전에 Alt를 누르고 클릭합니다. 참조점이 변경되고 대화상자가 열립니다.

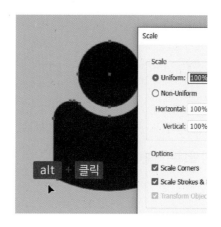

자유 변형 도구(Free Transform Tool) E

오브젝트를 선택하고 자유 변형 도구를 선택하면 변형을 위한 위젯이 화면에 나타납니다.

비례 유지(Constrain): 오브젝트의 변형 전 너비와 높이 비율을 유지하여 변형합니다. (선택 도구 사용 시 Shift를 누르고 변형하는 것과 같습니다.) 클릭 해제하면 비례를 유지하지 않습니다.

자유 변형(Free Transform): 변형 박스의 조절점에 마우스를 대면 조절 화살표가 나타납니다. 드래그 하여 크기를 조절하고, 기울이거나 회전합니다. 선택 도구로 바운딩 박스를 조절하는 것과 비슷합니다.

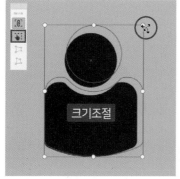
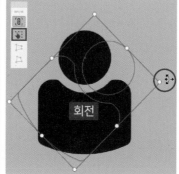
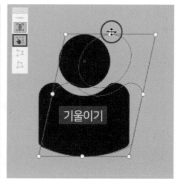

기울이기 Ctrl + Shift

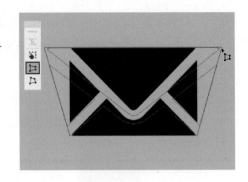

원근감 변형(Perspective Distort): 모서리의 조절점을 드래그 하면 반대편이 대칭으로 함께 조절되며 원근감이 적용됩니다. Alt + Ctrl + Shift

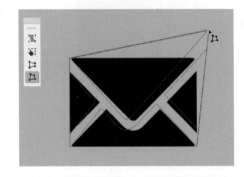

자유 왜곡 도구: 조절점을 드래그하여 자유롭게 형태를 왜곡합니다. Ctrl

🔔 버전 안내

위젯이 없는 버전 사용자는 단축키를 사용합니다. 먼저 변형 조절점을 클릭한 상태로 꾹 유지한 상태에서 사용할 기능의 단축키를 누른 뒤 드래그하여 조절합니다.

↻ 회전 도구(Rotate Tool) R

오브젝트를 회전합니다. 선택 도구로 오브젝트 선택 후 R을 눌러 회전 도구로 변경합니다. 도구 박스에서 도구를 더블 클릭 하거나 Enter↵ 를 누르면 대화상자가 열립니다.

❶ Angle: 회전각도
❷ Transform Objects: 오브젝트 회전
　 Transform Patterns: 오브젝트에 적용된 패턴 회전
❸ Preview: 변형 사항 미리보기
❹ Copy: 오브젝트 복사

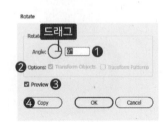

참조점(고정점) 활용

01. 변형 도구들은 참조점을 기준으로 오브젝트를 변형합니다. 작업 화면에서 오브젝트 변형 시 기준이 될 고정 위치를 클릭하면 참조점의 위치가 변경됩니다. 그 후 오브젝트를 드래그 하여 회전합니다.

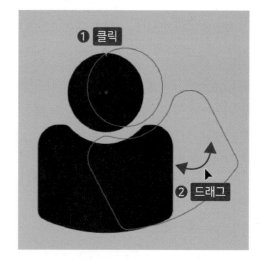

02. 참조점의 위치를 변경하였더라도 Enter↵를 누르면 다시 오브젝트의 중앙이 고정되어 대화상자가 열립니다.

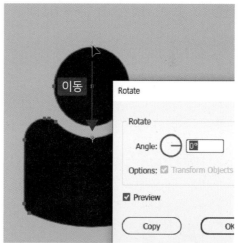

03. 참조점의 위치를 변경하고 대화상자를 열 경우, 참조점을 클릭하기 전에 Alt를 누르고 클릭합니다. 참조점이 변경되고 대화상자가 열립니다.

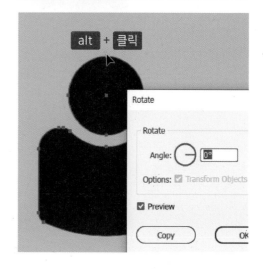

▷◀ 반전 도구(Reflect Tool) ⓞ

오브젝트를 반전 합니다. 선택 도구로 오브젝트 선택 후 ⓞ를 눌러 반전 도구로 변경합니다. 도구 박스에서 도구를 더블 클릭 하거나 [Enter↵]를 누르면 대화상자가 열립니다.

❶ Horizonta: 수평 기준으로 오브젝트 상하 반전

❷ Vertical: 수직 기준으로 오브젝트 좌우 반전

❸ Angle: 입력한 각도 기준으로 반전

❹ Transform Objects: 오브젝트 반전
   Transform Patterns: 오브젝트에 적용된 패턴 반전

❺ Preview: 변형 사항 미리보기

❻ Copy: 오브젝트 복사

참고 참조점 사용 방법은 회전 도구와 같습니다.

패스 그리기: Pen & Pencil

| 펜, 연필 도구를 사용하여 사용자가 직접 고정점을 직선 또는 곡선으로 연결하며 패스를 그립니다. GTQi 시험에서는 펜 도구를 사용해야 하는 부분이 많고 시간이 오래 걸리므로 평소 펜 도구 연습을 많이 해두어야 합니다.

펜 도구(Pen Tool) P

직선 그리기: 클릭-클릭하여 직선으로 패스를 연결합니다. Enter↵ 를 누르거나 Ctrl을 누르고 빈 작업 화면을 클릭하면 패스가 끊어집니다. 시작점에서 닫힘 표시(🖋️。)가 나타났을 때 클릭하면 끝점과 연결되어 닫힌 패스가 됩니다. 패스를 새로 시작할 수 있을 때는 시작점 표시(🖋️*)가 나타납니다.

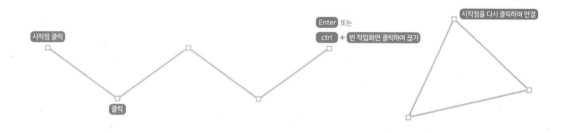

열린 패스

패스의 시작점과 종료점이 연결되어있지 않은 패스입니다.

닫힌 패스

패스의 시작점과 종료점이 일치하여 연결되어 있는 패스입니다.

수평, 수직, 45° 대각선 그리기: [Shift]를 누르고 클릭하면 반듯한 선분이 그려집니다.

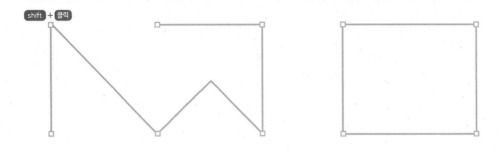

곡선 그리기: 클릭한 고정점에서 마우스를 놓지 않고 클릭을 유지한 채 드래그하여 곡선 선분을 그립니다. 고정점에 대칭으로 두 방향의 방향선(Handle)이 생깁니다. 방향선이 향하는 방향으로 선분이 그려지고, 방향선의 길이에 따라 곡선의 곡률이 달라집니다. 방향선이 짧을수록 곡률이 낮습니다.

직선과 곡선 함께 그리기: 다음 선분을 직선으로 연결할 때 이전에 생긴 방향선이 필요 없는 경우 고정점에 마우스를 대면 점 변환 표시 가 나타납니다. 클릭하여 방향선을 삭제합니다. 다음 선분을 곡선으로 연결할 때는 클릭 후 마우스를 놓지 않고 유지한 채로 드래그하여 곡선 선분을 그립니다.

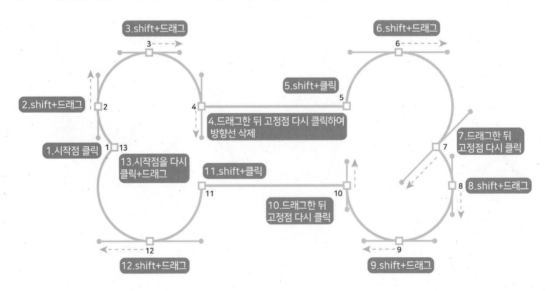

방향선 변경하기: 방향선을 삭제하지 않고 원하는 방향으로 바꿀 경우 방향선의 끝 점에 마우스를 대면 고정점 변환 표시 ∧가 나타납니다. Alt 를 누르고 방향선 끝 점을 드래그 하여 변경합니다.

드로잉 도중 방향을 변경하려면 앞 선분을 그리기 위해 드래그 한 채 마우스를 놓지 않은 상태에서 바로 Alt 를 누르고 원하는 방향으로 드래그합니다.

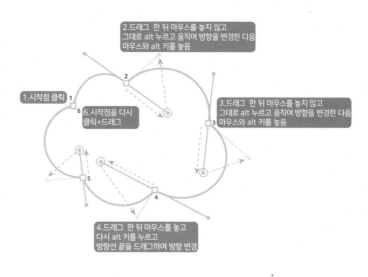

고정점 추가 도구(Add Anchor Point Tool) ＋(더하기)

선분 위에서 클릭하여 고정점을 추가합니다.

고정점 삭제 도구(Delete Anchor Point Tool) －(빼기)

고정점 위에서 클릭하여 고정점을 삭제합니다.

∧ 고정점 도구(Anchor Point Tool) Shift + C

곡선 연결이 되어있는 고정점을 클릭하면 방향선이 삭제되며 직선 연결로 변환하고, 직선 연결이 되어있는 고정점을 드래그하면 방향선이 생기면서 곡선 연결로 변환합니다.

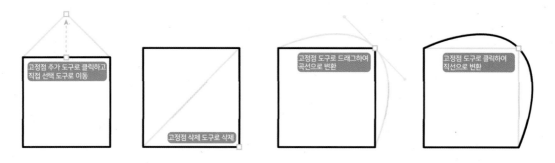

패스 연결하기

01. 펜 도구로 끝 고정점에 마우스를 대면 고정점 연결 커서(✏)가 나타납니다. 클릭하고 다음 고정점도 클릭하여 연결합니다.

02. 직접 선택 도구로 연결할 두 고정점을 선택하고 Ctrl + J (Join)를 누르면 직선으로 연결합니다.

03. 따로 떨어진 두 고정점을 한 점으로 모아 연결할 수 있습니다. 두 점을 선택한 후 Alt + Ctrl + J (Average)를 누르고 [Both] 항목에 체크하면 한 점으로 모입니다. 모인 두 고정점을 Ctrl + J (Join)를 눌러 연결합니다.

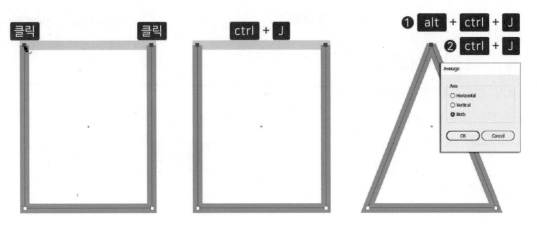

윤곽선 보기

Ctrl + Y를 누르면 오브젝트의 윤곽선만 보는 모드로 변환됩니다. 여러 오브젝트가 겹쳐있거나 패스의 구분, 선택이 어려울 때 윤곽선 보기 모드로 패스를 확인하고 선택합니다. 단축키를 다시 한 번 누르면 일반 보기로 변환됩니다.

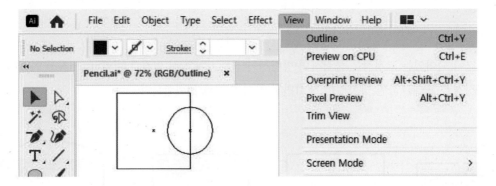

✏️ 연필 도구(Pencil Tool) N

작업 화면에서 자유롭게 드래그하여 종이에 연필로 그리는 것처럼 패스를 그릴 수 있습니다. 빠르게 스케치할 때나 형태가 정해져 있지 않고 손으로 그린 듯한 느낌을 줄 때 사용합니다.

01. 연필 도구를 선택하고 칠(Fill) 색상은 색 없음 / 획(Stroke) 색상과 두께는 자유롭게 지정합니다.

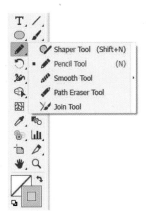

02. 새 패스 작업이 가능하면 커서(✎)가 표시됩니다. 작업 화면에서 드래그하면 마우스의 움직임에 따라 선이 나타나고 마우스를 놓으면 그 선을 따라 패스가 자동으로 그려집니다.

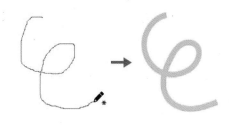

03. 직선 선분을 그리려면 Alt 를 먼저 누르고 드래그 하고, 드래그 도중 직선이 필요한 경우 마우스를 놓지 않고 클릭을 유지한 채 필요한 만큼 Alt 를 누르고 드래그 합니다.

04. 수평, 수직, 45°의 직선 선분을 그리려면 Shift 를 동일하게 활용합니다. 직선을 그리는 동안 직선 선분 커서(✎_) 가 표시됩니다.

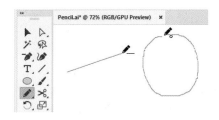

05. 시작점과 끝점이 가까우면 닫힘 커서(✎)가 표시 되고 마우스를 놓으면 패스가 연결되어 닫힌 패스가 그려집니다.

06. 도구를 더블클릭하거나 Enter↵ 를 누르면 연필 도구 대화상자가 열립니다. [Fidelity(정확도)] 항목에서 Accurate(정확하게) Smooth(매끄럽게) 슬라이더를 조절하여 패스의 정확도를 조절합니다.
고정점이 적은 자연스러운 패스를 그리려면 Smooth 쪽으로 슬라이더를 이동해놓고 도구를 사용합니다.

Close paths when ends are within(시작점과 끝점을 연결하여 닫힘 패스가 되는 범위): 체크 해제 하면 닫힘 패스를 만들지 않습니다.

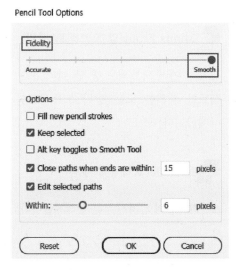

08

오브젝트 자르기, 나누기 및 트리밍

| 다양한 방법으로 여러 오브젝트를 합치고, 제외하고, 분리하거나 지워서 새로운 모양을 만듭니다.

Pathfinder(패스파인더) 패널 중요!

Shift + Ctrl + F9

오브젝트를 모두 선택하고 사용할 기능의 버튼을
클릭합니다.

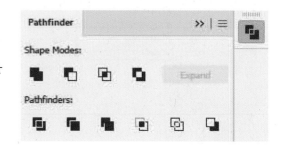

Shape Modes

United(합치기)

여러 오브젝트를 하나의 오브젝트로 병
합합니다.

Intersect(교차 영역 남기기)

오브젝트들의 겹쳐진 부분만 남깁니다.

Minus Front(앞 오브젝트 제외)

겹쳐진 여러 오브젝트 중 맨 아래 오브
젝트를 제외한 모든 상위 오브젝트를
삭제합니다.

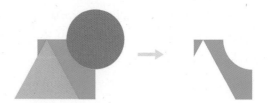

Exclude(교차영역 제외)

오브젝트들의 겹쳐진 부분을 삭제합니다.

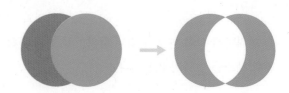

[Pathfinder] 패널의 기능으로 분리된 오브젝트들은 자동으로 그룹이 됩니다. 개별 선택을 할 경우 그룹을 해제합니다.

Pathfinders

Divide(나누기)

겹쳐진 오브젝트를 전부 분리합니다.

Trim(자르기)

오브젝트가 겹쳐진 순서대로 분리됩니다.

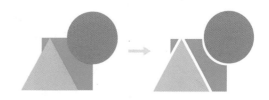

Merge(병합)

같은 색상의 오브젝트들이 병합됩니다.

Outline(윤곽선)

오브젝트의 겹쳐진 패스가 모두 끊어진 선분 형태로 분리됩니다.

Crop(앞쪽 기준으로 나누기)

겹쳐진 여러 오브젝트 중 가장 상위 오브젝트에서 겹쳐지지 않은 부분만 남깁니다.

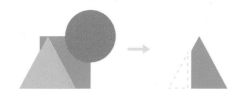

Minus Back(뒤 오브젝트 제외)

겹쳐진 여러 오브젝트 중 맨 위 오브젝트를 제외한 모든 하위 오브젝트를 삭제합니다.

◆ 지우개 도구(Eraser Tool) Shift + E

원형 모양으로 오브젝트를 지웁니다. 도구를 더블클릭하거나 Enter↵를 눌러 대화상자에서 크기, 폭 등 세부사항을 설정할 수 있고 도구의 직경 크기는 [,]로 조절합니다.

Alt를 누르고 작업 화면을 드래그하면 사각형 선택 영역이 지정되어 해당 영역만큼 한 번에 지웁니다.

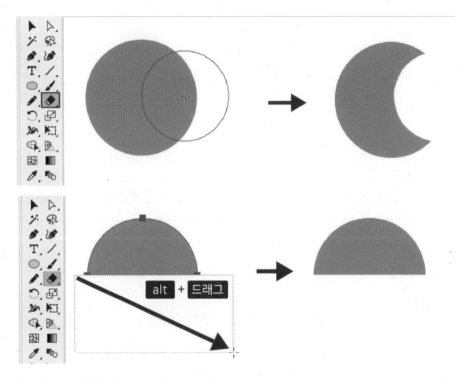

✂ 가위 도구(Scissors Tool) C

실을 가위로 자르듯 고정점이나 선분을 클릭하여 패스를 끊는 도구입니다.

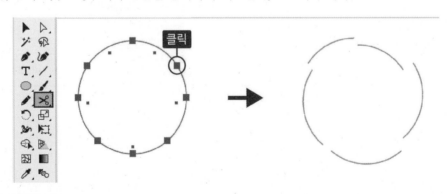

칼 도구(Knife Tool)

오브젝트의 칠(Fill) 영역을 드래그 하여 종이를 칼로 오려내듯 면을 분할합니다. Alt 를 먼저 누르고 작업 화면을 드래그 하면 직선으로 나누어지고, Shift 를 함께 누르면 수평, 수직, 45° 대각선으로 나눕니다.

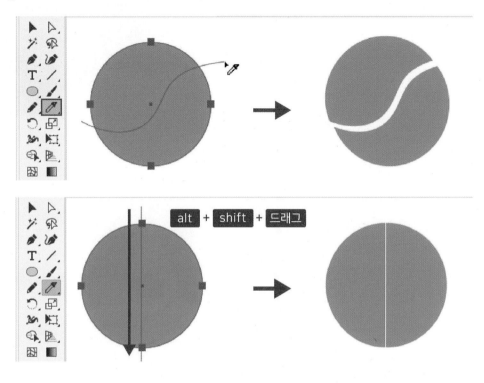

도형 구성 도구(Shape Builder Tool) Shift + M

도형 구성 도구는 합치고, 제외하고, 분리하여 새로운 모양을 만드는 Pathfinder 기능의 도구입니다.

01. 편집할 오브젝트를 모두 선택하고 도형 구성 도구를 선택합니다. 패스가 겹쳐진 면들이 각각 개별로 인지됩니다. 클릭하면 [Pathfinder] 패널의 [Divide]와 같이 클릭한 부분의 면이 개별 오브젝트로 분리됩니다.

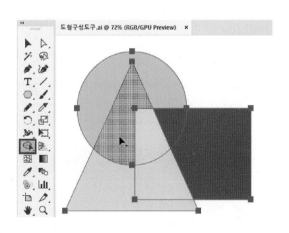

02. 오브젝트 위를 드래그하면 병합 면적으로 표시됩니다. 마우스를 놓으면 마우스가 지나간 영역의 면들이 [Pathfinder] 패널의 [■United]와 같이 병합되어 하나의 오브젝트가 됩니다.

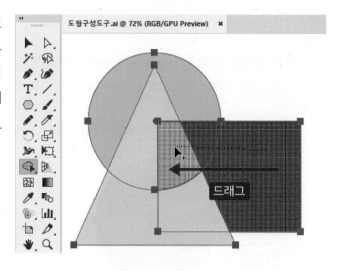

03. Alt를 누르고 클릭하면 면이 삭제되고, 드래그하면 삭제될 면적이 표시됩니다. 마우스를 놓으면 드래그 한 부분이 전부 삭제됩니다.

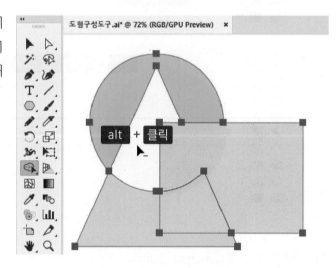

확장(Expand)

01. 작업 화면에 표시되는 획 두께는 패스로 이루어진 면이 아니므로 선분을 끊을 수는 있지만 Pathfinder 기능이나 도구를 사용하여 면적을 나눌 수는 없습니다. Ctrl + Y를 눌러 윤곽선 보기로 패스를 확인하면 패스 한 줄만 보입니다.

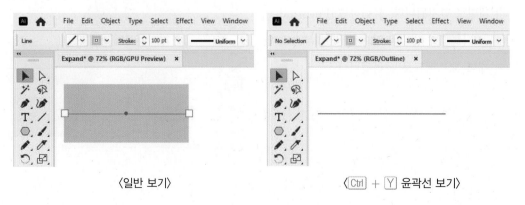

〈일반 보기〉　　　　　　　〈Ctrl + Y 윤곽선 보기〉

02. 획(Stroke) 속성을 확장할 오브젝트를 선택하고 [Object] 〉 [Expand] 메뉴를 클릭합니다. 대화상자에서 [Stroke] 항목에 체크하고 [OK]합니다. 패스가 작업 화면에 나타나는 모양대로 확장되었습니다. 윤곽선 보기를 하면 두께 그대로 닫힌 패스가 된 것을 확인할 수 있습니다.

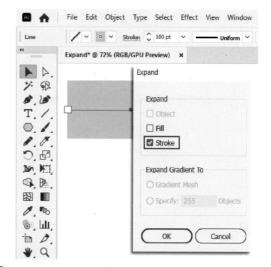

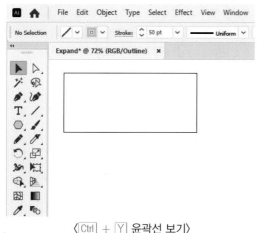

〈 Ctrl + Y 윤곽선 보기〉

▼

참고 획(Stroke) 속성에 적용된 획의 모양에 따라 [Expand] 메뉴가 아닌 [Expand Appearance] 메뉴가 활성화 될 수 있습니다. 동일하게 사용합니다.

참고 [Object] 〉 [Path] 〉 [Outline Stroke] 메뉴로도 획(Stroke) 속성을 확장할 수 있습니다.

09

유동화 도구

폭 도구(Width Tool) [Shift] + [W]

01. 폭 도구를 선택하고 폭을 조절할 패스에 마우스를 올리면 패스 선을 따라 조절점이 나타납니다. 선의 두께를 조절하고 싶은 부분에서 좌우, 또는 상하로 드래그하여 폭을 조절합니다.

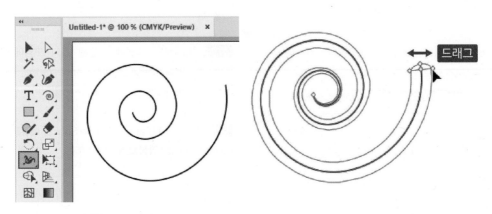

⟨기본 1pt Basic⟩

02. 생성된 조절점을 드래그하여 이동할 수 있고, 폭 조절 바를 드래그하여 폭을 수정할 수 있습니다. 삭제하고자 하는 조절점은 클릭하여 선택하고 [Delete]를 누르면 삭제됩니다.

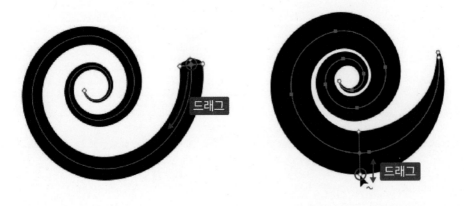

◀ 변형 도구(Warp Tool) ⓈShift + ⓇR

원형의 브러시를 드래그하여 패스선을 안쪽 또는 바깥쪽으로 밀어내듯 변형합니다. 변형 도구 및 아래의 도구들은 ⒶAlt를 누르고 화면을 드래그하면 자유롭게 브러시 크기가 조절됩니다. ⒶAlt + ⓈShift를 누르고 드래그하면 브러시의 가로, 세로 비율을 유지하고 조절됩니다. 도구를 선택하고 Enter↵를 눌러 대화상자를 열면 브러시 크기, 강도 등 세부 사항을 설정할 수 있습니다.

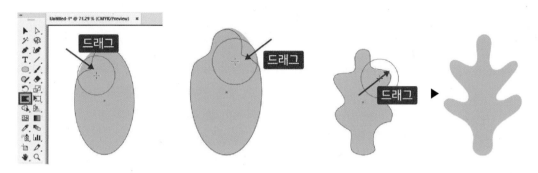

◀ 돌리기 도구(Twirl Tool)

클릭을 꾹 유지하여 브러시 중심으로 패스가 말려 들어가는 모양으로 변형합니다. 클릭을 먼저 한 다음 ⒶAlt를 누르면 반대 방향으로 회전됩니다.

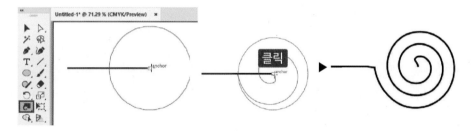

◀ 수정화 도구(Crystallize Tool)

바깥쪽으로 뾰족하게 퍼지는 모양으로 변형합니다. 대화상자에서 강도 등 세부 사항을 설정할 수 있습니다.

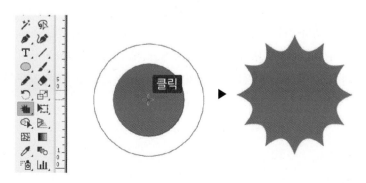

패턴: Pattern

10

| 패턴은 오브젝트의 여러가지 질서 있는 배열로 이루어진 반복되는 무늬입니다. 칠(Fill)과 획(Stroke) 모두 적용할 수 있고 견본의 패턴을 사용하거나, 사용자가 패턴을 등록할 수 있습니다.

견본 패턴

01. [swatches] 패널의 라이브러리 버튼(■▼) 을 누르고 [Patterns] 〉 [Decorative] 〉 [Decorative Legacy]를 선택합니다. 견본의 스와치를 클릭하면 [Swatches] 패널에 추가됩니다.

02. 색상 피커에서 칠(Fill) 또는 획(Stroke) 속성을 선택하고 패턴을 클릭하여 적용합니다. 획(Stroke) 속성은 획 두께(Weight) 만큼 패턴이 보입니다.

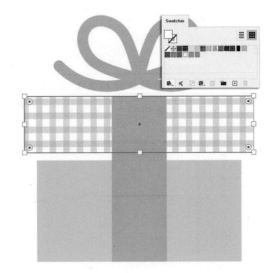

패턴 수정하기

01. 패턴의 크기를 변경하기 위해 오브젝트를 선택하고 우클릭하여 [Transform] 〉 [Scale] 메뉴를 선택합니다. 크기 조절 대화상자가 열리면 [Uniform] 항목에서 조절할 백분율을 입력합니다. 옵션 항목의 [Transform Objects(오브젝트 변형)]는 체크 해제하고 [Transform Patterns(패턴 변형)]에만 체크하여 [OK]합니다. (우클릭 메뉴의 [Transform] 〉 [Scale]은 도구 박스에서 크기 조절 도구를 더블클릭하거나 Enter↵를 누르는 것과 같습니다.)

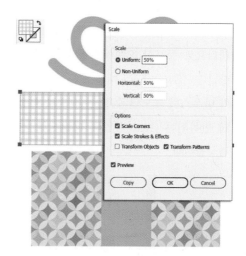

02. 패턴을 회전하기 위해 오브젝트를 선택하고 우클릭하여 [Transform] 〉 [Rotate] 메뉴를 선택합니다. 회전 대화상자가 열리면 회전할 각도를 입력합니다. 옵션 항목의 [Transform Objects(오브젝트 변형)]는 체크 해제하고 [Transform Patterns(패턴 변형)]에만 체크하여 [OK]합니다. (우클릭 메뉴의 [Transform] 〉 [Rotate]는 도구 박스에서 회전 도구를 더블클릭하거나 Enter↵ 를 누르는 것과 같습니다.)

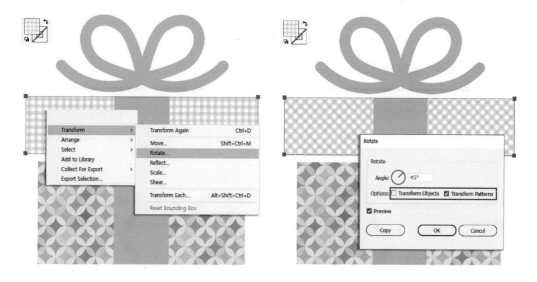

패턴 만들기

01. 패턴으로 등록할 오브젝트를 만들고 선택합니다. [Swatches] 패널로 드래그하였다가 마우스를 놓으면 수평, 수직으로 일정하게 반복되는 Grid 타입의 패턴으로 자동 저장됩니다.

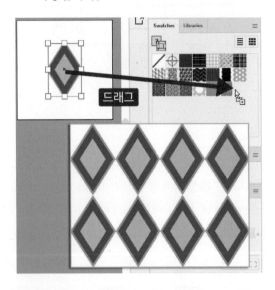

02. 패턴으로 등록할 오브젝트를 선택하고 [Swatches] 패널에 드래그하지 않고 [Object] 〉 [Pattern] 〉 [Make] 메뉴를 클릭합니다. 작업 화면이 패턴 편집 모드로 변환되고 [Pattern Options] 패널이 열립니다.

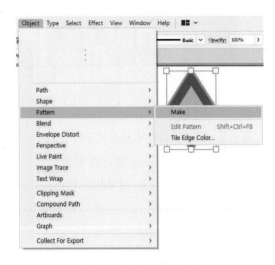

> **버전 안내**
>
> [Object] 〉 [Pattern] 〉 [Make] 메뉴가 없는 버전은 01번을 참고하여 [Swatches] 패널로 직접 드래그&드랍하여 패턴을 등록합니다. 등록된 패턴은 더블클릭하여 이름과 세부사항을 변경할 수 있습니다.

03. [Pattern Options] 패널에서 패턴의 세부 사항을 조절합니다. [Tile Type] 항목에서 배열 방식을 선택합니다.

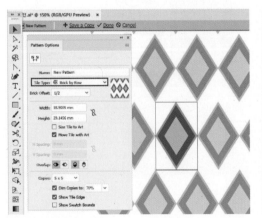
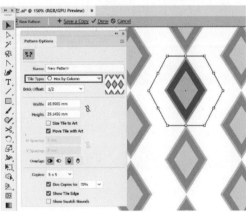

04. [Pattern Tile Tool]을 선택하고 작업 화면에서 타일 바운딩 박스를 조절하여 반복되는 타일의 범위를 설정합니다.

 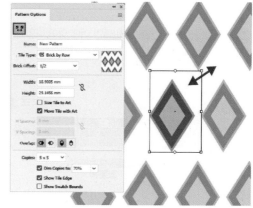

05. 편집을 마친 뒤 상단의 [Done] 버튼을 클릭하면 [Swatches] 패널에 패턴으로 등록됩니다.

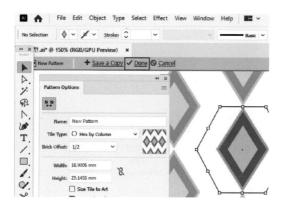

06. 패턴의 모양이나 색상을 변경하려면 [Swatches] 패널에서 패턴 스와치를 더블클릭합니다. 작업 화면이 패턴 편집 모드로 변환 됩니다. 편집 후 [Done] 버튼을 눌러 완료하면 패턴이 변경됩니다.

[Object] 〉 [Pattern] 〉 [Make] 메뉴가 없는 버전은 패턴으로 등록할 오브젝트 뒤에 칠(Fill)과 획(Stroke) 색상이 없는 투명한 사각형 오브젝트를 만들어 [Pattern Tile Tool] 기능을 활용할 수 있습니다.

01. 오브젝트만 선택하고 패턴을 만들면 여백 없이 나열되는 패턴으로 등록됩니다.

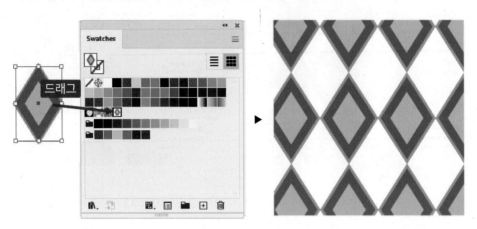

02. 여백을 만들 크기만큼 사각형을 그린 뒤, 칠(Fill)과 획(Stroke) 속성에 색을 적용하지 않습니다. 사각형 오브젝트의 배열을 맨 뒤로 보냅니다. 투명한 사각형 오브젝트와 패턴으로 등록할 오브젝트 모두 선택 후 [Swatches] 패널에 드래그& 드랍하여 패턴으로 저장하면 사각형의 영역까지 패턴으로 등록됩니다.

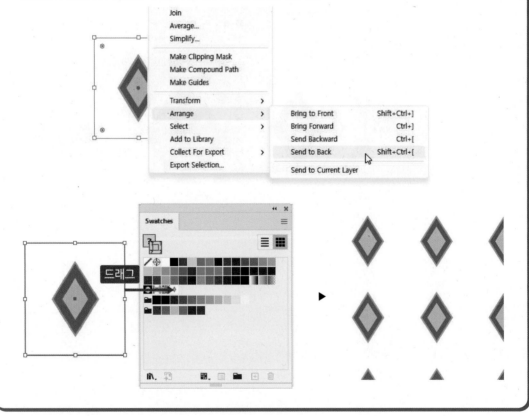

효과: Illustrator Effects

| 효과는 개체, 그룹 또는 레이어에 적용하여 다양하게 모양과 특성을 변경하는 기능입니다. 개체에 적용한 효과는 모양(Appearance) 패널 목록에 표시됩니다. 오브젝트의 기본 형상은 변경하지 않고 효과만 입히는 비파괴적 기능으로 모양 패널에서 효과를 편집, 복제, 삭제할 수 있습니다. [Illustrator Effects] 항목의 스타일화 효과는 개체에 그림자, 광선 등을 적용합니다.

01. 효과를 적용할 오브젝트를 선택하고 [effect] 〉 (Illustrator Effects)[Stylize] 메뉴를 클릭합니다.

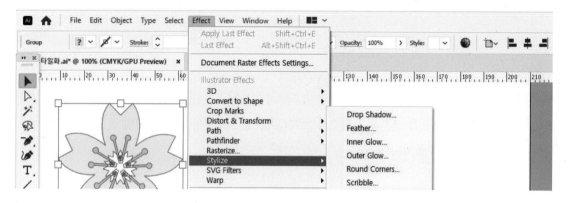

● **Drop Shadow:** 그림자 효과

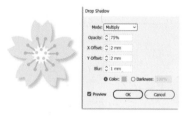

● **Inner Glow:** 내부 광선 효과

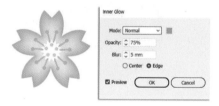

● **Outer Glow:** 외부 광선 효과

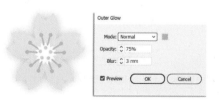

● **Round Corners:** 둥근 모서리 효과

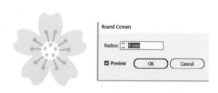

02. 효과를 적용할 오브젝트를 선택하고 [Effect] 〉 [Distort & Transform] 메뉴를 클릭합니다.

● **Zig Zag**: 지그재그

Zig Zag 효과는 오브젝트의 선분을 고른 크기의 곡선이나 직선 배열로 변환합니다. 길이와 선분당 능선 수를 설정하고 곡선 형태(Smooth) 또는 직선 형태(Corner)를 선택합니다.

● **Pucker & Bloat**: 오목과 볼록

오브젝트의 중심을 기준으로 선분을 안쪽으로 오목하게(Pucker 방향) 구부리거나 선분을 바깥쪽으로 볼록하게(Bloat 방향) 부풀립니다.

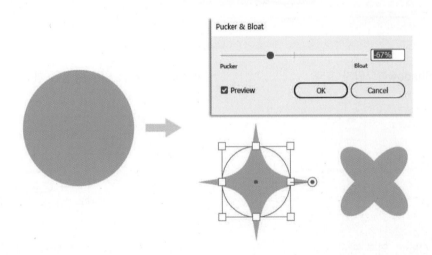

모양(Appearance) 패널

효과는 적용 후 모양(Appearance) 패널에서 확인합니다. 효과 수정 시 모양 패널에서 적용된 효과 이름을 클릭하면 해당 효과의 대화상자가 열립니다. 수정하고 [OK]합니다. 효과를 삭제할 경우 선택하고 패널 하단의 휴지통 버튼을 클릭합니다.

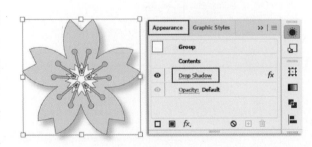

Expand Appearance

효과는 오브젝트의 기본 형상을 변경하지 않는 비파괴적 기능으로 본래의 패스는 변형되지 않습니다. 효과가 적용된 모양으로 패스를 확장하려면 [Object] 〉 [Expand Appearance] 메뉴를 클릭합니다. 윤곽선 보기(Ctrl + Y)를 하면 정확한 패스 모양을 확인할 수 있습니다.

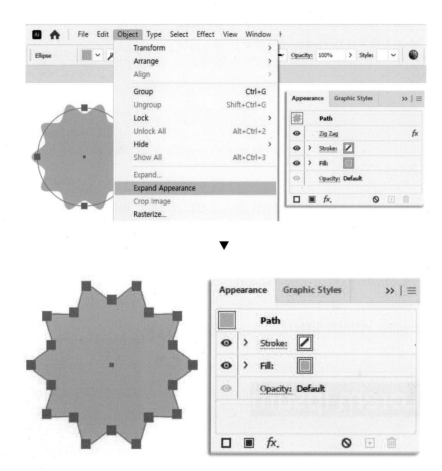

참고 여러 개의 오브젝트에 하나의 그림자 효과만 적용할 때에는 오브젝트를 모두 선택 후 그룹(Ctrl + G)으로 만든 뒤 그림자 효과를 적용합니다. 그룹이 아닌 경우 각각 그림자가 할당됩니다.

| 그림 못지않게 다양한 역할을 하는 문자는 메시지를 전달하는 중요한 시각적 기호입니다. 문자 도구로 텍스트 단과 열을 만들고, 오브젝트 안쪽 또는 패스 선분을 따라 텍스트가 흐르도록 하거나 텍스트를 그래픽 오브젝트로 변경하여 작업할 수 있습니다.

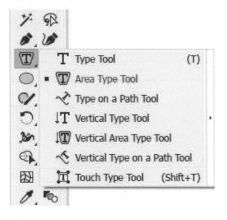

T 문자 도구(Type Tool) [T]

01. 왼쪽에서부터 가로로 문자를 입력합니다. 문자 도구로 작업 화면을 클릭하면 텍스트 영역이 설정되지 않고 커서가 활성화되며 Lorem Ipsum 자동 텍스트가 나타납니다. 텍스트를 입력하고 [Ctrl] + [Enter↵]를 눌러 문자 편집을 완료하고 커서를 비활성화 합니다.

02. 클릭하지 않고 작업 화면을 먼저 드래그하여 영역을 지정하면 텍스트 영역이 설정됩니다. 문장이 영역 안에서만 정렬됩니다. 문자 도구로 텍스트 영역 박스의 크기를 조절할 수 있습니다.

T 영역 문자 도구(Area Type Tool)

영역 문자 도구로 오브젝트 안쪽 상단을 클릭하면 오브젝트 내에 문자를 입력합니다.

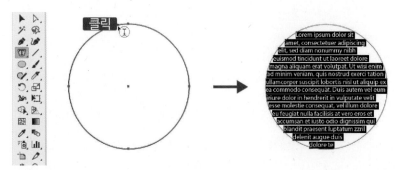

T 패스 상의 문자 도구(Type on a Path Tool)

패스 상의 문자 도구로 선분을 클릭하면 선분을 따라 흐르는 문자를 입력합니다.

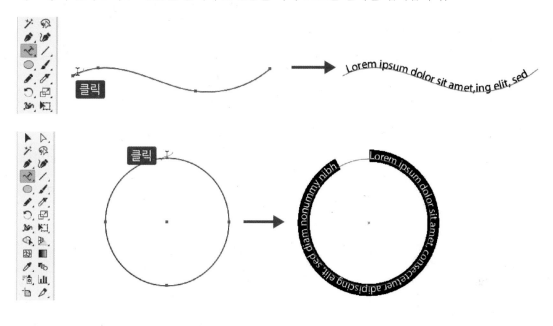

T 세로 문자 도구(Vertical Type Tool)

세로 방향으로 문자를 입력합니다.

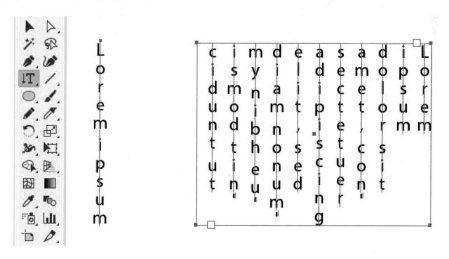

문자 도구 옵션

❶ 문자 색상 ❷ 문자 테두리 ❸ 문자 테두리 두께와 형태 ❹ Opacity: 문자 불투명도
❺ Character: 서체(Font) 모양 ❻ 서체 스타일 ❼ Font Size: 문자 크기 ❽ Paragraph: 문단 정렬
방식

문자(Character) 패널

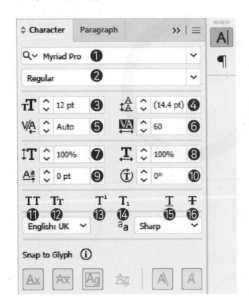

❶ Character: 서체(Font) 모양 ❷ 서체 스타일
❸ Font Size: 문자 크기
Ctrl + Shift + ,(쉼표): 크기 줄이기
Ctrl + Shift + .(마침표): 크기 키우기
❹ 행간: 글줄 사이 간격 Alt + 방향키←, →
❺ 커닝: 한 글자와 한 글자 사이 간격
❻ 자간: 글자 사이 간격 Alt + 방향키↑, ↓
❼ 글자 높이 비율 ❽ 글자 너비 비율
❾ Baseline: 기준선 위치 ❿ 글자 각도
⓫ 대문자 만들기 ⓬ 작은 대문자 만들기 ⓭ 위첨자
⓮ 아래첨자 ⓯ 밑줄 긋기 ⓰ 취소선 긋기

단락(Paragraph) 패널

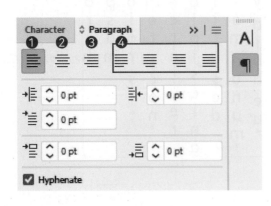

❶ 왼쪽 정렬

❷ 가운데 정렬

❸ 오른쪽 정렬

❹ 양끝 정렬

왼쪽부터 차례대로 마지막 문장 왼쪽정렬, 가
운데 정렬, 오른쪽 정렬, 양끝 정렬

넘치는 문장 표시

텍스트 박스 오른쪽 하단 ⊞
표시는 박스 영역을 벗어난
문장이 있다는 표시입니다.
텍스트의 내용을 줄이거나
박스 크기를 변경하여 영역
안에 들어오지 못한 텍스트
가 없도록 합니다.

Lorem ipsum dolor sit amet, consectetuer adipiscing elit, sed diam nonummy nibh euismod tincidunt ut laoreet dolore magna aliquam erat volut-

Lorem ipsum dolor sit amet, consectetuer adipiscing elit, sed diam nonummy nibh euismod tincidunt ut laoreet dolore magna aliquam erat volutpat. Ut wisi enim ad

윤곽선 만들기(Create Outlines)

문자는 일반 오브젝트가 아니므로 패스로 이루어져있지 않습니다. 문자 오브젝트를 선택하고 우클릭하여 [Create Outlines] Ctrl + Shift + O 메뉴를 클릭하면 문자를 모양대로 확장하여 일반 오브젝트 패스가 됩니다. 도형처럼 활용할 수 있습니다.

일러스트레이터

〈일반 문자 오브젝트〉

〈우클릭 메뉴〉

일러스트레이터

〈패스로 변환된 오브젝트〉

일러스트레이터

〈직접 선택 도구로 일부 고정점을 변형한 오브젝트〉

중요! 서체(폰트)는 설치된 환경에서만 사용할 수 있으므로 다른 환경으로 일러스트레이터 원본 파일을 보낼 때에도 윤곽선 만들기 처리를 하여 보냅니다. 해당 서체가 설치되어있지 않은 환경에서는 서체를 찾을 수 없다는 메시지가 나타나고 모두 기본 서체로 변경됩니다.

블렌드 도구: Blend Tool

| 개체를 혼합하는 기능으로 여러 오브젝트를 블렌드하면 선택한 오브젝트들 사이에 변화하는 중간 단계의 모양을 만들어 색상과 형태의 자연스러운 변화를 고르게 분포합니다. 오브젝트가 매끄럽게 변하도록 하거나 그라디언트 도구로는 표현하기 어려운 다양한 형태의 색 변화를 나타낼 수 있습니다.

블렌드 적용

01. 블렌드 도구(W)로 오브젝트를 연결할 순서대로 클릭-클릭하면 두 오브젝트의 사이에 혼합된 모양들이 자동으로 만들어지며 색상도 자연스럽게 변화합니다. 기본적으로 [Smooth Color(매끄러운 색상)] 모드가 적용됩니다. 중간 단계가 많아 그라디언트처럼 표현됩니다.

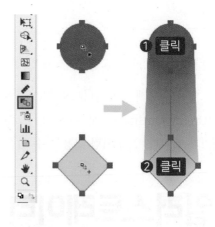

02. 도구를 더블클릭하거나 Enter↵를 누르면 대화상자가 열립니다. [Spacing] 항목에서 [Specified Steps(지정된 단계)]를 선택하고 블렌드 단계의 개수를 지정합니다. 3을 입력하고 [OK]하면 중간 단계를 3개로 수정합니다.

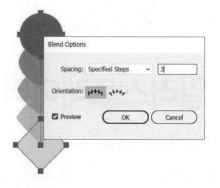

03. 다시 도구를 더블클릭하거나 Enter↵를 눌러 대화상자를 열고 [Specified Distance(지정된 거리)]로 블렌드 단계의 거리 값을 입력합니다. 5mm를 입력하면 단계들의 간격을 5mm로 지정하여 수정합니다.

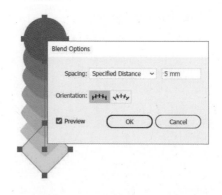

자동으로 블렌드 적용

▶ 선택 도구(Ⓥ)로 연결할 오브젝트들을 모두 선택하고 [Object] 〉 [Blend] 〉 [Make] (Alt + Ctrl + B)를 하면 레이어 패널에 오브젝트가 쌓인 순서대로 블렌드를 적용합니다.

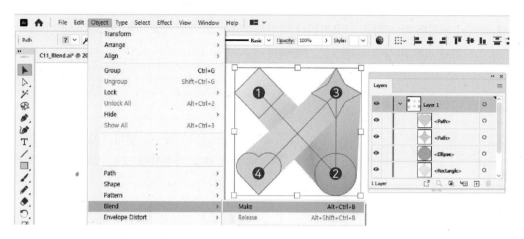

블렌드 해제(Release)

오브젝트와 Spine이 분리되며 블렌드가 해제됩니다.

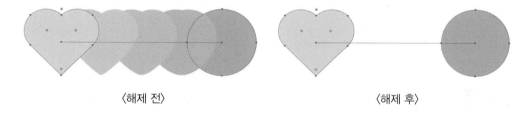

〈해제 전〉   〈해제 후〉

블렌드 대체(Replace Spine)

적용된 Spine을 다른 모양으로 대체하려면 칠(Fill)과 획(Stroke) 색상이 없는 Spine 패스를 그린 뒤 모두 선택하고 [Replace Spine] 메뉴를 클릭합니다. 직선으로 연결되어있던 블렌드 오브젝트 위에 원형 오브젝트를 그리고 블렌드 대체를 적용하였습니다.

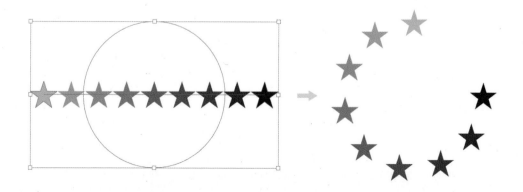

브러시: Brush **14**

| 브러시를 이용하면 일반적인 패스의 획(Stroke) 모양을 여러 가지로 스타일화 할 수 있습니다. 기존 패스에 브러시 패널의 획 모양을 적용하거나 페인트브러시 도구를 사용하여 패스를 그리면 스타일화 된 브러시가 획에 적용된 상태로 패스를 그립니다.

브러시(Brushes) 패널 F5

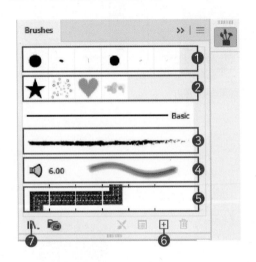

❶ Calligraphic Brush(캘리그래픽 브러시)
손으로 펜을 사용하여 그린 것과 비슷한 획을 표현합니다.

❷ Scatter Brush(산포 브러시)
패스를 따라 오브젝트가 흩어져있는 듯한 모양의 브러시입니다.

❸ Art Brush(아트 브러시)
목탄, 연필 등 여러 가지 질감의 모양이나 화살표 등의 모양이 반복되지 않고 패스 길이에 맞춰 한 번씩 적용됩니다.

❹ Bristle Brush(강모(빳빳한 털) 브러시)
강모 브러시로 칠한 듯한 모양을 가진 브러시 획입니다.

❺ Pattern Brush(패턴 브러시)
패스를 따라 반복되는 개별 타일로 구성된 패턴의 획입니다. 패턴 브러시에는 패턴의 옆, 내부 모퉁이, 외부 모퉁이, 시작 및 끝 등 다섯 개의 타일을 각각 다르게 지정할 수 있습니다.

❻ New Brush: 브러시로 만들 오브젝트를 선택하고 버튼을 클릭하여 브러시 종류를 선택하고 새 브러시로 등록합니다.

❼ 중요! Brush Libraries Menu: 일러스트레이터에서 기본으로 제공하는 브러시 견본을 엽니다. GTQi 시험에서는 다양한 견본 브러시가 출제되므로 미리 어떤 종류의 브러시가 있는지 익혀두는 것이 좋습니다.

🖌 페인트브러시 도구(Paintbrush Tool) Ⓑ

기존 패스의 획(Stroke)에 적용할 때에는 오브젝트 선택 후 브러시 패널에서 모양을 선택하고, 페인트브러시 도구를 사용하면 브러시 모양이 획에 적용된 상태로 패스를 그릴 수 있습니다. 브러시 패널에서 다른 모양을 선택하면 브러시 모양이 변경됩니다.

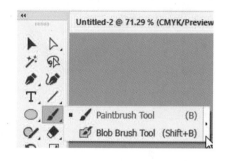

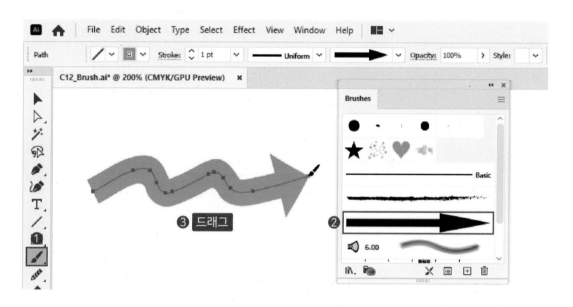

물방울 브러시 도구(Blob Brush Tool) Shift + B

원형의 물방울 브러시는 면적을 채울 수 있는 도구입니다. 드래그하면 브러시 크기 그대로 획(Stroke)이 아닌 칠(Fill) 색상이 채워진 닫힌 패스가 됩니다. 브러시 크기는 ⬆, ⬇ 키로 조절합니다.

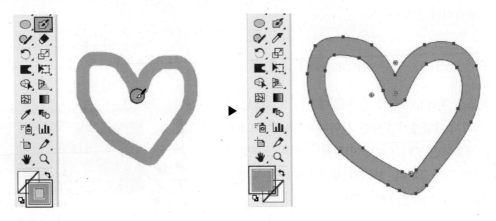

심볼: Symbol

| 같은 오브젝트가 여러 개 필요할 때 심볼로 만들어 사용하면 작업 시간을 절약하고 파일 크기를 상당히 줄일 수 있습니다. 또한 심볼은 3D 효과가 적용된 오브젝트에 매핑 할 수 있는 아트 오브젝트입니다.

심볼(Symbol) 패널 ⌈Shift⌉ + ⌈Ctrl⌉ + ⌈F11⌉

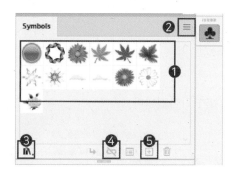

❶ 심볼 선택

❷ 심볼 메뉴

❸ Symbol Libraries Menu: 심볼 견본

❹ Break Link To Symbol: 심볼 연결 끊기
  연결이 끊어지면 심볼이 아닌 일반 오브젝트가 됩니다.

❺ New Symbol: 새 심볼 만들기

심볼 분무기 도구(Symbol Sprayer Tool) ⌈Shift⌉ + ⌈S⌉

심볼 패널에서 심볼을 선택하고 심볼 분무기 도구로 작업 화면을 클릭하면 심볼이 뿌려집니다. 클릭을 짧게 반복하면 하나씩 생성되고 꾹 유지하면 계속 생성됩니다. ⌈Alt⌉를 누르고 심볼을 클릭하면 심볼이 삭제됩니다.

하나의 박스(세트) 안에 뿌려진 심볼들은 개별 선택이 되지 않는 아트 오브젝트로, 개수가 많아도 용량이 늘나지 않습니다. (일반 패스가 아니므로 ⌈Ctrl⌉ + ⌈Y⌉를 눌러 윤곽선 보기를 하면 패스가 없는 것을 확인할 수 있습니다.)

도구를 더블클릭하거나 도구 선택 후 Enter↵를 누르면 대화상자가 열립니다.

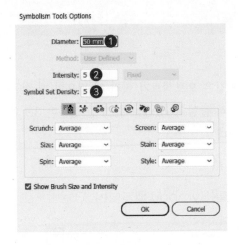

❶ Diameter(도구 직경): 도구의 범위 안에 있는 심볼들만 조절합니다. ⟮, ⟯

❷ Intensity(강도): 수치가 높을수록 도구의 기능이 강하게 적용됩니다.

❸ Symbol Set Density(밀도): 수치가 낮을수록 밀도가 낮아 심볼 사이 간격이 넓습니다.

심볼 크기 조절기 도구(Symbol Sizer Tool)

클릭하여 심볼 크기를 키웁니다. Alt 를 누르고 클릭하면 크기가 작아집니다.

심볼 이동기 도구(Symbol shifter Tool)

드래그하여 심볼을 이동합니다.

심볼 회전기 도구(Symbol Spinner Tool)

드래그하여 심볼을 회전합니다.

심볼 염색기 도구
(Symbol Stainer Tool)

칠(Fill) 색상을 지정하고 심볼을 클릭하면 심볼이 점점 염색되듯 색이 바뀝니다. Alt 를 누르고 클릭하면 다시 원래의 색으로 돌아옵니다.

심볼 투명기 도구
(Symbol Screener Tool)

클릭할수록 불투명도가 낮아집니다. Alt 를 누르고 클릭하면 다시 원래의 불투명도로 돌아옵니다.

심볼 만들기

01. 오브젝트를 선택하고 심볼 패널의 새 심볼 버튼(⊞)을 누릅니다. [Name] 항목에서 이름을 입력한 뒤 [Export Type]을 [Graphic]으로 선택하고 [OK]합니다.

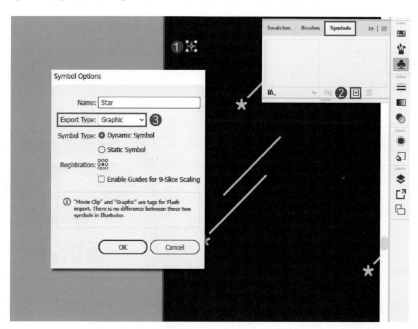

02. 심볼 패널에서 심볼을 선택하고 심볼 분무기 도구(Shift + S)로 심볼 오브젝트를 뿌립니다.

> **참고** 심볼 도구들은 심볼 패널에 선택되어 있는 심볼만 조절하므로 작업 시 조절이 안 된다면 심볼 패널에서 해당 심볼이 선택되어 있는지 확인합니다.

클리핑 마스크: Clipping Mask

| 아트웍을 특정 마스크 오브젝트 영역만큼 보이도록 하는 기능으로 선택한 오브젝트들 중 맨 위에 있는 개체가 아래에 있는 모든 개체를 클립합니다. 아트웍을 지우거나 삭제하지 않아도 원하는 모양만큼 나타낼 수 있고 다시 마스크를 해제할 수 있는 비파괴적 방법입니다.

01. 클리핑 마스크가 필요한 아트웍 위에 마스크 오브젝트를 그립니다.

02. ▶선택 도구(ⓥ)로 마스크 오브젝트만큼 보여야할 모든 오브젝트를 선택합니다. 선택한 오브젝트 중 제일 위에 있는 오브젝트만 마스크로 사용할 수 있습니다.

03. 우클릭하여 [Make Clipping Mask] 합니다.

`Ctrl` + `⑦`

04. 마스크가 적용된 상태로 내용을 편집하려면 더블클릭하여 격리모드로 변환하고 편집한 다음 다시 빈 작업 화면을 더블클릭하여 격리모드를 해제합니다.

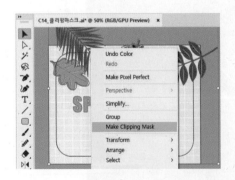

05. 우클릭하여 [Release Clipping Mask]를

`Alt` + `Ctrl` + `⑦` 하면 마스크가 해제됩니다.

컴파운드 패스(Compound Path)

패스를 병합하는 기능으로, 떨어져 있는 오브젝트도 병합이 되며 병합 해제가 가능하다는 것이 Pathfinder와 다른 점입니다. 두 개 이상의 오브젝트나 그룹 오브젝트는 클리핑 마스크로 사용할 수 없기에 여러 개의 오브젝트를 마스크로 사용하거나 [Create Outlines]를 적용하여 패스로 변환한 글 자를 마스크로 활용할 경우 하나의 오브젝트로 변환하여야 마스크를 적용할 수 있습니다.

01. 패스로 변환한 글자 또는 마스크로 사용할 여러 개의 오브젝트를 모두 선택 후 상단 메뉴바 [Object] 〉 [Compound Path] 〉 [Make]하여 하나의 오브젝트로 변환합니다.

02. 클립할 모든 오브젝트를 선택한 후 클리핑 마스크 합니다.

둘러싸기 왜곡: Envelope Distort

| 선택된 오브젝트를 2차적으로 다른 모양으로 왜곡하거나 형태를 변경하는 기능입니다. 기본으로 정해져 있는 왜곡 모양을 선택하거나, 오브젝트에 망을 적용하고 드래그하면 다른 드로잉 도구로는 그리기 어려운 다양한 형태로 변형할 수 있습니다. 또한 사용자가 지정한 형태로 오브젝트를 빠르게 왜곡, 변형하여 작업 시간을 단축하고 언제든지 다시 원래대로 해제하거나 편집, 삭제, 또는 확장할 수 있습니다.

Make with Warp

01. 왜곡할 오브젝트를 선택하고 [Object]-[Envelope Distort]-[Make With Warp] 메뉴를 클릭합니다.

❶ Style: Envelope 모양 ❷ Horizontal-수평 기준으로 왜곡 / Vertical-수직 기준으로 왜곡

❸ Bend: 휘어지는 정도 ❹ Distortion: Horizontal-수평 왜곡 비율 조정(좌,우) / Vertical-수직 왜곡 비율 조정(상,하)

스타일 지정 후 [OK]합니다.

02. Envelope Distort를 적용한 오브젝트를 선택하면 옵션바가 [Envelope] 모드로 바뀝니다. 각 항목들을 옵션바에서 편집할 수 있습니다.

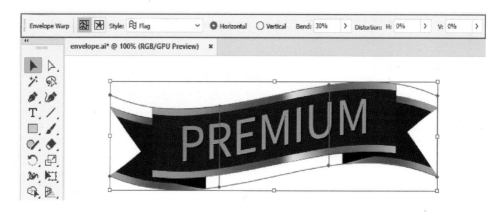

03. 편집 모드가 [Edit Envelope]인 경우 ▷ 직접 선택 도구(Ⓐ)로 인벨로프의 고정점과 선분을 선택하여 형태를 수정 할 수 있습니다. 하지만 둘러싸기가 된 안의 내용은 편집할 수 없습니다.

04. 둘러싸기 된 안의 내용 오브젝트를 편집하려면 옵션바에서 [Edit Contents] 버튼을 클릭합니다.

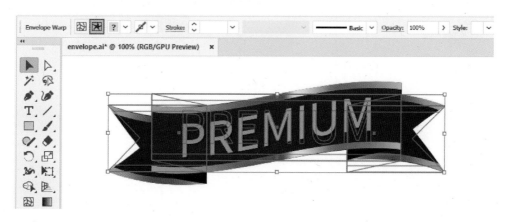

05. 편집 후 다시 [Edit Envelope] 버튼을 눌러 둘러싸기 편집 모드로 변경합니다.

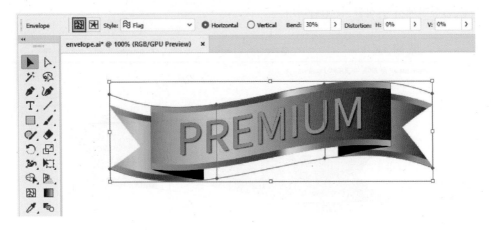

해제

둘러싸기 왜곡을 해제하려면 [Object] 〉 [Envelope Distort]-[Expand] 메뉴를 클릭합니다. 원래의 내용 오브젝트와 Envelope 오브젝트가 분리됩니다.

Expand

둘러싸기 왜곡이 된 모양대로 오브젝트를 확장하려면 Expand 합니다. 패스가 둘러싸기 모양대로 확장됩니다.

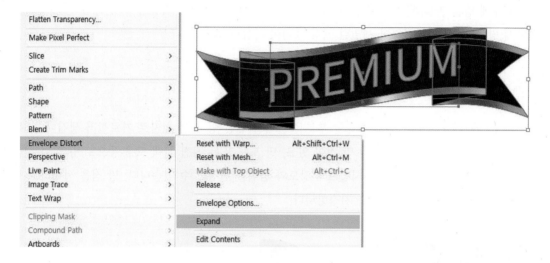

망 도구: Mesh Tool 18

| 오브젝트에 망을 만들고 각 망 점간 매끄럽게 변화되는 여러 색상을 적용할 수 있습니다. 사용자가 자유롭게 망 점과 선을 편집하여 세밀한 색상 표현이 가능합니다.

망 도구(Mesh Tool) U

01. 오브젝트에서 망 도구로 색을 적용할 부분을 클릭합니다. 망 선이 십자로 가로질러 생깁니다. 두 개의 망 선이 교차하는 위치에는 망 점이 있고, 망 도구 또는 직접 선택 도구 등으로 망 점과 선을 이동하거나 편집하여 색상 그라디언트의 강도와 범위를 변경할 수 있습니다. 망 점을 선택하고 색상 피커나 색상 패널에서 색상을 지정합니다.

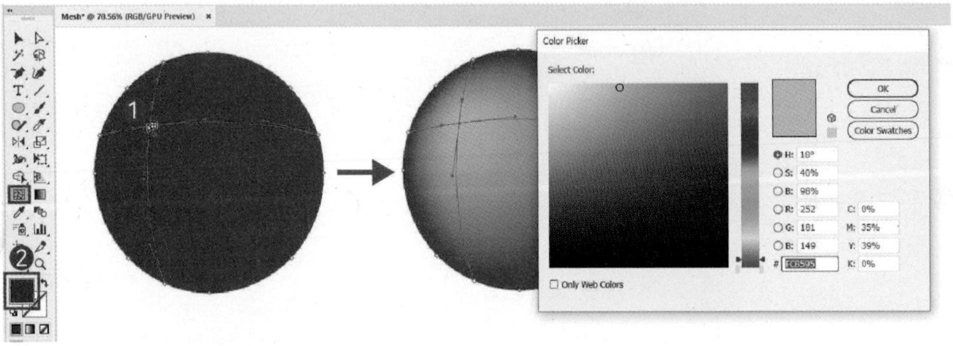

02. 망 선, 또는 망 점을 삭제하려면 Alt를 누르고 클릭합니다.

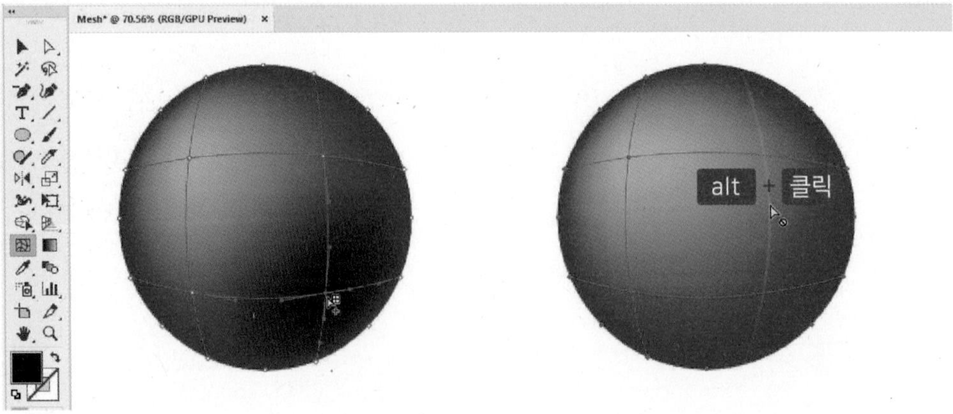

참고 망 점은 다른 고정점처럼 직접 선택 도구(A), 올가미 도구(Q)로 선택하여 편집 및 이동이 가능합니다. 망 점에 있는 방향선 끝을 드래그하여 그라디언트 형태를 수정하고 색상 범위를 변경할 수 있습니다.

CHAPTER

03

최신 기출유형 모의고사

수험자 유의사항

※ GTQi 문제지 첫 면의 전체 유의사항입니다. 내용을 잘 숙지하고 실제 시험 시 아래 내용과 달라진 점은 없는지 꼼꼼히 살펴보고 시험을 시작합니다.

급수	문제유형	시험시간	수험번호	성명
1급	A	90분		

수험자 유의사항

- 수험자는 문제지를 받는 즉시 응시하고자 하는 과목 및 급수가 맞는지 확인한 후 수험번호와 성명을 작성합니다.
- 파일명은 본인의 "수험번호-성명-문제번호"로 공백 없이 정확히 입력하고 답안폴더(내문서₩GTQ 또는 라이브러리 ₩문서₩GTQ)에 ai 파일 포맷으로 저장해야하며, 다른 파일 형식으로 저장하였을 경우 0점 처리됩니다. 답안문서 파일 명이 "수험번호-성명-문제번호"와 일치하지 않거나, 답안 파일을 전송하지 않아 미제출로 처리될 경우 불합격 처리됩니다.
- 수험자 정보와 저장한 파일명, 저장 위치가 다를 경우 전송이 되지 않으므로, 주의하시기 바랍니다.
- 답안 작성 중에도 주기적으로 '저장'과 '답안 전송'을 이용하여 감독위원 PC로 답안을 전송하셔야합니다.
  (※ 작업한 내용을 저장하지 않고 전송할 경우 이전의 저장내용이 전송되오니 이점 반드시 유념하시기 바랍니다.)
- 답안문서는 지정된 경로 외의 다른 보조기억장치에 저장하는 행위, 지정된 시험 시간 외에 작성된 파일을 활용한 행위, 기타 통신수단(이메일, 메신저, 네트워크 등)을 이용하여 타인에게 전달 또는 외부 반출하는 행위는 부정으로 간주되어 자격기본법 제32조에 의거 본 시험 및 국가공인 자격시험을 2년간 응시할 수 없습니다.
- 시험 중 부주의 또는 고의로 시스템을 파손한 경우와 〈수험자 유의사항〉에 기재된 방법대로 이행하지 않아 생기는 불이익은 수험자의 책임임을 알려 드립니다.
- 시험을 완료한 수험자는 최종적으로 저장한 답안파일이 전송되었는지 확인한 후 감독위원의 지시에 따라 문제지를 제출하고 퇴실합니다.

답안 작성요령

- 온라인 답안 작성 절차
- 수험자 등록 ⇒ 시험 시작 ⇒ 답안파일 저장 ⇒ 답안 전송 ⇒ 시험 종료
- 배점은 총 100점으로 이루어지며, 점수는 각 문제별로 차등 배분됩니다.
- 각 문제는 제시된 조건에 맞게 답안을 작성하셔야 하며, 조건을 지키지 못했을 경우에는 0점 또는 감점 처리됩니다.
- 조건에서 주어진 단위는 'mm(밀리미터)'입니다. 눈금자는 작성하지 않으며, 그 외는 출력형태(레이아웃, 색상, 문자, 규격 등)와 같게 작업하십시오.
- 문제 조건에 서체의 지정이 없을 경우 한글은 굴림이나 돋움, 영문은 Arial로 작업하십시오.
  (단, 그 외 제시되지 않은 문자 속성을 기본값으로 작성하지 않은 경우는 감점 처리됩니다.)
- 문제 조건에 크기와 색상, 두께의 지정이 없을 경우 《출력형태》를 참고하여 작업해 주시기 바랍니다.
- Image Mode(이미지 모드)는 별도의 처리조건이 없을 경우에는 CMYK로 작업하십시오.
- 조건에서 제시한 기능을 임의로 합치거나 각 기능에 대한 속성을 해지할 경우 해당 요소는 0점 처리됩니다.

한국생산성본부

문제 1   BI, CI 디자인 25점

다음의 《조건》에 따라 아래의 《출력형태》와 같이 작업하시오.

조건

파일저장규칙	AI	파일명	문서 GTQ 수험번호–성명–1.ai
		크기	100 x 80mm

1. 작업 방법
  ① 도형, 변형 툴과 Pathfinder 기능을 활용하여 오브젝트를 작성한다.
  ② 그 외 《출력형태》참조

2. 문자 효과
  ① HAND MADE (Times New Roman, Bold, 12pt, 17pt, C20M70Y50K10, K90)

출력형태

M20Y100,
K60, K100,
C30Y70,
C60M20Y80,
M50Y20,
C10M60Y30,
C20M70Y50K10,
C30M80Y60K30,
C0M0Y0K0, K90,
K40 → K80,
(선/획)
C30M80Y60K30, 1pt

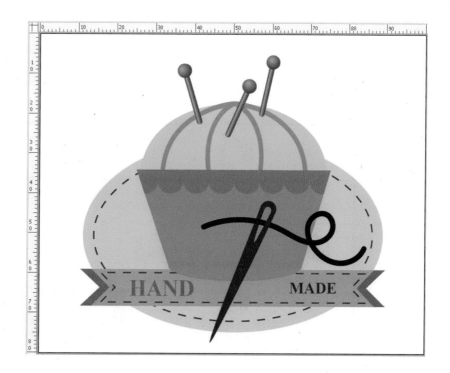

다음의 《조건》에 따라 아래의 《출력형태》와 같이 작업하시오.

조건

파일저장규칙	AI	파일명	문서 GTQ 수험번호-성명-2.ai
		크기	160 x 120mm

1. 작업 방법
   ① 다리미는 Pattern을 활용하여 작성한다. (패턴 등록 : 물결)
   ② 재봉틀에는 Clipping Mask를 적용한다.
   ③ Brush는 《출력형태》를 참고하여 작성한다.
   ④ Effect는 《출력형태》를 참고하여 작성한다.
   ⑤ 그 외 《출력형태》참조

2. 문자 효과
   ① Sewing Machine (Times New Roman, Italic, 21pt, C70M90Y40K40)
   ② Show (Arial, Bold, 12pt, C0M0Y0K0)

출력형태

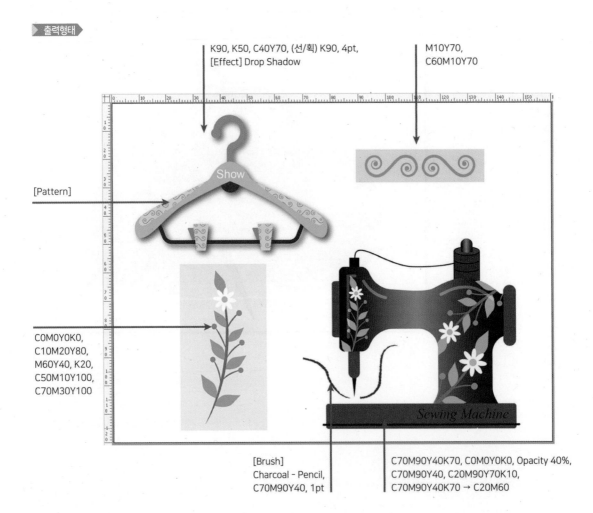

K90, K50, C40Y70, (선/획) K90, 4pt,
[Effect] Drop Shadow

M10Y70,
C60M10Y70

[Pattern]

[Brush]
Charcoal - Pencil,
C70M90Y40, 1pt

C0M0Y0K0,
C10M20Y80,
M60Y40, K20,
C50M10Y100,
C70M30Y100

C70M90Y40K70, C0M0Y0K0, Opacity 40%,
C70M90Y40, C20M90Y70K10,
C70M90Y40K70 → C20M60

다음의 《조건》에 따라 아래의 《출력형태》와 같이 작업하시오.

조건

파일저장규칙	AI	파일명	문서 GTQ 수험번호-성명-3.ai
		크기	210 x 297mm

1. 작업 방법
① 《참고도안》을 직접 제작한 후 Symbol로 활용한다. (심볼 등록 : 단추)
② 'ENJOY EVERY MOMENT', 'HAUTE COUTURE' 문자에 Envelope Distort를 적용한다.
③ Brush는 《출력형태》를 참고하여 작성한다.
④ Effect는 《출력형태》를 참고하여 작성한다.
⑤ Clipping Mask를 이용하여 디자인을 정리한다.
⑥ 그 외 《출력형태》참조

2. 문자 효과
① ENJOY EVERY MOMENT (Arial, Regular, 14pt, M80K70)
② HAUTE COUTURE (Times New Roman, Bold, 50pt, C10M90Y60)
③ Welcome to you all! (Times New Roman, Bold, 26pt, M70Y50)

참고도안

출력형태

K90, C0M0Y0K0,
M30Y100,
M60Y100,
M50Y60, M80Y70,
M10Y60,
C10M20Y100,
C40Y100,
C60M10Y100

210 X 170mm
[Mesh] C40Y20, C20Y20

[Brush] Flowers, 4pt

C20M100Y100K10,
K90,
M60Y20 →
C10M100Y50,
[Effect] Drop Shadow

C30Y30,
C50M10Y40,
C70M30Y60,
C40Y100,
C40M10Y100K10,
C60M20Y100K10

[Symbol]

[Blend] 단계 : 15,
(선/획) C0M0Y0K0, 1pt → C60M10Y30, 3pt

0. 먼저 작업의 최적화를 위해 가이드 〉 시험장 환경설정을 참고하여 기본 환경설정과 패널 등의 인터페이스를 구성하고 편의에 맞는 작업환경을 설정한다.

문제 ①   BI, CI 디자인 25점

1. [File] 〉 [New](Ctrl + N)하여 새 문서를 생성한다. 문서 용도는 [Print(인쇄)], 수험번호는 임의로 지정하여 파일명을 12345678-성명-1로 입력하고 [Width(폭)] 100mm, [Height(높이)] 80mm, [Color Mode(색상 모드)] CMYK Color, [Resolution Effects(해상도)] 300ppi로 지정한 후 [Create] 한다.

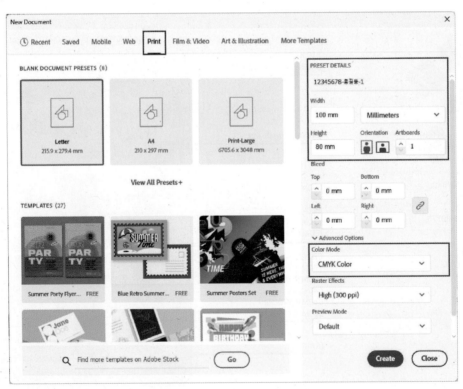

2. [File] 〉 [Save] (Ctrl + S)하여 ai 파일로 저장한다. (실제 시험장에서는 지정된 폴더에 저장) 이후 작업 중 수시로 Ctrl + S를 눌러 저장하며 작업 한다.

인희 쌤의 빠른 합격 Tip

수험번호를 매 문제마다 입력하기 번거롭다면 "수험번호-성명-"까지 메모장에 적어놓고 복사(Ctrl + C) 붙여넣기 (Ctrl + V) 하여 사용합니다.

색상 스와치 만들기

1. 문제에 제시된 색상 스와치를 만들기 위해 대지의 빈 공간에 Fill(칠): 흰색, Stroke(획): 색 없음의 사각형을 그리고 아래로 드래그하며 Alt + Shift 를 눌러 복사한 뒤 Ctrl + D를 눌러 반복하여 여러 개를 복제한다. 첫 번째 사각형을 선택하고 색상 피커를 더블클릭하거나, 색상 패널에서 문제에 제시된 색상 값 M20Y100을 입력하고 Enter↵를 누른다. 차례대로 제시된 색상 값을 입력하여 색상 스와치를 만든다. (꼭 색상 스와치를 만들지 않고 작업하여도 무관하다.)

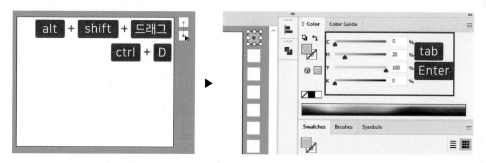

참고 Tab 을 누르면 커서가 다음 항목으로 이동합니다.

2. K40 → K80처럼 화살표로 표시되어있는 값은 그라디언트이므로 색상 스와치에도 미리 그라디언트를 적용한다. (선/획)으로 표시된 값은 Fill(칠): 색 없음, Stroke(획): 제시된 색상과 두께(pt)로 적용한다.

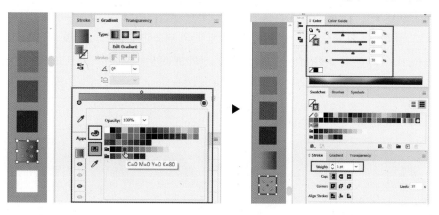

3. K100(검정), C0M0Y0K0(흰색), K10~K90(회색), M100Y100(빨강), Y100(노랑), C100Y100(초록), C100
(사이안), C100M100(파랑), M100(마젠타)은 편의에 따라 색상 스와치를 만들지 않고 [Swatches] 패널에서
직접 선택하거나 색상 스와치를 만들어 사용한다.

 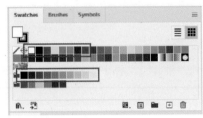

참고 편의에 따라 56~57쪽 [Swatches] 패널에 새 스와치 추가하기 메뉴를 참고하여 패널에 직접 스와치를 등록하여도 됩
니다.

유형 1. 도형, 변형 도구 사용하고 Pathfinder를 활용하여 모양 만들기

유형 2. Pen Tool(펜 도구 P), Pencil Tool(연필 도구 N) 사용하여 모양 그리기

1. ◯Ellispse Tool(L)로 타원을 그리고 🖌스포이드(I)로 C30Y70 색상 스와치를 클릭하여 색을 지정한
   다. ◆Eraser Tool(Shift + E)로 Alt 누르고 드래그하여 하단 반원 영역을 지운다.

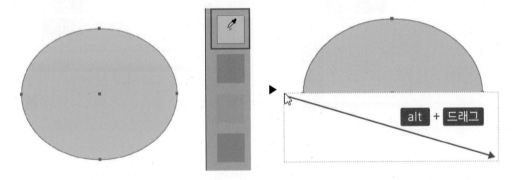

2. 🖋Pen Tool(P)로 곡선을 그린 다음 획 속성을 선택하고 🖌스포이드(I)로 C60M20Y80 색상 스와치를
   Alt 누르고 클릭하여 획 색상으로 지정한다. 《출력형태》와 비슷하게 두께를 조정한 뒤 [Cap]과 [Corner] 항
   목을 Round로 변경한다. ◁Reflect Tool(O)로 선의 뾰족한 부분을 Alt 누르고 클릭하여 대화상자에서
   [Vertical(수직 좌우 반전)]에 체크하고 [Copy]하여 복사한다.

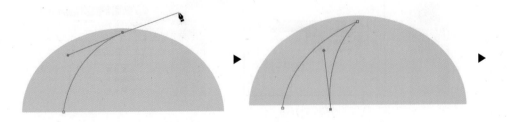

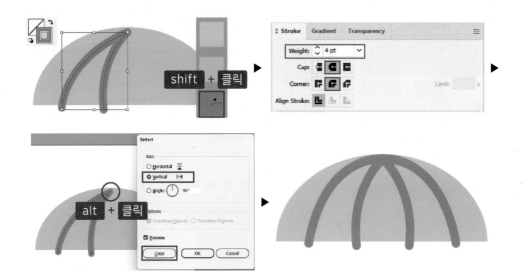

3. ▭Rectangle Tool(M)로 사각형을 그리고 🖋️스포이드(I)로 C60M20Y80 색상 스와치를 클릭하여 색을 지정한다. ⧉Free Transform Tool(E)의 위젯에서 ▷Perspective Distort를 선택하고 사각형의 하단 코너를 드래그하여 사다리꼴로 변형한다. 사다리꼴 오브젝트를 Ctrl + C 복사, Ctrl + F하여 같은 자리 위에 붙이고 [Swatches] 패널에서 K60 색상을 지정한다.

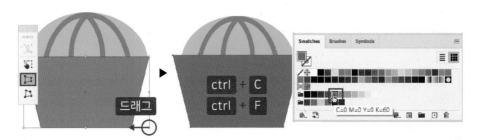

🔰 버전 안내

⧉Free Transform Tool(E)의 위젯이 없는 버전은 69~70쪽을 참고하여 사용하고자 하는 기능의 단축키를 먼저 누르고 있는 상태에서 원하는 방향으로 바운딩 박스를 드래그합니다.

4. ◆Eraser Tool(Shift + E)로 Alt 누르고 드래그하여 필요 없는 부분을 지운다. 장식 모양을 만들기 위해 ◯Ellispse Tool(L)로 Shift 눌러 드래그하여 정원을 그리고 K60 색상을 지정한다. ▶ Selection Tool (V)로 Alt + Shift 누르며 오른쪽으로 드래그하여 복사한 뒤 Ctrl + D하여 반복 배치한다. 🪄Magic Wand Tool(Y)을 더블 클릭하여 대화상자를 열고 [Fill] 항목에 체크한다. [Tolerance] 값을 0으로 입력한 뒤 원 오브젝트를 클릭하여 같은 색상의 모든 오브젝트를 한 번에 선택한다. Shift를 누르고 사다리꼴 도형만 클릭하여 선택을 해제한다. 원 오브젝트만 모두 선택된 상태로 그룹화(Ctrl + G)한다. 사다리꼴 도형과 원 그룹을 함께 선택한 뒤 사다리꼴 도형을 한 번 더 클릭하고(키 오브젝트) 수평 중앙 정렬 한다. 연두색 사다리꼴 도형만 선택한 뒤 Ctrl + C 복사, Ctrl + F하여 같은 자리 위에 붙인 다음 맨 앞으로(Ctrl + Shift +]) 가 져온다.

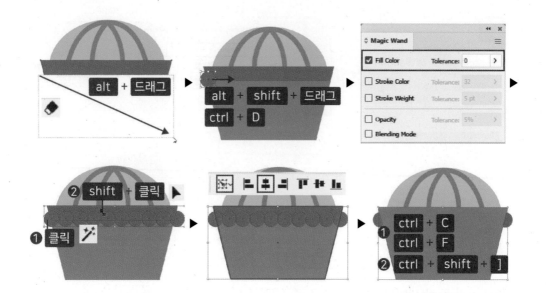

참고 작업중 수시로 Ctrl + S를 눌러 저장합니다.

✏ Ctrl + C 복사, Ctrl + F하여 같은 자리 위에 붙인 다음 맨 앞으로(Ctrl + Shift +]) 가져오는 개념 동영상으로 확인하기

🔍 민희 쌤의 빠른 합격 Tip

같은 Stroke(선/획) 색상 또는 같은 Fill(칠) 색상의 오브젝트를 한꺼번에 선택할 때는 Magic Wand Tool(Y)을 더블 클릭하여 대화상자를 열어 선택할 속성에 체크 하고 Tolerance(허용치) 값을 조절한 다음 오브젝트를 클릭하여 선택합니다. Tolerance가 100에 가까울수록 허용 범위가 넓어집니다. 0을 입력하면 똑같은 색상의 오브젝트만 선택할 수 있습니다.

5. 맨 앞으로 가져온 사다리꼴 도형과 원 그룹을 함께 선택하고 우클릭 메뉴에서 Clipping Mask(Ctrl + 7) 한다. ◯Ellispse Tool(L)로 하단에 타원을 그리고 모든 오브젝트를 선택한 뒤 그룹화(Ctrl + G)한다.

참고 Smart Guides(Ctrl + U)가 활성화 되어있으면 오브젝트의 중심이 표시됩니다.

도형 도구 사용 시 도형의 가운데 부분에 마우스를 위치하고 Alt 를 눌러 드래그하면 중앙을 고정하고 도형을 그릴 수 있습니다. 처음부터 가운데를 맞춰 그리기 때문에 가운데 정렬을 하지 않아도 됩니다.

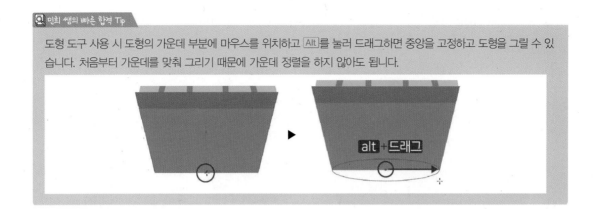

유형 3. 그라디언트로 색 채우기

1. 침핀을 만들기 위해 ▢Rounded Rectangle Tool로 드래그하는 도중 키보드 우 방향키 →를 눌러 최대로 둥근 사각형을 그린다. ✏스포이드(Ⅰ)로 K40 → K80의 색상 스와치를 클릭하여 그라디언트를 지정한다. [Gradient] 패널에서 ❶K40 색상 정지점은 살짝 오른쪽으로 이동, ❷K80 색상 정지점을 Alt 누르고 왼쪽으로 드래그하여 복사하고 슬라이더 양 끝으로 배치한다. ❸정지점 사이의 Location 버튼(◇)을 드래그하여 색범위를 조절한다.

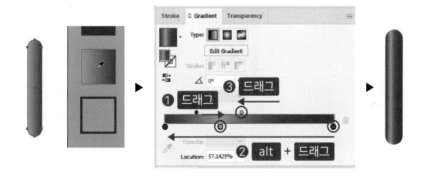

2. 둥근 사각형 위에 정원을 그리고 ✏스포이드(Ⅰ)로 K40 → K80의 색상 스와치를 클릭하여 색을 지정한다. [Gradient] 패널에서 [Type]을 원형(Radial Gradient)으로 변경한다. ▣Gradient Tool(G)로 정원 도형 위에서 드래그하여 그라디언트 형태를 조정한다. 두 도형을 모두 선택하고 그룹화(Ctrl + G)한다.

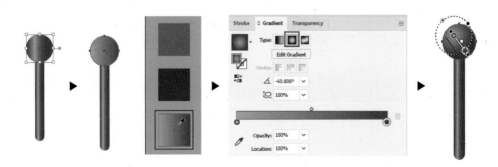

3. ▶ Selection Tool(Ⓥ)로 Alt 누르고 드래그하며 복사하여 《출력형태》에 맞게 배치한다. 모든 오브젝트를 선택하고 그룹화(Ctrl + Ⓖ)한 뒤 대지를 기준으로 수평 중앙 정렬한다.

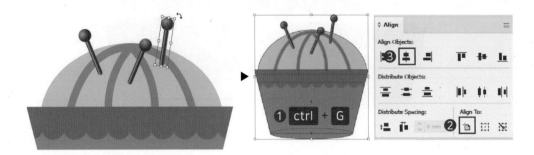

유형 4. Stroke 패널에서 선 모양 변경

1. 타원을 그리고 대지를 기준으로 수평 중앙 정렬한 뒤, M20Y100 색상을 지정한다. 상단 메뉴바 [Object] 〉 [Path] 〉 [Offset Path]를 클릭하고 《출력형태》와 비교하여 점선을 그릴 위치에 맞는 [Offset] 값을 지정하고 [OK] 한다. ✏ 스포이드(Ⓘ)로 C30M80Y60K30, 1pt 색상 스와치를 클릭하여 획 색상을 지정한다.

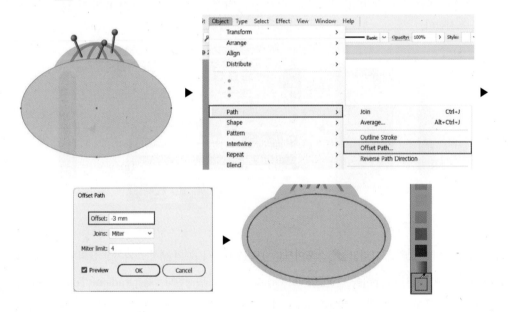

참고 Offset Path(고정점 이동) 기능은 선택한 오브젝트의 고정점을 입력한 거리(Offset) 만큼 이동하여 새 오브젝트를 생성하는 기능입니다. 일정한 간격의 오브젝트가 필요할 때 자주 사용하며 음수(-)값을 입력하면 패스 안쪽으로 이동합니다.

2. [Stroke] 패널에서 [Dashed Line] 항목에 체크하고 첫 번째 [dash] 항목의 값을 《출력형태》와 비슷하게 입력한다. 점선과 타원을 선택하고 맨 뒤로(Ctrl + Shift + Ⓘ) 보낸다.

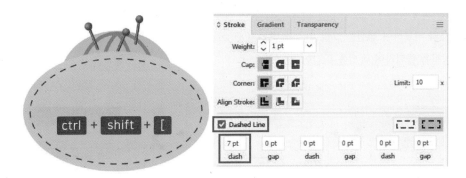

민희 쌤의 빠른 합격 Tip

값을 입력하는 모든 항목은 커서가 깜박이며 활성화되어있는 상태
에서 마우스 스크롤을 위, 아래로 굴리면 입력값이 조정됩니다. 문
제에 지정되어있지 않은 값은 《출력형태》를 보고 마우스를 굴려 비
슷해 보이는 수치로 빠르게 조정하고 Enter↵를 눌러 적용합니다.

3. 직사각형을 그리고 대지를 기준으로 수평 중앙 정렬한 뒤 ✏스포이드(I)로 C30M80Y60K30 색상을 지정
한다. ✏Add Anchor Point Tool(+)로 사각형 왼쪽 변의 중앙과 오른쪽 변의 중앙을 클릭하여 고정점을
추가한다. ▷Direct Selection Tool(A)로 왼쪽에 추가한 고정점을 클릭하고 Shift 눌러 오른쪽에 추가한
고정점을 클릭하여 두 고정점만 선택하고 ⊞Scale Tool(S)로 도구를 변경한다. 안쪽으로 드래그하여 고정
점의 위치(크기)를 조절한다.

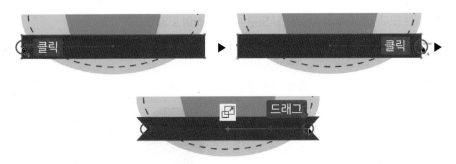

⊞ Scale Tool(S)로 부분 변형하는 법 동영상으로 확인하기

4. ▶Selection Tool(V)로 선택한 뒤 Ctrl + C 복사, Ctrl + F하여 같은 자리 위에 붙인다. Alt를 누르고 바
운딩 박스를 중심 방향으로 드래그하여 중앙을 고정한 상태로 크기를 줄여 양쪽 너비만 축소한다.

5. 복사한 리본 도형에 M50Y20 색상을 지정한다. 상단 메뉴바 [Object] 〉 [Path] 〉 [Offset Path]를 클릭하고 《출력형태》와 비교하여 점선을 그릴 위치에 맞는 [Offset] 값을 지정하고 [OK] 한다. 🖋️스포이드(Ⅰ)로 먼저 그린 점선을 클릭하여 속성을 똑같이 지정한다.

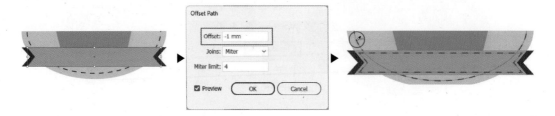

6. **T** T y p e Tool(Ⅰ)로 "HAND MADE" 문자를 입력하고 Times New Roman−Bold 서체를 지정한다. "HAND" 문자에 블록을 씌우고 7pt, C20M70Y50K10 색상, "MADE" 문자는 12pt, K90 색상을 지정하고 《출력형태》에 맞게 배치한다. 바늘꽂이 오브젝트 그룹을 선택하고 맨 앞으로(Ctrl + Shift +]) 가져온다.

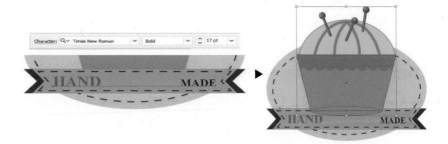

유형 1. 도형, 변형 도구 사용하고 Pathfinder를 활용하여 모양 만들기

유형 2. Pen Tool(펜 도구 P), Pencil Tool(연필 도구 N) 사용하여 모양 그리기

1. 바늘을 그리기 위해 ⬭Ellispse Tool(L)로 Shift 눌러 드래그하여 작은 정원을 그리고 [Swatches] 패널에서 K90 색상을 지정한다. ⬡Polygon Tool로 드래그하는 도중 상, 하 키보드 방향키 ↑, ↓를 눌러 삼각형으로 조절하고 Shift를 눌러 반듯하게 그린다. 뾰족한 부분이 아래쪽을 향하도록 180° 회전하고 바운딩 박스를 드래그하여 세로 폭을 길게 조절한다.

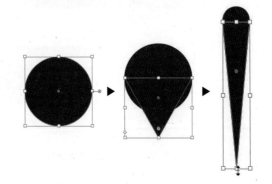

2. 두 오브젝트를 선택하고 [Pathfinder] 패널에서 🔳United 하여 병합한다. ⬈Anchor Point Tool(Shift + C)로 맨 아래의 고정점을 오른쪽으로 드래그하여 둥글게 수정한다. ▶Selection Tool(Ⅴ)로 선택한 뒤 Ctrl + C 복사, Ctrl + F하여 같은 자리 위에 붙인다. 크기를 바늘구멍만큼 줄여 배치하고 아무 색상이나 지정한다. 두 오브젝트를 선택하고 [Pathfinder] 패널에서 🔳Exclude 하여 겹친 부분을 삭제한다.

3. 바늘을 《출력형태》에 맞게 배치하고 Blob Brush Tool(Shift + B)를 선택한다. 색상 피커에서 Fill (칠): 색 없음, Stroke(획)에 검정색(K100)을 지정하고 [,] 를 눌러 《출력형태》의 실 두께와 비슷하게 브러시 크기를 조절한다. 실 모양에 맞게 드래그하여 그린다. 바늘과 실 오브젝트를 모두 선택하고 [Pathfinder] 패널에서 Divide 하여 전부 분리한다.

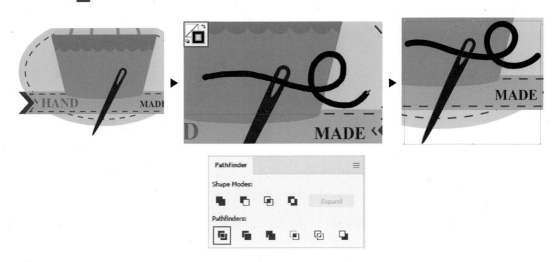

4. Direct Selection Tool(A)로 바늘이 보여야 하는 부분의 조각을 선택하고 스포이드(I)로 주변 바늘 부분을 클릭하여 같은 색을 지정한다. 전체적으로 《출력형태》와 비교하여 작업하지 않은 부분은 없는지 꼼꼼하게 확인한다. 색상 스와치를 모두 선택하여 Delete 눌러 지운 다음 Ctrl + S 를 눌러 저장한다. 시험장에서는 저장 후 [KOAS 수험자용] 프로그램의 [답안 전송하기] 버튼을 눌러 감독관 PC로 전송한다.

1. [File] 〉 [New](Ctrl + N)하여 새 문서를 생성한다. 문서 용도는 [Print(인쇄)], 수험번호는 임의로 지정하여 파일명을 12345678-성명-2로 입력하고 [Width(폭)] 160mm, [Height(높이)] 120mm, [Color Mode(색상 모드)] CMYK Color, [Resolution Effects(해상도)] 300ppi로 지정한 후 [Create] 한다.

2. [File] 〉 [Save] (Ctrl + S)하여 ai 파일로 저장한다. (실제 시험장에서는 지정된 폴더에 저장) 이후 작업중 수시로 Ctrl + S를 눌러 저장하며 작업한다.

3. 119~120쪽의 색상 스와치 만들기를 참고하여 문제에 제시된 색상들의 스와치를 만든다.

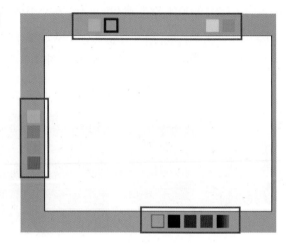

유형 6. 패턴 만들고 등록한 뒤, 채우기

1. ◉Spiral Tool로 Shift 누르고 드래그하여 나선을 그린다. 색상 피커에서 획 속성을 선택하고 🖋 스포이드(I)로 C60M10Y70 색상 스와치를 Shift 누르고 클릭하여 획 색상을 지정한다. ▷◀Reflect Tool(O)로 Alt 누르고 물결의 중앙 부분을 클릭하여 대화상자에서 [Vertical(수직 좌우 반전)]에 체크하고 [Copy]하여 복사한다. 복사된 나선 오브젝트를 상하 반전 하기 위해 ▷◀Reflect Tool(O) 대화상자에서(도구 더블 클릭 또는 Enter↵) [Vertical(수직 좌우 반전)]에 체크하고 [OK] 한다.

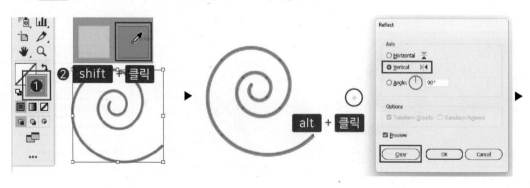

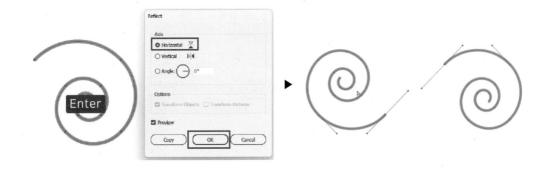

2. ▷ Direct Selection Tool(A)로 ❶번과 ❷번 고정점만 선택하고 Ctrl + J (Join)를 눌러 연결한다. 연결 부분이 어색한 경우 ◢◢ Smooth Tool로 드래그하여 자연스럽게 변경한다. 옵션바에서 획 프로필을 [Width Profile 1]로 변경하고 《출력형태》에 따라 획 두께를 적절히 조절한다. 나선의 말려 들어가는 안쪽 부분에 정원을 그리고 C60M10Y70 색상을 지정한다. 반대편에도 복사하여 배치하고 모두 선택하여 그룹화(Ctrl + G)한다.

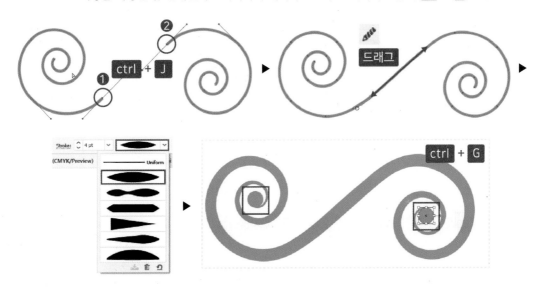

3. ▷◁ Reflect Tool(O)로 Alt 누르고 두 물결의 중앙 부분을 클릭하여 대화상자에서 [Vertical(수직 좌우 반전)]에 체크하고 [Copy]하여 복사한다. 두 개의 물결 오브젝트를 그룹화(Ctrl + G)한다.

4. 물결 오브젝트 위에 사각형을 그리고 M10Y70 색상을 지정한다. 맨 뒤로(Ctrl + Shift + [ ) 보내고 물결 오브젝트 그룹과 같이 선택한 뒤 사각형을 한번 더 클릭하고(키 오브젝트) 수평 중앙 정렬, 수직 중앙 정렬 한다. 모두 선택된 상태에서 그룹화(Ctrl + G)한다. 패턴으로 등록하기 위해 상단 메뉴바 [Object] 〉 [Path] 〉 [Pattern]을 클릭한다. 알림창이 뜨면 [Don't Show again]에 체크하고 [OK]한다. 패턴 편집 화면으로 변경

되면 ❶[Name] 항목에 문제에 제시된 패턴 이름 "물결"을 입력하고 ❷[Tile Type]을 Grid로 지정한다. ❸ [Done]을 클릭하여 등록하고 [Swatches] 패널에서 확인한다.

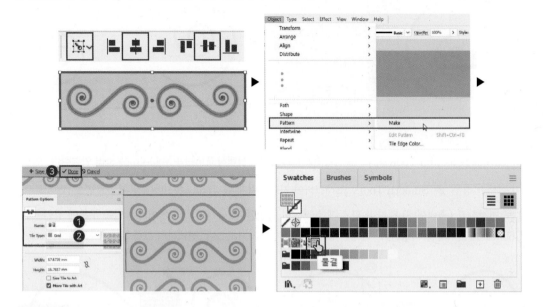

🔖 버전 안내

[Object] 〉 [Pattern] 〉 [Make] 메뉴가 없는 버전은 오브젝트를 [Swatches] 패널로 직접 드래그&드랍하여 패턴을 등록합니다. 등록된 패턴은 더블클릭하여 이름과 세부사항을 변경할 수 있습니다.

유형 1. 도형, 변형 도구 사용하고 Pathfinder를 활용하여 모양 만들기

유형 2. Pen Tool(펜 도구 P), Pencil Tool(연필 도구 N) 사용하여 모양 그리기

1. ◯Ellispse Tool(L)로 Shift 눌러 드래그하여 옷걸이의 고리 모양을 만들 정원을 그리고 [Swatches] 패널에서 획에 K50 색상을 지정한다. 《출력형태》에 맞춰 고리 두께만큼 획 두께를 지정한다. ✂Scissors Tool (C)로 ❶번과 ❷번 고정점을 클릭하여 끊고 필요 없는 패스를 선택하여 삭제한다.

✏Pen Tool(P)로 ❸번 고정점을 클릭하여 연결하고 ❹번 부분을 Shift 눌러 클릭하여 직선을 그린다.

▷Direct Selection Tool(A)로 ❸번 고정점만 선택하고 ◉라이브 코너 위젯을 드래그하여 곡선으로 변경한다. 고리의 끝 부분에 정원을 그리고 Fill(칠) 색상에 K50을 지정한다.

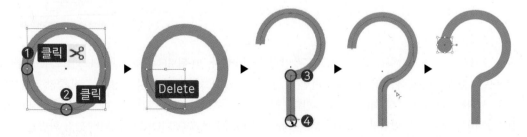

◉라이브 코너 위젯이 없는 버전은 ❸번 고정점에서 ✐Pen Tool(P)로 연결하여 그릴 때부터 드래그하여 곡선으로 그립니다.

2. ✐Pen Tool(P)로 옷걸이 모양의 반을 그리고 ✐스포이드(I)로 C40Y70 색상을 지정한다. ✐Knife Tool을 선택하고 《출력형태》와 비슷한 모양으로 드래그하여 오브젝트를 분리한다. 분리된 위쪽 조각을 선택하고 [Swatches] 패널에서 "물결" 패턴을 클릭하여 적용한다.

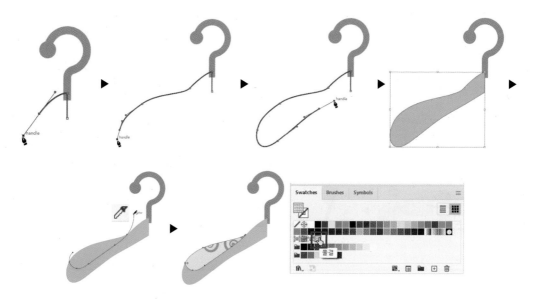

3. 패턴 크기를 조절하기 위해 패턴을 적용한 오브젝트를 선택한 뒤 ⬚Scale Tool(S)의 대화상자에서(도구 더블 클릭 또는 Enter↵) [Transform object] 항목은 체크 해제하고 [Transform Pattern] 항목에만 체크한다. [Uniform] 항목의 값을 조절하여 《출력형태》와 비슷한 크기로 지정한다.

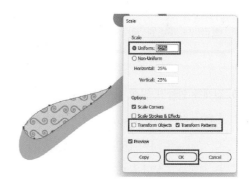

4. 패턴 오브젝트와 C40Y70 색상 오브젝트를 같이 선택하고 ▷◁Reflect Tool(O)로 Alt 누르고 옷걸이의 중앙 부분을 클릭한다. 대화상자에서 [Vertical(수직 좌우 반전)]에 체크하고 [Copy]하여 복사한다. 중앙 부분에 정원을 그리고 K90 색상을 지정한 뒤 맨 뒤로(Ctrl + Shift + [) 보낸다.

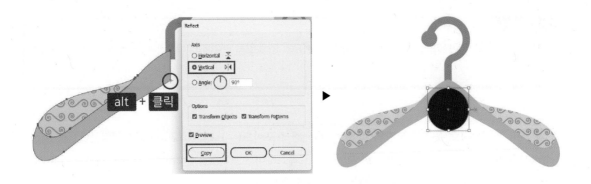

5. 하단에 ☐Rectangle Tool(Ⓜ)로 사각형을 그리고 ✐스포이드(Ⓘ)로 K90, 4pt 색상 스와치를 클릭하여 획 속성을 지정한다. ✂Scissors Tool(ⓒ)로 ❶번과 ❷번 고정점을 클릭하여 끊는다. 필요 없는 상단 선분을 선택하여 삭제하고 ⊞Free Transform Tool(Ⓔ)의 위젯에서 ⊡Perspective Distort를 선택하고 하단 코너를 안쪽으로 드래그하여 사다리꼴로 변형한다. ↘Direct Selection Tool(Ⓐ)로 하단 왼쪽, 오른쪽 고정점만 선택하고 ◉라이브 코너 위젯을 드래그하여 곡선으로 변경한다.

> **✑ 버전 안내**
>
> ⊞Free Transform Tool(Ⓔ)의 위젯이 없는 버전은 69~70쪽을 참고하여 사용하고자 하는 기능의 단축키를 먼저 누르고 있는 상태에서 원하는 방향으로 바운딩 박스를 드래그합니다.
>
> ◉라이브 코너 위젯이 없는 버전은 사각형을 그리지 않고 ✐Pen Tool(Ⓟ)로 직접 그립니다.

6. 집게를 만들기 위해 직사각형을 그리고 K50 색상을 지정한다. ⊞Free Transform Tool(Ⓔ)의 위젯에서 ⊡Perspective Distort를 선택하고 하단 코너를 안쪽으로 드래그하여 사다리꼴로 변형한다. Ctrl + ⓒ 복사, Ctrl + Ⓕ하여 같은 자리 위에 붙인다. ⊞Free Transform Tool(Ⓔ)의 위젯에서 ☶Free Transform을 선택하고 상단을 대각선으로 드래그하여 기울인 다음 맨 뒤로(Ctrl + Shift + Ⓘ) 보낸다.

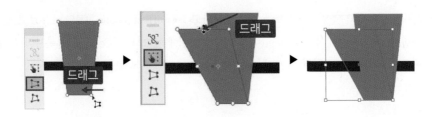

7. 먼저 그린 사다리꼴 오브젝트에 패턴을 적용하고 [⊞]Scale Tool(⑤)로 패턴 크기를 조절한다. ▶ Selection Tool(♡)로 Alt + Shift 누르고 드래그하며 복사하여 오른쪽에도 배치한 뒤, 기울어진 K50 색상의 사다리꼴 도형을 맨 뒤로(Ctrl + Shift + [) 보낸다.

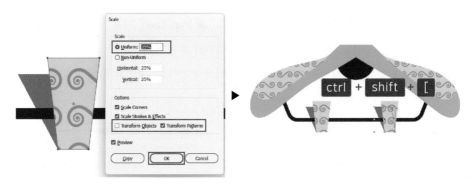

8. **T** Type Tool(Ⅰ)로 "Show" 문자를 입력하고 Arial−Bold 서체, 12pt, 흰색(C0M0Y0K0)을 지정하고 《출력형태》에 맞게 배치한다. 옷걸이에 해당하는 모든 오브젝트를 선택하고 그룹화(Ctrl + ⑥)한다.

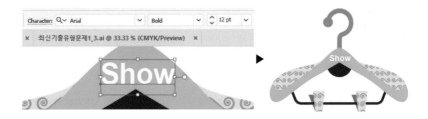

유형 9. Effect-Drop Shadow 적용

1. 옷걸이 그룹을 선택하고 상단 메뉴바 [Effect] 〉 [Stylize] 〉 [Drop Shadow]를 클릭하여 《출력형태》와 비슷하게 그림자 효과를 적용한다.

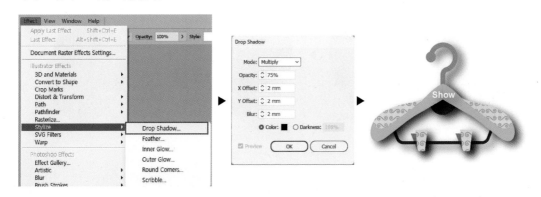

참고 여러개의 오브젝트에 하나의 그림자 효과만 적용할 때에는 오브젝트를 모두 선택후 그룹(Ctrl + ⑥)으로 만든 뒤 그림자 효과를 적용합니다. 그룹이 아닌 경우 각각 그림자가 할당됩니다.

참고 작업중 수시로 Ctrl + ⑤를 눌러 저장합니다.

유형 1. 도형, 변형 도구 사용하고 Pathfinder를 활용하여 모양 만들기

유형 2. Pen Tool(펜 도구 P), Pencil Tool(연필 도구 N) 사용하여 모양 그리기

1. ▢Rectangle Tool(M)로 K20 색상의 직사각형을 그린다. ✐Pen Tool(P)로 꽃의 줄기 부분을 만들 곡선을 그린 다음 획 속성을 선택하고 ✐스포이드(I)로 M60Y60 색상 스와치를 Shift 누르고 클릭하여 획 색상을 지정한다. 옵션바에서 획 프로필을 [Width Profile 1]로 변경하고 《출력형태》에 따라 획 두께를 적절히 조절한다.

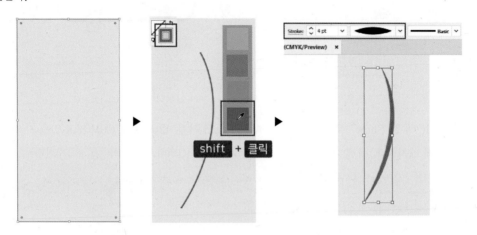

2. ◯Ellispse Tool(L)로 타원을 그리고 C70M30Y100 색상을 지정한다. ◣Anchor Point Tool(Shift + C)로 상단과 하단의 고정점을 클릭하여 직선으로 변경한다. ◺Direct Selection Tool(A)로 오른쪽 고정점을 대각선으로 드래그하여 곡선 형태를 변형한다. 왼쪽 고정점도 대각선 방향으로 드래그하고 고정점을 살짝 위로 이동하여 형태를 변형한다.

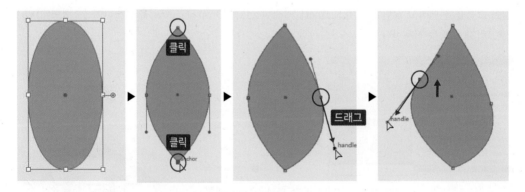

3. 《출력형태》에 맞춰 맨 윗 부분에 배치하고 ◤Selection Tool(V)로 Alt 누르고 드래그하여 복사한 다음 위치를 맞춘다. ↻Rotate Tool(R)로 줄기와 붙어 있는 부분을 클릭하여 참조점을 지정하고 오브젝트를 드래그하여 회전한다. 도구를 변경하지 않고 Ctrl + Alt를 누르고 그대로 잎을 드래그하여 복사하고 《출력형태》에 맞게 회전하여 배치한다. 반복하여 잎을 모두 배치한다.

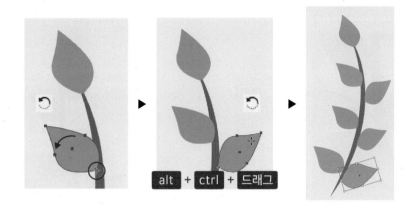

alt + ctrl + 드래그

도구 사용 중 Ctrl 키로 이동·복사하는 법 동영상으로 확인하기

4. 🖊Pen Tool(Ⓟ)로 꽃의 줄기 부분을 만들 곡선을 그린 다음 🖊스포이드(Ⓘ)로 먼저 그린 줄기를 클릭하여 획 색상을 지정한다. 옵션바에서 획 프로필을 [Width Profile 1]로 변경하고 《출력형태》에 따라 획 두께를 적절히 조절한다. ⬭Ellispse Tool(Ⓛ)로 Shift 눌러 드래그하여 정원을 그리고 M60Y40 색상을 지정한다. 줄기 오브젝트와 같이 선택하여 그룹화(Ctrl + Ⓖ)한다.

　　▶Selection Tool(Ⓥ)로 Alt 누르고 드래그하여 복사한 다음 위치를 맞춘다. ↻Rotate Tool(Ⓡ)로 줄기와 붙어 있는 부분을 클릭하여 참조점을 지정하고 오브젝트를 드래그하여 회전한다. 반대편에 ▷◁Reflect Tool(Ⓞ)로 반전 복사하여 《출력형태》에 맞게 배치한다.

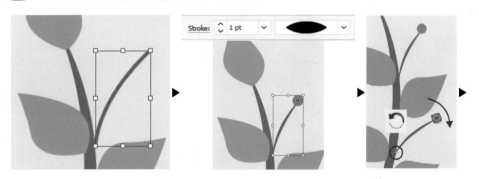

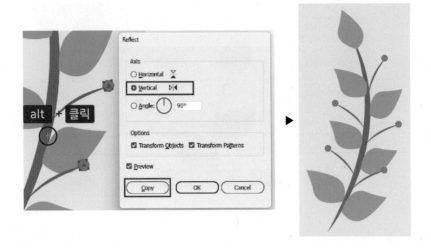

5. 흰색(C0M0Y0K0)의 타원을 그리고 🌀Rotate Tool(R)로 Alt 누르고 타원의 중앙 아래쪽을 클릭한다. 대
화상자 [Angle] 항목에 360/8을 입력하고 [Copy]한 다음 Ctrl + D를 눌러 반복 적용한다. 꽃잎 중앙에 정원
을 그리고 🖊️스포이드(I)로 C10M20Y80 색상 스와치를 클릭하여 색을 지정한다. 꽃잎과 중앙 정원을 모두
선택하고 그룹화(Ctrl + G)한다. 《출력형태》에 맞게 배치하고 K20 색상의 사각형을 제외한 모든 오브젝트를
선택하여 그룹화(Ctrl + G)한다. [Object] > [Path] > [Outline Stroke]하여 선 속성을 면으로 변경한다.

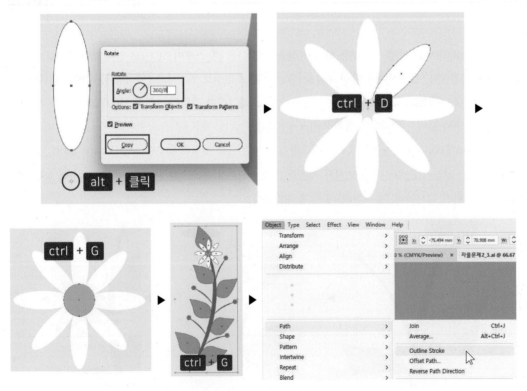

유형 1. 도형, 변형 도구 사용하고 Pathfinder를 활용하여 모양 만들기

유형 2. Pen Tool(펜 도구 ℙ), Pencil Tool(연필 도구 ℕ) 사용하여 모양 그리기

유형 3. 그라디언트로 색 채우기

1. 재봉틀의 형태에 따라 ⬜Rectangle Tool(Ⓜ)로 ❶번 직사각형을 그리고 ◉라이브 코너 위젯을 드래그하여 둥글게 변형한다. ❷번, ❸번 직사각형을 그린다. ⬭Ellispse Tool(Ⓛ)로 ❹번 타원을 그린 다음 살짝 둥글게 튀어나온 위치에 배치한다. 모두 선택하고 [Pathfinder] 패널에서 ◢◣United 하여 병합한다.

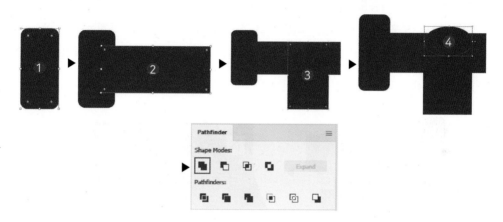

2. ▷Direct Selection Tool(Ⓐ)로 곡선으로 변경되어야 할 부분을 드래그하여 부분 선택하고 ◉라이브 코너 위젯을 드래그하여 곡선으로 변경한다.

> **🖋 버전 안내**
>
> ◉ 라이브 코너 위젯이 없는 버전은 🖋 Pen Tool(ℙ)로 필요한 곡선 부분을 그리고 복사하여 배치한 다음 [Pathfinder] 패널에서 ◢◣United 하여 병합합니다.

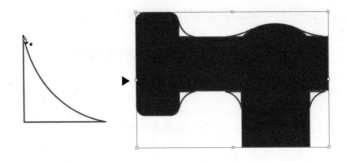

3. 하단에 직사각형을 그린 다음 ⬠ Direct Selection Tool(Ⓐ)로 하단 왼쪽, 오른쪽 고정점만 선택하고 ⬚
Scale Tool(Ⓢ)로 도구를 변경한 뒤 오른쪽으로 드래그하여 사다리꼴로 변형한다. 모두 선택하여
[Pathfinder] 패널에서 ◼️ United 하여 병합한다. 사다리꼴 오브젝트를 연결한 각진 부분을 곡선으로 변경
하기 위해 ⋀ Anchor Point Tool(Shift + Ⓒ)로 드래그하여 형태를 변형한다.

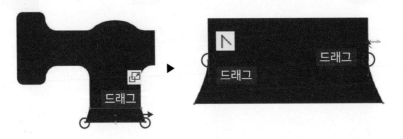

4. 🖊️ 스포이드(Ⓘ)로 C70M90Y40K70 → C20M60 색상 스와치를 클릭하여 그라디언트를 지정한다. 《출력형
태》에 맞게 수정하기 위해 [Gradient] 패널에서 ❶번 C20M60 색상 정지점은 가운데로 이동, ❷번
C70M90Y40K70 색상 정지점을 Alt 누르고 드래그하여 복사하고 슬라이더의 양 끝에 배치한다.

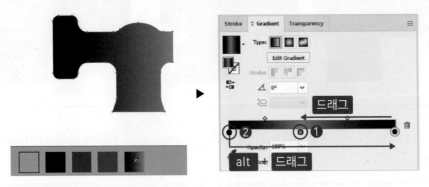

5. 재봉틀의 왼쪽 앞 부분에 ⬜Rounded Rectangle Tool로 둥근 사각형을 그린다. C20M90Y70K10 색상을 지정하고 맨 뒤로(Ctrl + Shift + [ ) 보낸다. 오른쪽 뒷 부분에 ⬜Rounded Rectangle Tool로 드래그 하는 도중 키보드 우 방향키 →를 눌러 최대로 둥근 사각형을 그린다. ▶ Selection Tool(V)로 Alt 눌러 드래그하며 복사하여 바늘 부분에 배치하고 맨 뒤로(Ctrl + Shift + [ ) 보낸다.

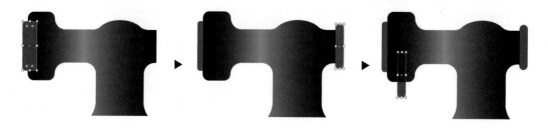

6. ❶둥글게 튀어나온 상단 윗 부분에 직사각형을 그리고 Fill(칠): C70M90Y40, Stroke(획): C70M90Y40K70 색상을 지정한다. ❷사각형의 너비와 같은 너비의 타원을 그리고 Fill(칠)에 C20M90Y70K10 색상을 지정한다. ❸✏Pen Tool(P)로 가로의 곡선을 그리고 획에 C70M90Y40K70 색상을 지정한다. ❹▶ Selection Tool(V)로 Alt 눌러 드래그하며 복사하여 아래에 하나 더 배치하고 모두 맨 뒤로(Ctrl + Shift + [ ) 보낸다. ❺ C20M90Y70K10 색상 타원의 중앙에 ⬜Rounded Rectangle Tool로 드래그하는 도중 키보드 우 방향키 →를 눌러 최대로 둥근 사각형을 그린다. ✏스포이드(I)로 아래 재봉틀을 클릭하여 같은 그라디언트를 지정한다. ❻◆Eraser Tool(Shift + E)로 Alt 누르고 드래그하여 불필요한 부분을 지운다.

7. 재봉틀 왼쪽 앞부분 상단에 직사각형을 그리고 ✏스포이드(I)로 C70M90Y40K70 색상을 지정한다. 맨 뒤로(Ctrl + Shift + [ ) 보내고 ✏Pencil Tool(N)로 드래그하여 연결되는 실 부분을 그린 다음 획에 C70M90Y40K70 색상을 지정하고 《출력형태》와 비슷하게 두께를 조절한다.

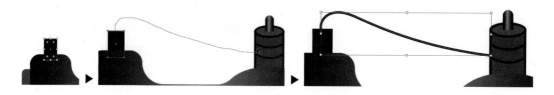

8. ⬡Polygon Tool로 드래그하는 도중 상, 하 키보드 방향키 ↑, ↓를 눌러 삼각형 도형을 그린다. 뾰족한 부분이 아래로 향하도록 180° 회전하고 바운딩 박스를 조절하여 얇은 바늘 형태로 변형한 뒤 맨 뒤로([Ctrl] + [Shift] + [[ ]) 보낸다. 하단에 ⬜Rounded Rectangle Tool로 둥근 사각형을 그리고 C20M90Y70K10 색상을 지정한다. 세로 폭이 아주 좁은 둥근 사각형을 하나 더 그리고 C70M90Y40K70 색상을 지정한다. 두 도형을 선택한 뒤 빨간색 사각형을 한 번 더 클릭하고(키 오브젝트) 수평 중앙 정렬한다.

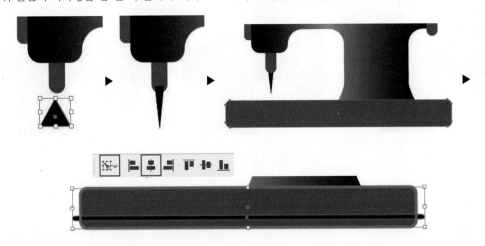

유형 10. Opacity(불투명도) 변경

1. 재봉틀 오브젝트를 선택하고 상단 메뉴바 [Object] 〉 [Path] 〉 [Offset Path]를 클릭한다. 《출력형태》와 비교하여 하이라이트를 그릴 위치에 맞는 [Offset] 값을 지정하고 [OK] 한다. Fill(칠): 색 없음, 획 색상은 흰색(C0M0Y0K0)으로 지정하고 두께를 적절히 조절한다. 옵션바에서 [Opacity]를 40%로 입력한다. ✂ Scissors Tool(ⓒ)로 아래 사진에 표시 부분(●)마다 클릭하여 끊는다. ▶Selection Tool(Ⓥ)로 불필요한 부분을 선택하여 삭제한다.

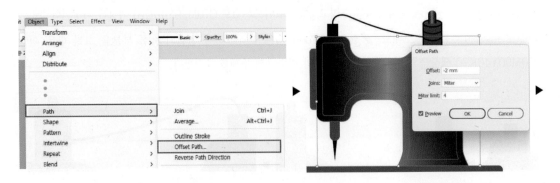

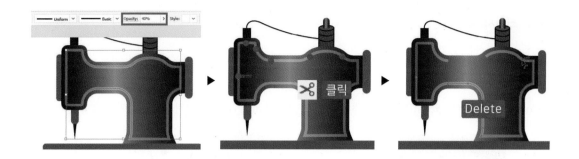

2. 남긴 선을 모두 선택하고 [Stroke] 패널에서 [Cap] 항목을 Round로 변경한 뒤 그룹화(Ctrl + G)한다.

참고 [Transparency], [Appearance] 패널에서도 Opacity 값을 조절할 수 있습니다.

유형 7. Clipping Mask

1. 꽃 그룹을 복사(Ctrl + C, Ctrl + V)하고 《출력형태》에 맞는 위치에 크기와 방향을 조절하여 배치한다. 재봉틀 오브젝트를 Ctrl + C 복사, Ctrl + F하여 같은 자리 위에 붙인 다음 맨 앞으로(Ctrl + Shift +]) 가져온다. 재봉틀 오브젝트와 꽃 그룹을 모두 선택하고 우클릭 메뉴에서 Clipping Mask(Ctrl + ⁷7) 한다. 먼저 그렸던 하이라이트 선 그룹을 선택하고 맨 앞으로(Ctrl + Shift +]) 가져온다.

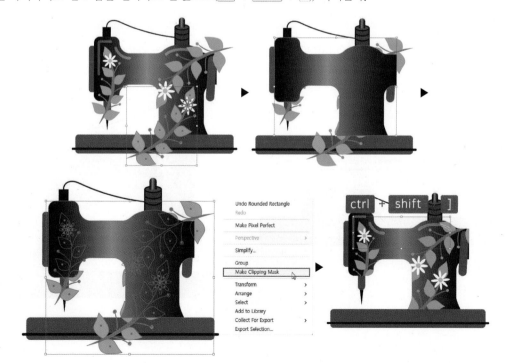

유형 5. 브러시 적용

1. ✏️Pencil Tool(N)로 드래그하여 바늘 양쪽에 곡선을 그리고 ✒️스포이드(I)로 색상 스와치의 C70M90Y40, 1pt 색을 지정한다. [Brush] 패널에서 라이브러리 버튼(IN.)을 누르고 [Artistic] 〉 [Artistic_ChalkCharcoalPencil]의 견본 창에서 Charcoal-Pencil 브러시를 클릭하여 적용한다.

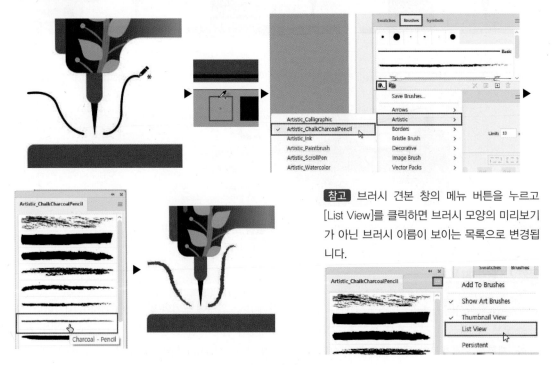

> **참고** 브러시 견본 창의 메뉴 버튼을 누르고 [List View]를 클릭하면 브러시 모양의 미리보기가 아닌 브러시 이름이 보이는 목록으로 변경됩니다.

2. 🅃Type Tool(T)로 "Sewing Machine" 문자를 입력하고 Times New Roman-Italic, 21pt 서체를 지정한다. ✒️스포이드(I)로 C70M90Y40K40 색상을 지정한다. 글자 크기를 기준으로 재봉틀의 크기를 조절하고 전체 선택하여 그룹화(Ctrl + G)한다.

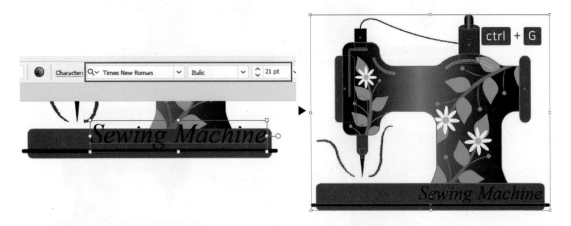

3. 전체적으로 《출력형태》와 비교하여 비슷한 위치에 배치하고 작업하지 않은 부분은 없는지 꼼꼼하게 확인한다. 색상 스와치를 모두 선택하여 Delete 눌러 지운 다음 Ctrl + S를 눌러 저장한다. 시험장에서는 저장 후 [KOAS 수험자용] 프로그램의 [답안 전송하기] 버튼을 눌러 감독관 PC로 전송한다.

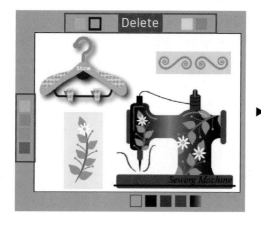

문제 ③   광고디자인 40점

1. [File] 〉 [New](Ctrl + N)하여 새 문서를 생성한다. 문서 용도는 [Print(인쇄)], 수험번호는 임의로 지정하여 파일명을 12345678-성명-3으로 입력하고 [Width(폭)] 210mm, [Height(높이)] 297mm, [Color Mode(색상 모드)] CMYK Color, [Resolution Effects(해상도)] 300ppi로 지정한 후 [Create] 한다.

2. [File] 〉 [Save] (Ctrl + S)하여 ai 파일로 저장한다. (실제 시험장에서는 지정된 폴더에 저장) 이후 작업 중 수시로 Ctrl + S를 눌러 저장하며 작업 한다.

3. 119~120쪽의 색상 스와치 만들기를 참고하여 문제에 제시된 색상들의 스와치를 만든다.

유형 13. Mesh Tool 사용하여 배경 칠하기

1. ☐Rectangle Tool(Ⓜ)로 작업 화면을 클릭하여 대화상자에 [Width(폭)] 210mm, [Height(높이)] 297mm 를 입력하고 [OK] 한다. C40Y20 색상을 지정하고 대지를 기준으로 수평 중앙, 수직 중앙 정렬한다. ⊞ Mesh Tool(Ⓤ)로 《출력형태》와 비교하여 색이 바뀌는 부분의 중앙을 클릭한다. ⊳Direct Selection Tool (Ⓐ)로 아래 사진에 표시된 부분을 드래그하여 3개의 망 점을 모두 선택하고 ✐스포이드(Ⓘ)로 C40Y20 색 상 스와치를 클릭하여 색을 지정한다.

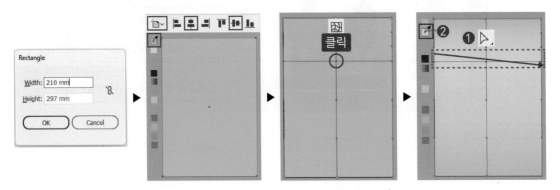

유형 1. 도형, 변형 도구 사용하고 Pathfinder를 활용하여 모양 만들기

1. ☐Rectangle Tool(Ⓜ)로 작업 화면을 클릭하여 대화상자에 [Width(폭)] 210mm, [Height(높이)] 297mm 를 입력하고 [OK] 한다. C30Y30 색상을 지정하고 대지를 기준으로 수평 중앙, 수직 중앙 정렬한다. ✐ Knife Tool로 산등성이 모양으로 드래그하여 분리하고 윗부분을 선택하여 삭제한다. 분리된 아래 조각을 선 택하고 《출력형태》에 맞춰 한 번 더 산등성이 모양으로 드래그하여 분리한다.

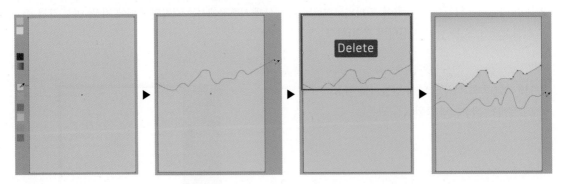

2. 분리된 아래쪽 조각을 선택하고 C50M10Y40 색상을 지정한다. 다시 분리된 아래쪽 조각을 선택하고 한 번 더 산등성이 모양으로 드래그하여 분리한다. 분리된 아래쪽 조각을 선택하고 C70M30Y60 색상을 지정한다. 뒤 의 배경 오브젝트를 포함하여 모든 오브젝트를 선택하고 그룹화(Ctrl + Ⓖ)한다.

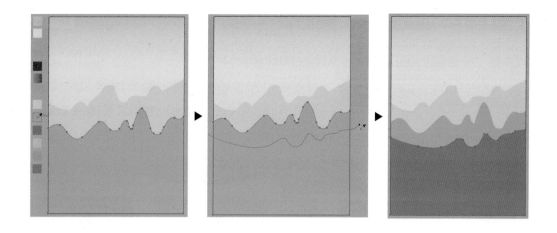

3. 언덕 모양을 만들기 위해 하단에 타원을 그리고 C40Y100 색상을 지정한다. ▶Selection Tool(V)로 Alt 누르고 드래그하여 복사한 뒤 크기와 위치를 조절하고 C40M10Y100K10 색상을 지정한다. 한 번 더 복사하여 크기와 위치를 조절하고 C60M20Y100K10 색상을 지정한다.

세 원을 모두 선택한 뒤 ◆Eraser Tool(Shift + E)로 Alt 누르고 드래그하여 불필요한 부분을 지우고 그룹화(Ctrl + G)한다.

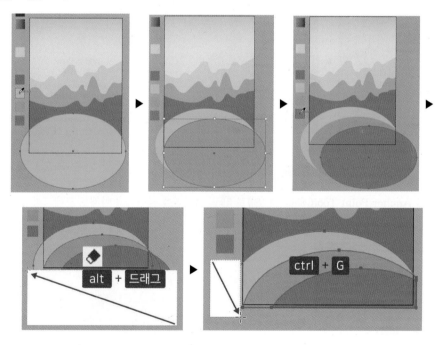

참고 겹쳐져 있는 오브젝트가 선택되어 불편하다면 Lock(Ctrl + ²)을 하여 잠금하고 필요할 때 전체 잠금 해제(Alt + Ctrl + ²) 합니다.

유형 1. 도형, 변형 도구 사용하고 Pathfinder를 활용하여 모양 만들기

1. 대지의 빈 곳에 ❶□Rectangle Tool(M)로 옷걸이의 맨 윗부분 크기만큼 직사각형을 그리고 [Swatches] 패널에서 K90 색상을 지정한다. ❷옷걸이의 목 부분 너비만큼 타원을 그린다. ❸하단에 목 길이만큼 직사각형을 그린다. ❹어깨 부분을 만들 직사각형을 하나 더 그린다. ❹번 사각형을 선택하고 ▦Free Transform Tool(E)의 위젯에서 ▱Perspective Distort를 선택하고 하단 코너를 드래그하여 사다리꼴로 변형한다. 사다리꼴 도형 아래에 ❺직사각형을 하나 더 그리고 모두 수평 중앙 정렬한다.

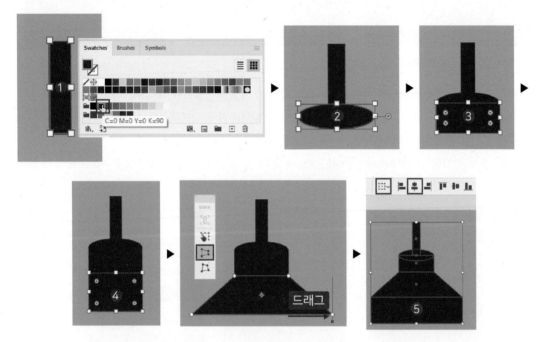

2. 모두 선택하고 [Pathfinder] 패널에서 ▦United 하여 병합한다. 목과 어깨의 연결 부분을 자연스럽게 변경하기 위해 ∖Anchor Point Tool(Shift + C)로 ❶번 고정점을 클릭하고 아래로 드래그하고, ❷번 고정점을 클릭하고 위로 드래그하여 곡선으로 변형한다.

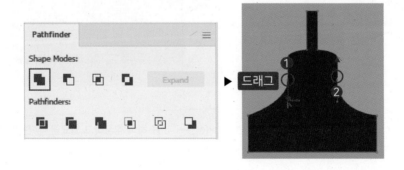

유형 2. Pen Tool(펜 도구 P), Pencil Tool(연필 도구 N) 사용하여 모양 그리기

1. Ctrl + R을 눌러 작업 화면에 눈금자를 활성화하고 왼쪽 눈금자에서부터 드래그하여 위에서 만든 옷걸이 중앙 부분에 세로로 가이드선을 생성한다. (생성된 가이드가 잠겨 있지 않다면 Alt + Ctrl + :을 눌러 Lock Guides 한다.) ✒Pen Tool(P)로 가이드에서부터 의상의 반을 그린다.

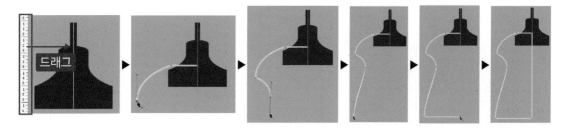

2. ▷◁Reflect Tool(○)로 Alt 누르고 가이드 부분을 클릭하여 대화상자에서 [Vertical(수직 좌우 반전)]에 체크하고 [Copy]하여 복사한다.

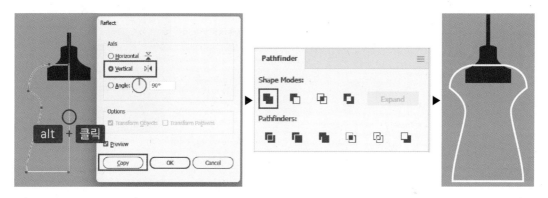

유형 3. 그라디언트로 색 채우기

유형 1. 도형, 변형 도구 사용하고 Pathfinder를 활용하여 모양 만들기

1. 의상 오브젝트에 ✒스포이드(I)로 M60Y20 → C10M100Y50 색상 스와치를 클릭하여 그라디언트를 지정한다. [Gradient] 패널에서 [Type]을 원형(Radial Gradient)으로 변경한다. 의상의 목 부분을 둥글게 변형하기 위해 정원을 그리고 목 부분에 맞게 배치한다. 의상 오브젝트와 정원을 같이 선택하고 [Pathfinder] 패널에서 ▣Minus Front 하여 위의 정원 영역을 삭제한다.

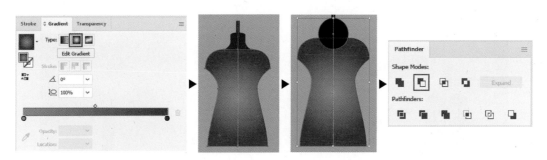

2. 정원을 하나 더 그린 다음 획 속성을 선택하고 ✐스포이드(Ⅰ)로 Shift 누르고 C20M100Y100K10 색상 스와치를 클릭하여 획 색상을 지정한다. 《출력형태》에 맞게 선 두께를 지정하고 획을 면 속성으로 확장하기 위하여 상단 메뉴바 [Object] 〉 [Expand]를 클릭하고 [OK]한다. ([Object] 〉 [Path] 〉 [Outline Stroke]를 사용해도 무관하다.)

3. 의상 오브젝트와 확장한 원을 함께 선택하고 🔗Shape Builder Tool(Shift + M)로 불필요한 윗 부분을 Alt 누르고 클릭하여 삭제한다.

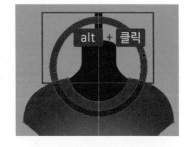

> 🔖 버전 안내
>
> 🔗Shape Builder Tool(Shift + M)이 없는 버전은 패스파인더에서 ▢ Divide 하여 분리한 후 필요 없는 부분을 선택하여 지웁니다.

4. ✐Pen Tool(P)로 리본의 하단 모양을 그리고 ✐스포이드(Ⅰ)로 의상 오브젝트를 클릭하여 같은 그라디언트를 적용한다. 모양의 중앙에 ╱Line Segment Tool(₩)로 직선을 그리고 C20M100Y100K10 획 색상을 지정한다. 옵션바에서 획 프로필을 [Width Profile 1]로 변경하고 《출력형태》에 따라 획 두께를 적절히 조절한다.

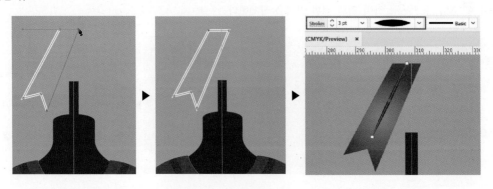

5. 윗 부분도 ✐Pen Tool(Ⓟ)로 그리고 ✐ 스포이드(Ⓘ)로 의상 오브젝트를 클릭하여 같은 그라디언트를 적용한다. 보우 모양 중앙에 ✐Pen Tool(Ⓟ)로 곡선을 그리고 C20M100Y100K10 획 색상을 지정한다. 옵션바에서 획 프로필을 [Width Profile 1]로 변경하고 《출력형태》에 따라 획 두께를 적절히 조절한다.

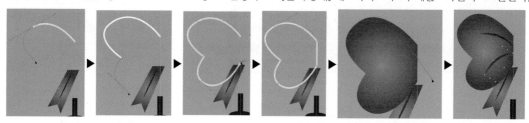

6. 리본에 해당하는 모든 오브젝트를 선택한 뒤 그룹화(Ctrl + Ⓖ)한다. ▷◀Reflect Tool(Ⓞ)로 Alt 누르고 가이드 부분을 클릭하여 대화상자에서 [Vertical(수직 좌우 반전)]에 체크하고 [Copy]하여 복사한다. 리본의 중앙에 ⬜Rounded Rectangle Tool로 드래그하는 도중 상, 하 키보드 방향키 ↑, ↓로 둥글기를 조절하여 둥근 사각형을 그리고 C20M100Y100K10 색상을 지정한다. 다시 리본에 해당하는 모든 오브젝트를 선택한 뒤 그룹화(Ctrl + Ⓖ)한다. 전체적으로 《출력형태》와 맞지 않는 부분은 ▷Direct Selection Tool(Ⓐ)로 선택하여 적절하게 수정한다.

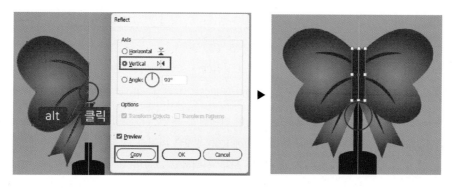

5. 옷걸이 하단 부분의 길이만큼 긴 직사각형을 그리고 [Swatches] 패널에서 K90 색상을 지정한다. 《출력형태》에 맞는 위치에 정원을 그리고 하단에 직사각형을 하나 더 그린다. ◉Spiral Tool로 드래그하는 도중 상, 하 키보드 방향키 ↑, ↓를 눌러 선분 수를 조절하고 Shift를 눌러 반듯하게 그린다. ✐Pen Tool(Ⓟ)로 나선의 끝부분을 클릭하고 Shift 눌러 45° 대각선으로 옷걸이의 중앙 가이드 부분을 클릭하여 선을 연결한다. 획에 K90 색상을 지정하고 《출력형태》에 맞게 획 두께를 조절한다.

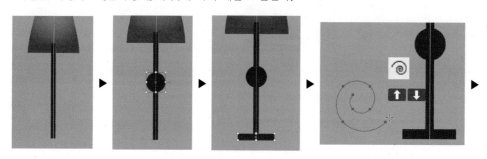

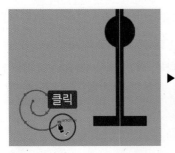 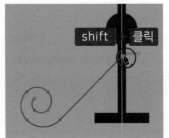 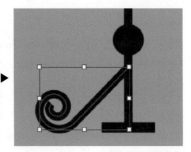

6. 점점 얇아지는 선 모양으로 변경하기 위해 [Stroke] 패널에서 획 프로필을 [Width Profile 4]로 변경한다. 획 모양의 방향을 바꾸려면 방향 반전 버튼(▷◁)을 누른다.

7. Width Tool(Shift + W)로 나선 맨 안쪽 끝 고정점에서 조금 떨어진 곳에 마우스를 대고 드래그하여 폭을 조절한다. 나선을 선택하고 ▷◁Reflect Tool(O)로 Alt 누르고 가이드 부분을 클릭하여 대화상자에서 [Vertical(수직 좌우 반전)]에 체크하고 [Copy]하여 반대편에 복사한다. ▢Rounded Rectangle Tool로 정원과 나선형 다리 사이의 둥근 사각형을 그리고 획에 K90 색상을 지정한 뒤 《출력형태》에 맞게 두께를 조절한다. 옷걸이의 다리 부분에 해당하는 오브젝트를 모두 선택하고 그룹화(Ctrl + G)한 다음 맨 뒤로(Ctrl + Shift + [) 보낸다. 의상과 옷걸이 모두 선택하고 그룹화(Ctrl + G)한다. 상단 메뉴바 [View] 〉 [Guides] 〉 [Clear Guides]하여 가이드를 삭제한다.

Width Tool(Shift + W) 사용법 동영상으로 확인하기

유형 9. Effect-Drop Shadow 적용

1. 작업 중인 대지 위에 의상 그룹을 이동하고 《출력형태》에 맞는 크기로 조절한 다음 대지 기준으로 수평 중앙 정렬한다. 상단 메뉴바 [Effect] 〉 [Stylize] 〉 [Drop Shadow]를 클릭하여 《출력형태》와 비슷하게 그림자 효과를 적용한다.

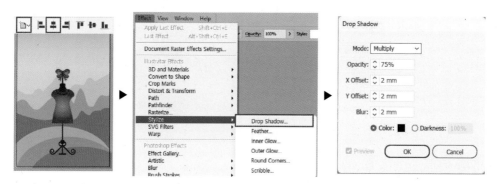

참고 여러개의 오브젝트에 하나의 그림자 효과만 적용할 때에는 오브젝트를 모두 선택후 그룹(Ctrl + G)으로 만든 뒤 그림자 효과를 적용합니다. 그룹이 아닌 경우 각각 그림자가 할당됩니다.

유형 12. Blend Tool 사용하여 중간 단계 만들기

1. ✏Pencil Tool(N)로 《출력형태》에 맞게 드래그하여 곡선을 그리고 획에 흰색(C0M0Y0K0), 1pt를 지정한다. 한 번 더 드래그하여 곡선을 그리고 획에 C60M10Y30 색상, 3pt를 지정한다.

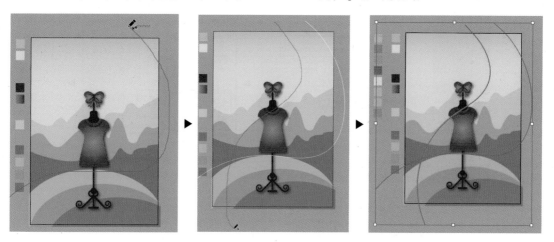

2. 두 선을 같이 선택한 뒤 🔳Blend Tool(W) 대화상자에서(도구 더블 클릭 또는 Enter↵) [Spacing] 항목을 Specified Steps로 지정하고 문제에 제시된 단계값 15를 입력한 뒤 [OK] 한다. Make(Alt + Ctrl + B)하여 블렌드를 적용하고 어색한 부분은 ▷Direct Selection Tool(A)로 선택하여 수정한다.

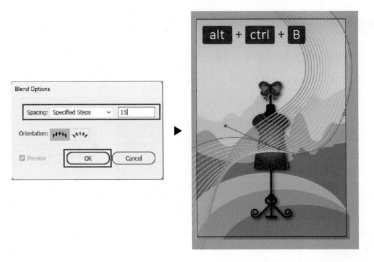

참고 작업중 수시로 Ctrl + S 를 눌러 저장합니다.

유형 5. 브러시 적용

1. ✏ Paintbrush Tool(B)을 선택한 뒤 [Brush] 패널에서 라이브러리 버튼(▥)을 누르고 [Borders] 〉 [Borders_Novelty]의 견본 창에서 Flowers 브러시를 클릭하여 선택한다. 《출력형태》에 맞게 드래그하여 그리고 획 두께를 4pt로 지정한다. 의상 그룹을 선택하고 맨 앞으로(Ctrl + Shift +]) 가져온다.

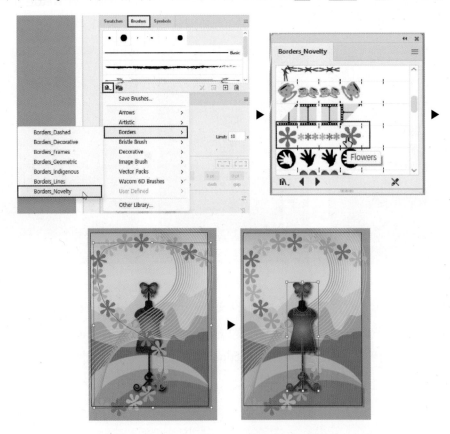

유형 11. 심볼 등록하고 뿌리기

1. 대지의 빈 곳에 █Rectangle Tool(M)로 Shift 누르고 단추 하나 크기만큼 드래그하여 정사각형을 그린다.

   🖋️스포이드(I)로 M60Y100 색상을 지정하고 ✚Add Anchor Point Tool(+)로 각 변의 중앙을 클릭하여 고정점을 4개 추가한다. ▷Direct Selection Tool(A)로 추가한 고정점만 선택하고 ⊞Scale Tool(S)로 도구를 변경한다. Shift 누르고 중심을 향해 대각선으로 드래그하여 위치(크기)를 변경한다. ▷Direct Selection Tool(A)로 오브젝트 안쪽을 클릭하여 모든 고정점을 선택하고 ◉라이브 코너 위젯을 드래그하여 전부 곡선으로 변경한다. ▶Selection Tool(V)로 Shift 누르고 드래그하여 45° 회전한다.

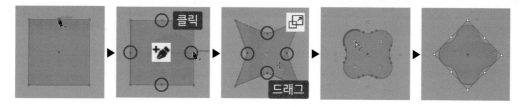

🔔 **버전 안내**

CS 버전은 라이브 코너 위젯이 없으므로 오브젝트를 선택하고 상단 메뉴바 [effect] 〉 (Illustrator Effects)[Stylize] 〉 Round Corners 효과를 적용합니다. 효과 적용 후 메뉴바 [Object] 〉 [Expand Appearance]를 클릭하여 확장합니다.

2. 오브젝트를 선택하고 상단 메뉴바 [Object] 〉 [Path] 〉 [Offset Path]를 클릭한다. 《출력형태》와 비교하여 안쪽 모양에 맞는 [Offset] 값을 지정하고 [OK] 한다. 바깥쪽 오브젝트를 선택하고 M30Y100 색상을 지정한다.

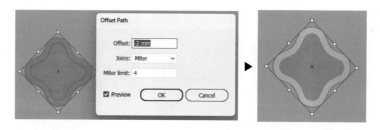

3. 안쪽에 흰색(C0M0Y0K0) 정원을 그린 다음 ↻Rotate Tool(R)로 Alt 누르고 단추 오브젝트의 중앙을 클릭한다. 대화상자 [Angle] 항목에 360/4를 입력하고 [Copy]한 다음 Ctrl + D를 눌러 반복 적용한다.

   ▢Rounded Rectangle Tool로 실 부분을 그리고 [Swatches] 패널에서 K90 색상을 지정한 뒤 복사하고 회전하여 십자(+) 모양으로 배치한다. 모두 선택하고 그룹화(Ctrl + G)한다.

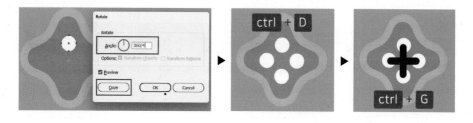

5. 단추 그룹을 ▶ Selection Tool(Ⓥ)로 Alt 누르고 드래그하여 《출력형태》에 맞게 복사하여 배치하고 ▷. Direct Selection Tool(Ⓐ)로 색상을 변경할 오브젝트를 클릭한 다음 ✎ 스포이드(Ⓘ)로 맞는 색상 스와치를 클릭하여 색을 변경한다. 4개의 단추 오브젝트를 모두 선택하고 [Symbols] 패널에서 새 심볼버튼(⊞)을 누른다. [Name] 항목에 문제에 제시된 "단추"를 입력하고 [OK]하여 심볼을 등록한다.

6. 등록된 심볼을 ▶ Selection Tool(Ⓥ)로 선택하여 작업중인 화면 왼쪽 하단으로 배치한다. 나머지 부분에도 심볼을 생성하기 위해 🔲 Symbol Sprayer Tool(Shift + Ⓢ)로 필요한 곳에 클릭하여 《출력형태》에 맞게 배치한다. ◉ Symbol Sizer Tool로 심볼을 클릭하여 크기를 조절한다. Alt 를 누르고 클릭하면 작아진다.

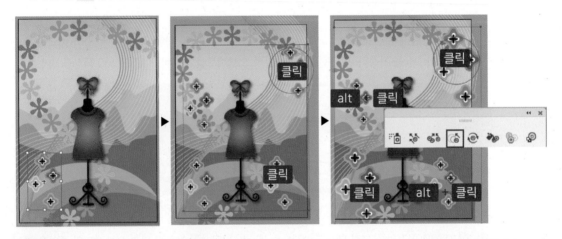

참고 브러시 크기가 심볼보다 작으면 조절이 잘 되지 않습니다. Ⅰ, Ⅰ로 브러시 크기를 조절하며 사용합니다.

🔍 민희 쌤의 빠른 합격 Tip

심볼 작업을 하는 동안 심볼 도구 세트를 꺼내 놓고 사용하면 편리합니다.

7. ⊙Symbol Spinner Tool로 심볼을 드래그하여 회전한다. ⊙Symbol Screener Tool로 ❶번 ❷번 ❸번 심볼을 클릭하여 투명도를 조절한다. Alt를 누르고 클릭하면 원래의 투명도로 돌아온다. 위치가 맞지 않는 심볼이 있다면 ⊙Symbol shifter Tool로 드래그하여 《출력형태》에 맞게 조절한다.

유형 8. 문자 또는 오브젝트에 Envelope Distort 활용하여 형태 변형

1. **T** Type Tool(T)로 "ENJOY EVERY MOMENT" 문자를 입력하고 Arial-Regular, 70pt 서체를 지정한다. M80K70 색상을 지정하고 Ctrl + Enter↵를 눌러 입력을 완료한 다음 옵션바의 Make Envelope 버튼(⊞)을 클릭한다. ([Object] 〉 [Envelope Distort] 〉 [Make With Warp]) [Style] 항목을 Arc로 지정하고 방향은 [Horizontal]에 체크 한다. 《출력형태》에 맞춰 [Bend] 항목의 값을 조절하고 [OK]한다.

2. "HAUTE COUTURE" 문자를 입력하고 Times New Roman-Bold, 50pt 서체를 지정한다. C10M90Y60 색상을 지정하고 Ctrl + Enter↵를 눌러 입력을 완료한 다음 옵션바의 Make Envelope 버튼(⊞)을 클릭한다. [Style] 항목을 Flag로 지정하고 방향은 [Horizontal]에 체크 한다. 《출력형태》에 맞춰 [Bend] 항목의 값을 조절하고 [OK]한다.

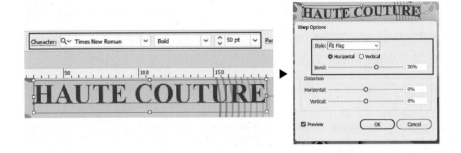

3. "HAUTE COUTURE" 문자를 입력하고 Times New Roman-Bold, 26pt 서체를 지정한다. M70Y50 색상을 지정하고 Ctrl + Enter↲를 눌러 입력을 완료한다. 문자 오브젝트를 모두 선택하고 대지 기준으로 수평 중앙 정렬한다. 전체적인 위치를 《출력형태》와 비교하여 비슷하게 배치하고 작업하지 않은 부분은 없는지 꼼꼼하게 확인한다. 색상 스와치를 모두 선택하여 Delete 눌러 지운다.

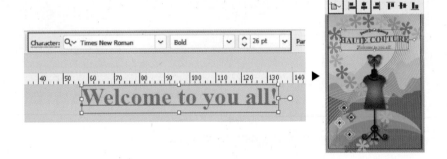

유형 7. Clipping Mask

1. ▢Rectangle Tool(M)로 작업 화면을 클릭하여 대화상자에 [Width(폭)] 210mm, [Height(높이)] 297mm를 입력하고 [OK] 한다. 대지를 기준으로 수평 중앙, 수직 중앙 정렬한다. 전체 선택(Ctrl + A)하고 Clipping Mask(Ctrl + 7) 한다. Ctrl + S를 눌러 저장한다. 시험장에서는 저장 후 [KOAS 수험자용] 프로그램의 [답안 전송하기] 버튼을 눌러 감독관 PC로 전송한다.

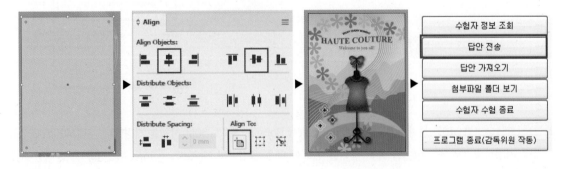

참고 작업중 잠근 오브젝트가 있다면 전체 잠금 해제(Alt + Ctrl + 2)하고 전체 선택(Ctrl + A) 한 뒤 Clipping Mask (Ctrl + 7) 합니다.

문제 **1** BI, CI 디자인 25점

다음의 《조건》에 따라 아래의 《출력형태》와 같이 작업하시오.

조건

파일저장규칙	AI	파일명	문서 GTQ 수험번호—성명—1.ai
		크기	100 x 80mm

1. 작업 방법
   ① 도형, 변형 툴과 Pathfinder 기능을 활용하여 오브젝트를 작성한다.
   ② 그 외 《출력형태》참조

2. 문자 효과
   ① Giant Bubble Bath (Times New Roman, Bold, 17pt, C70M50K20, C0M0Y0K0)

출력형태

K20,
C50Y10,
C20, K100,
C0M0Y0K0,
C70M50,
M50Y10,
M70Y20K20,
M60Y20K50,
C0M0Y0K0 → K40,
(선/획)
C0M0Y0K0, 1pt

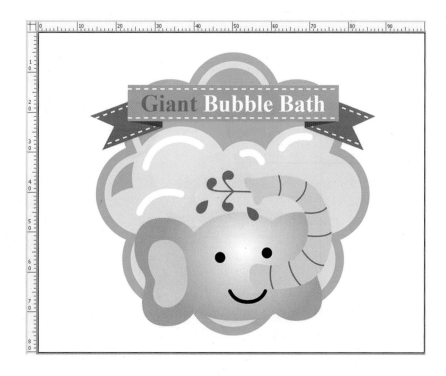

다음의 《조건》에 따라 아래의 《출력형태》와 같이 작업하시오.

조건

파일저장규칙	AI	파일명	문서 GTQ 수험번호-성명-2.ai
		크기	160 x 120mm

1. 작업 방법
　　① 샴푸는 Pattern을 활용하여 작성한다. (패턴 등록 : 하트)
　　② 치약은 Clipping Mask를 적용한다.
　　③ Brush는 《출력형태》를 참고하여 작성한다.
　　④ Effect는 《출력형태》를 참고하여 작성한다.
　　⑤ 그 외 《출력형태》참조

2. 문자 효과
　　① Breath Cool (Arial, Bold Italic, 15pt, C50M70Y70K40)
　　② BABY SHAMPOO (Times New Roman, Bold, 12pt, M30Y90K80)

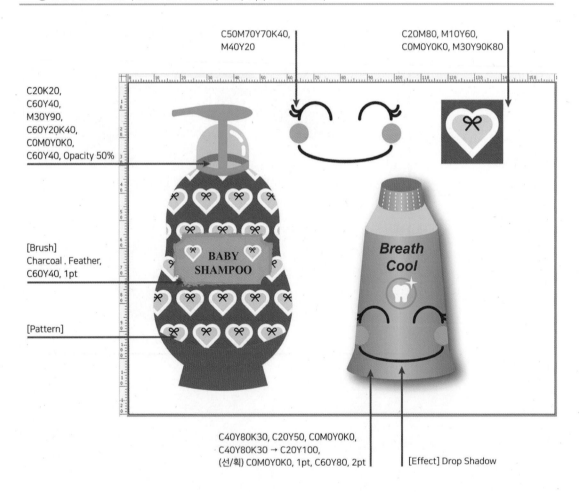

C50M70Y70K40,
M40Y20

C20M80, M10Y60,
C0M0Y0K0, M30Y90K80

C20K20,
C60Y40,
M30Y90,
C60Y20K40,
C0M0Y0K0,
C60Y40, Opacity 50%

[Brush]
Charcoal . Feather,
C60Y40, 1pt

[Pattern]

C40Y80K30, C20Y50, C0M0Y0K0,
C40Y80K30 → C20Y100,
(선/획) C0M0Y0K0, 1pt, C60Y80, 2pt

[Effect] Drop Shadow

다음의 《조건》에 따라 아래의 《출력형태》와 같이 작업하시오.

조건

파일저장규칙	AI	파일명	문서 GTQ 수험번호–성명–3.ai
		크기	210 x 297mm

1. 작업 방법
　① 오리 모양은 《참고도안》을 직접 제작한 후 Symbol로 활용한다. (심볼 등록 : 오리)
　② 'Bath Time', 'Oh, bath time is so much fun.' 문자에 Envelope Distort를 적용한다.
　③ Brush는 《출력형태》를 참고하여 작성한다.
　④ Effect는 《출력형태》를 참고하여 작성한다.
　⑤ Clipping Mask를 이용하여 디자인을 정리한다.
　⑥ 그 외 《출력형태》참조

2. 문자 효과
　① Bath Time (Times New Roman, Bold Italic, 95pt, M80Y10)
　② THE HAPPIEST MOMENT (Arial, Bold Italic, 20pt, C50M80Y10)
　③ Oh, bath time is so much fun. (Arial, Regular, 24pt, C60Y90)

참고도안

M80Y70, K100,
C0M0Y0K0,
M30Y100,
C0M0Y0K0 → Y60,
Y20 → M20Y100

출력형태

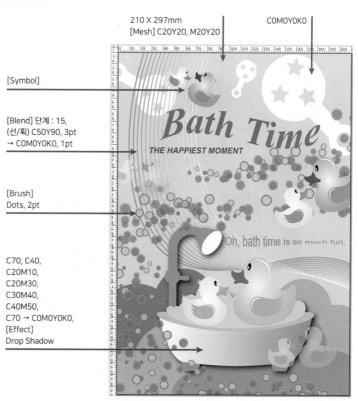

210 X 297mm
[Mesh] C20Y20, M20Y20

C0M0Y0K0

[Symbol]

[Blend] 단계 : 15,
(선/획) C50Y90, 3pt
→ C0M0Y0K0, 1pt

[Brush]
Dots, 2pt

C70, C40,
C20M10,
C20M30,
C30M40,
C40M50,
C70 → C0M0Y0K0,
[Effect]
Drop Shadow

참고 도구나 기능의 자세한 내용은 일러스트레이터 기능 익히기의 각 파트에 자세히 설명하였습니다. 연습 시 문제 풀이 설명과 다르게 적용된다면 일러스트레이터 기능 익히기를 참고하여 각 도구 대화상자의 세부사항, 옵션바와 패널 등을 먼저 이해하고 적절히 설정하였는지 확인하여 작업합니다.

0. 먼저 작업의 최적화를 위해 가이드 〉 시험장 환경설정을 참고하여 기본 환경설정과 패널 등의 인터페이스를 구성하고 편의에 맞는 작업환경을 설정한다.

> **인희 쌤의 빠른 합격 Tip**
>
> 일러스트레이터 시험은 특정 몇 가지 패널을 굉장히 많이 사용합니다. 자주 사용하는 도구는 단축키를 반드시 외워두고 패널의 위치를 편의에 맞게 구성하여 본인만의 작업환경으로 저장해놓고 작업하는 것이 좋습니다. 마지막 3번 문제의 배점이 가장 크고 시간이 오래 걸리므로 실제 시험에서는 3번 문제부터 작업하여도 무관합니다.

문제 1   BI, CI 디자인 **25점**

1. [File] 〉 [New](Ctrl + N)하여 새 문서를 생성한다. 문서 용도는 [Print(인쇄)], 수험번호는 임의로 지정하여 파일명을 12345678-성명-1로 입력하고 [Width(폭)] 100mm, [Height(높이)] 80mm, [Color Mode(색상모드)] CMYK Color, [Resolution Effects(해상도)] 300ppi로 지정한 후 [Create] 한다.

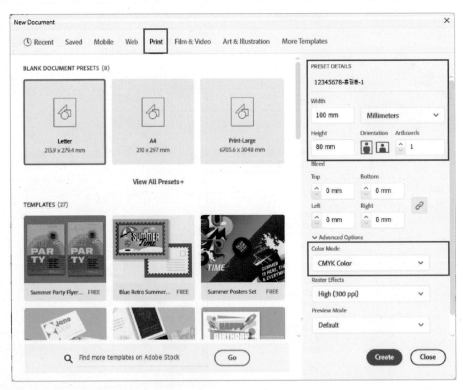

2. [File] 〉 [Save] (Ctrl + S)하여 ai 파일로 저장한다. (실제 시험장에서는 지정된 폴더에 저장) 이후 작업 중 수시로 Ctrl + S를 눌러 저장하며 작업한다.

🖖 버전 안내

CC 버전의 경우 [Save on your computer or to cloud documents] 창이나 버튼이 표시되면 클라우드가 아닌 컴퓨터에 저장하기 위해 [Save on your computer]를 클릭합니다.

🔍 민희 쌤의 빠른 합격 Tip

수험번호를 매 문제마다 입력하기 번거롭다면 "수험번호-성명-"까지 메모장에 적어놓고 복사(Ctrl + C) 붙여넣기 (Ctrl + V)하여 사용합니다.

3. 119~120쪽의 색상 스와치 만들기를 참고하여 문제에 제시된 색상들의 스와치를 만든다.

유형 1. 도형, 변형 도구 사용하고 Pathfinder를 활용하여 모양 만들기

유형 2. Pen Tool(펜 도구 P), Pencil Tool(연필 도구 N) 사용하여 모양 그리기

1. ⬤Ellispse Tool(L)로 Shift 누르고 드래그하여 정원을 그리고 🖊스포이드(I)로 C50Y10 색상 스와치를 클릭하여 색을 지정한다. 대지를 기준으로 수평 중앙 정렬한다. 상단에 정원을 하나 더 그리고 대지를 기준으로 수평 중앙 정렬한다. 작은 정원을 선택하고 ↻Rotate Tool(R)로 Alt 누르고 큰 원의 중심을 클릭한다. 대화상자 [Angle] 항목에 360/8을 입력하고 [Copy]한다. Ctrl + D를 눌러 반복 적용한다. 모든 오브젝트를 선택하고 [Pathfinder] 패널에서 🔳United 하여 병합한다.

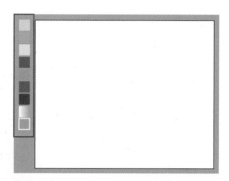

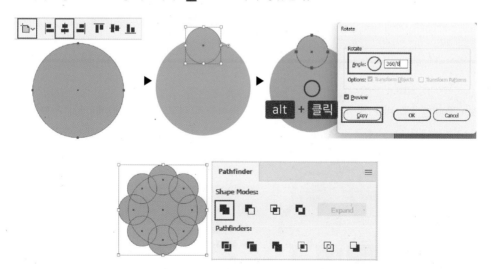

2. 상단 메뉴바 [Object] 〉 [Path] 〉 [Offset Path]를 클릭하고 《출력형태》와 비교하여 하늘색 테두리를 그릴 위치에 맞는 [Offset] 값을 지정한다. 획에 C20 색상, 《출력형태》에 맞는 두께를 지정한다. 비누 방울 크기에 맞게 정원을 4개 그리고 C20 색상을 지정한다. 먼저 그린 C20 색상 테두리 오브젝트를 Ctrl + C 복사, Ctrl + F 하여 같은 자리 위에 붙이고 맨 앞으로(Ctrl + Shift +]) 가져온다. 🖊 스포이드(I)로 비눗방울을 클릭하여 같은 속성을 지정한다. 비눗방울 정원 4개와 함께 선택한 뒤 🖱Shape Builder Tool(Shift + M)로 불필요한 부분을 Alt 누르고 클릭하여 삭제한다.

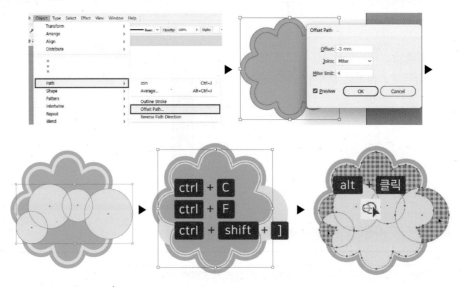

참고 Offset Path(고정점 이동) 기능은 선택한 오브젝트의 고정점을 입력한 거리(Offset) 만큼 이동하여 새 오브젝트를 생성하는 기능입니다. 일정한 간격의 오브젝트가 필요할 때 자주 사용하며 음수(−)값을 입력하면 패스 안쪽으로 이동합니다.

🔊 **버전 안내**

🖱Shape Builder Tool(Shift + M)이 없는 버전은 패스파인더에서 ▥Divide 하여 분리한 후 필요 없는 부분을 선택하여 지웁니다.

3. 🖊Pen Tool(P)로 비누 방울의 하이라이트 부분 곡석을 그리고 《출력형태》에 맞는 두께를 지정한다. [Stroke] 패널에서 [Cap] 항목을 Round로 변경한다. 모든 오브젝트를 선택하고 그룹화(Ctrl + G)한다.

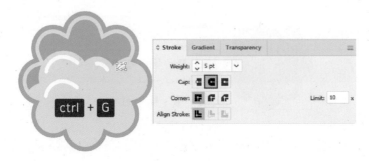

4. 하단에 코끼리 얼굴 크기만큼 타원을 그리고 🖊Pen Tool(P))로 귀 모양을 그린 뒤 ▷◁Reflect Tool(O))로 [Alt] 누르고 코끼리 얼굴의 중앙 부분을 클릭하여 대화상자에서 [Vertical(수직 좌우 반전)]에 체크하고 [Copy]하여 복사한다.

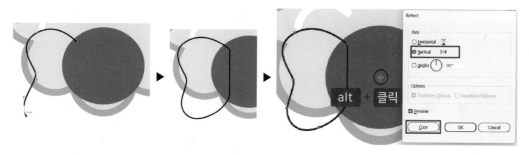

참고 Smart Guides([Ctrl] + [U])가 활성화 되어있으면 오브젝트의 중심이 표시됩니다.

유형 3. 그라디언트로 색 채우기

1. 복사된 양쪽 귀와 얼굴 오브젝트를 모두 선택하고 [Pathfinder] 패널에서 ▇United 하여 병합한다. 🖋스포이드(I))로 C0M0Y0K0 → K40 색상 스와치를 클릭하여 그라디언트를 지정한다. [Gradient] 패널에서 [Type]을 원형(Radial Gradient)으로 변경한다. ▇Gradient Tool(G))로 《출력형태》에 맞게 드래그하여 그라디언트의 위치와 크기를 변경한다.

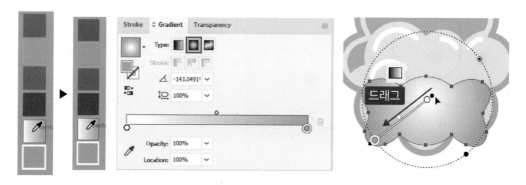

유형 1. 도형, 변형 도구 사용하고 Pathfinder를 활용하여 모양 만들기

유형 2. Pen Tool(펜 도구 P), Pencil Tool(연필 도구 N) 사용하여 모양 그리기

1. 🖊Pencil Tool(N))로 귀 안쪽 모양을 드래그하여 그리고 [Swatches] 패널에서 K20 색상을 지정한다. 눈 크기만큼 정원을 그리고 검정(K100) 색상을 지정하고 ▶Selection Tool(V))로 반대편에 [Alt] 누르고 드래그하여 복사한다. 코끼리 입 가로 너비만큼 타원을 그리고 획에 검정(K100)색을 지정한 뒤 적당한 두께를 지정한다. ✂Scissors Tool(C))로 왼쪽, 오른쪽 고정점을 클릭하여 끊고 필요 없는 상단 부분은 삭제한다. [Stroke] 패널에서 [Cap] 항목을 Round로 변경한다. 코끼리 얼굴에 해당하는 모든 오브젝트를 선택하고 그룹화([Ctrl] + [G])한다.

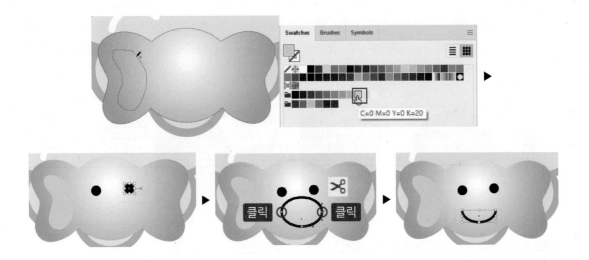

2. 코끼리 얼굴 위에 ⬜Rounded Rectangle Tool로 드래그하며 키보드 상, 하 방향키 ⬆, ⬇를 눌러 둥근 사각
형을 그리고 아래 사진에 표시된 고정점을 클릭하여 끊는다. 필요 없는 왼쪽 부분은 삭제하고 획에 K20 색상
을 지정한 뒤 코 두께만큼 선 두께를 지정한다. [Stroke] 패널에서 [Cap] 항목을 Round로 변경한다. 획을 면
속성으로 확장하기 위하여 상단 메뉴바 [Object] 〉 [Expand]를 클릭하고 [OK]한다.

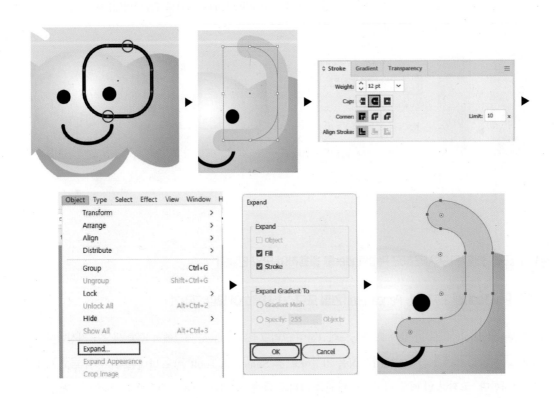

3. ✏️Pencil Tool(N)로 코 끝 부분을 그리고 코 오브젝트와 함께 선택하여 [Pathfinder] 패널에서 ⬛United 하여 병합한다. 어색한 부분은 ▷Direct Selection Tool(A)로 수정한다. ✏️Pencil Tool(N)로 드래그하여 코의 주름 선을 그리고 획 속성을 선택한 뒤 🖋️스포이드(I)로 C70M50 색상 스와치를 클릭하여 획 색상으로 지정한다. 《출력형태》에 맞는 두께를 지정하여 나머지 6개의 주름 선도 드래그하여 그리고 주름 선만 모두 선택하여 그룹화(Ctrl + G)한다.

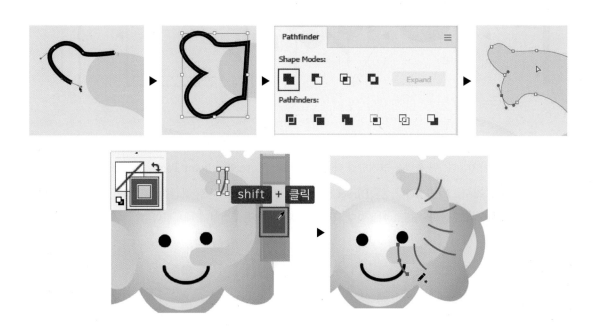

4. 코 오브젝트를 선택하고 Ctrl + C 복사, Ctrl + F하여 같은 자리 위에 붙이고 맨 앞으로(Ctrl + Shift +])가져온다. 주름 선 그룹과 같이 선택하고 우클릭 메뉴에서 Clipping Mask(Ctrl + 7) 한다. 코 그룹과 얼굴 그룹을 선택하고 그룹화(Ctrl + G)한다.

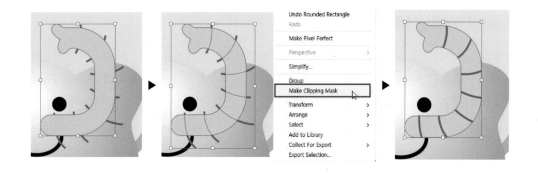

5. 세로로 긴 직사각형을 그리고 C70M50 색상을 지정한 뒤 오른쪽에 물방울 크기만큼 정원을 그린다. 연결하기 위하여 🖋️Pen Tool(P)로 중간 모양을 그리고 세 오브젝트를 함께 선택하여 [Pathfinder] 패널에서 ⬛ United 하여 병합한다. 복사 후 회전하여 하단에 배치하고 필요 없는 부분은 🩹Eraser Tool(Shift + E)로

Alt 누르고 드래그하여 지운다. 복사한 물줄기를 선택하고 ▷◁Reflect Tool(O)로 Alt 누르고 가운데 물줄기 부분을 클릭한다. 대화상자에서 [Vertical(수직 좌우 반전)]에 체크하고 [Copy]하여 복사한다. ▷Direct Selection Tool(A)로 물줄기 하단 왼쪽, 오른쪽 고정점만 선택하고 아래로 드래그하여 길이를 늘인다. 물줄기 오브젝트를 모두 선택하고 그룹화(Ctrl + G)한다.

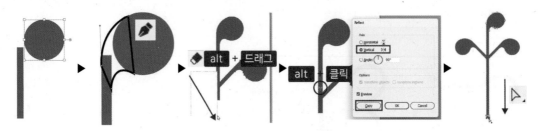

6. 5번에서 그린 물줄기 그룹을 90° 회전하여 《출력형태》에 맞게 배치하고 코끼리 그룹을 맨 앞으로(Ctrl + Shift +]) 가져온다. 튄 물방울 크기만큼 타원을 그리고 \Anchor Point Tool(Shift + C)로 상단 고정 점을 클릭하여 직선으로 변경한다. ▷Direct Selection Tool(A)로 왼쪽, 오른쪽 고정점만 선택하고 키보드 하 방향키 ↓를 눌러 살짝 아래로 이동한다. 《출력형태》에 맞게 조절하여 배치한다.

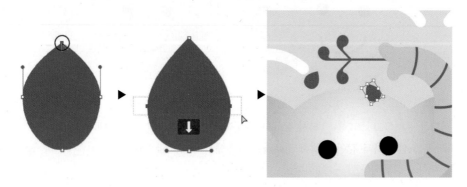

유형 4. Stroke 패널에서 선 모양 변경

1. 상단에 라벨 크기만큼 직사각형을 그리고 M50Y10 색상을 지정한다. 대지를 기준으로 수평 중앙 정렬한다. 뾰족한 리본 모양의 크기만큼 직사각형을 그리고 M70Y20K20 색상을 지정한다. ✎Add Anchor Point Tool (+)로 왼쪽 변 중앙을 클릭하여 고정점을 추가한다. Shift 를 누르고 키보드 우 방향키를 → 2~3번 눌러 고 정점을 이동한다. 리본 도형 위에 /Line Segment Tool(W)로 Shift 누르고 드래그하여 수평선을 그리고 ✎스포이드(I)로 C0M0Y0K0, 1pt 색상 스와치를 클릭하여 획 색상을 지정한다. [Stroke] 패널에서 [Dashed Line] 항목에 체크하고 첫 번째 [dash] 항목의 값을 《출력형태》와 비슷하게 입력한다. 복사하여 하 단에도 배치한다.

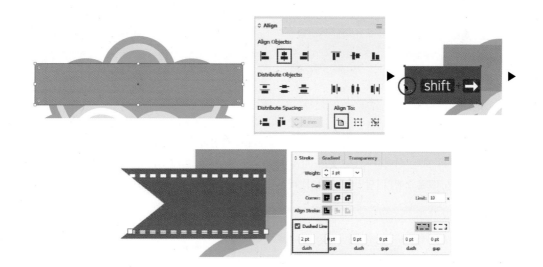

2. 분홍색 직사각형을 맨 앞으로(Ctrl + Shift +]) 가져온다. 리본도형과 점선을 회전하여 적당한 위치에 배치 한다. ✒Pen Tool(P)로 접힌 부분의 삼각형을 그리고 M60Y20K50 색상을 지정한다. 접힌 부분 삼각형과 점선, 리본 오브젝트를 선택하고 ▷◁Reflect Tool(O)로 분홍색 직사각형의 중앙을 Alt 누르고 클릭하여 대 화상자에서 [Vertical(수직 좌우 반전)]에 체크하고 [Copy]하여 복사한다.

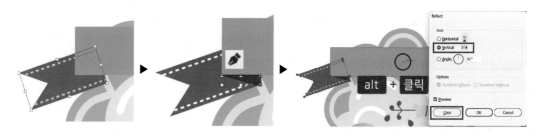

3. 다시 분홍색 직사각형을 맨 앞으로(Ctrl + Shift +]) 가져온다. 위에 ╱Line Segment Tool(W)로 Shift 누르고 드래그하여 수평선을 그리고 ✐스포이드(I)로 먼저 그린 점선을 클릭하여 같은 속성을 지정 한다. 하단에도 복사하여 배치한다.

    T Type Tool(T)로 "Giant Bubble Bath" 문자를 입력하고 Times New Roman−Bold, 17pt 서체를 지정 한다. "Giant" 문자는 블록을 씌우고 C70M50K20 색상, "Bubble Bath" 문자는 흰색(C0M0Y0K0)을 지정 한 뒤 대지를 기준으로 수평 중앙 정렬한다.

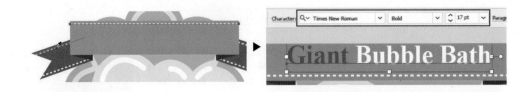

4. 전체적으로 《출력형태》와 비교하여 비슷한 위치에 배치하고 작업하지 않은 부분은 없는지 꼼꼼하게 확인한다. 색상 스와치를 모두 선택하여 Delete 눌러 지운 다음 Ctrl + S를 눌러 저장한다. 시험장에서는 저장 후 [KOAS 수험자용] 프로그램의 [답안 전송하기] 버튼을 눌러 감독관 PC로 전송한다.

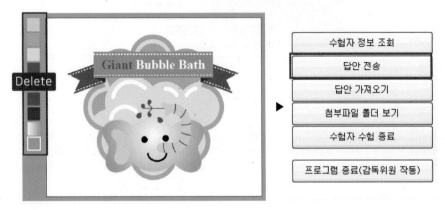

문제 2 **패키지, 비즈니스디자인** **35점**

---

1. [File] 〉 [New](Ctrl + N)하여 새 문서를 생성한다. 문서 용도는 [Print(인쇄)], 수험번호는 임의로 지정하여 파일명을 12345678-성명-2로 입력하고 [Width(폭)] 160mm, [Height(높이)] 120mm, [Color Mode(색상 모드)] CMYK Color, [Resolution Effects(해상도)] 300ppi로 지정한 후 [Create] 한다.

2. [File] 〉 [Save] (Ctrl + S)하여 ai 파일로 저장한다. (실제 시험장에서는 지정된 폴더에 저장) 이후 작업 중 수시로 Ctrl + S를 눌러 저장하며 작업한다.

3. 119~120쪽의 색상 스와치 만들기를 참고하여 문제에 제시된 색상들의 스와치를 만든다.

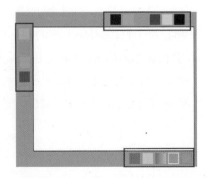

1. ☐Rectangle Tool(M)로 Shift 누르고 드래그하여 정사각형을 그리고 C20M80 색상을 지정한다. 그 위에 정원을 그리고 흰색(C0M0Y0K)을 지정한다. 정원의 지름과 같은 너비로 정사각형을 그린다. 정원과 정사각형을 함께 선택하고 45° 회전한다. 정원만 선택하고 ▶Selection Tool(V)로 Alt + Shift 눌러 드래그하여 복사한다. 흰색 도형만 모두 선택하고 [Pathfinder] 패널에서 ▣United 하여 병합한다. 상단 메뉴바 [Object] 〉 [Path] 〉 [Offset Path]를 클릭하고 《출력형태》와 비교하여 안쪽 하트를 그릴 위치에 맞는 [Offset] 값을 지정하고 [OK]한다. M10Y60 색상을 지정한다. 자주색 정사각형과 함께 선택하고 정사각형 도형을 한 번 더 클릭하여(키 오브젝트) 수평 중앙, 수직 중앙 정렬한다.

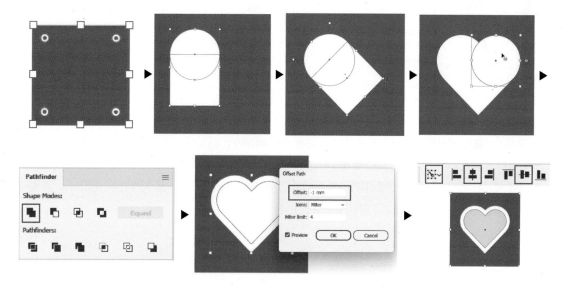

참고 윤곽선 보기(Ctrl + Y)를 하면 오브젝트의 중심과 형태를 정확히 파악할 수 있습니다.

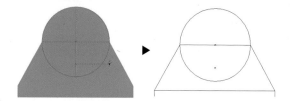

2. ✒Pen Tool(P)로 리본 모양의 반만 그린다. ▷Direct Selection Tool(A)로 아래 사진에 표시된 부분의 고정점 2개만 선택한 뒤 Alt + Ctrl + J(Average)를 눌러 Both 항목에 체크하고 [OK] 하여 고정점을 한 점으로 모아준다. ▶Selection Tool(V)로 선택하고 ▷◁Reflect Tool(O)로 도구를 변경한다. Alt 리본의 중앙 부분을 클릭하여 대화상자에서 [Vertical(수직 좌우 반전)]에 체크하고 [Copy]하여 복사한다. 리본 오브젝트를 모두 선택하고 획을 면 속성으로 확장하기 위하여 상단 메뉴바 [Object] 〉 [Expand]를 클릭하고 [OK]한다.

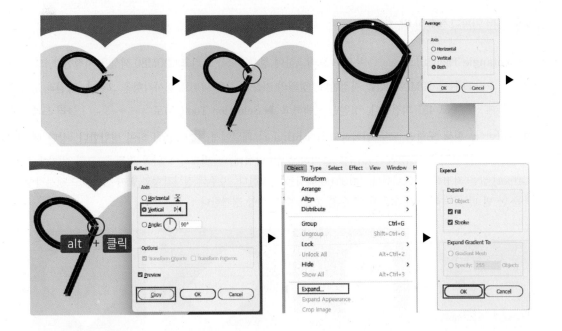

3. 모든 오브젝트를 선택하고 패턴으로 등록하기 위해 상단 메뉴바 [Object] 〉 [Path] 〉 [Pattern]을 클릭한다.
알림창이 뜨면 [Don't Show again]에 체크하고 [OK]한다. 패턴 편집 화면으로 변경되면 ❶[Name] 항목에
문제에 제시된 패턴 이름 "하트"를 입력하고 ❷[Tile Type]을 Brick by Row로 지정한다. ❸[Done]을 클릭
하여 패턴을 등록하고 [Swatches] 패널에서 확인한다.

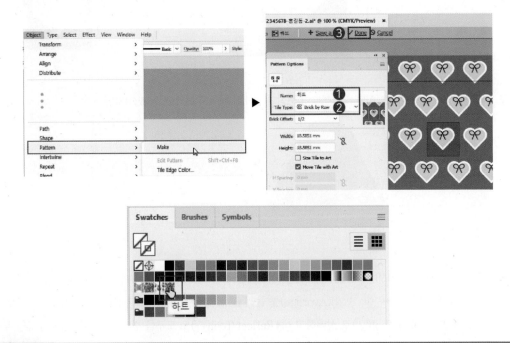

🔷 **버전 안내**

[Object] 〉 [Pattern] 〉 [Make] 메뉴가 없는 버전은 90쪽을 참고하여 [Swatches] 패널로 직접 드래그&드랍하여 패턴을 등
록합니다. 등록된 패턴은 더블클릭하여 이름과 세부사항을 변경할 수 있습니다.

유형 1. 도형, 변형 도구 사용하고 Pathfinder를 활용하여 모양 만들기

유형 2. Pen Tool(펜 도구 P), Pencil Tool(연필 도구 N) 사용하여 모양 그리기

1. 눈 크기만큼 정원을 그리고 획 속성을 선택한 뒤 🖋️스포이드(I)로 C50M70Y70K40 색상을 Shift 누르고 클릭하여 획 색상을 지정한다. 《출력형태》에 맞는 획 두께를 지정하고 ✂️Scissors Tool(C)로 왼쪽, 오른쪽 고정점을 클릭하여 끊고 하단 반원 부분은 삭제한다. [Stroke] 패널에서 [Cap] 항목을 Round로 변경한다. 🖋️Pen Tool(P)로 속눈썹 모양의 곡선을 그린다. 하단에 정원을 그리고 M40Y20 색상을 지정한다. 모든 오 브젝트를 선택하고 그룹화(Ctrl + G)한다.

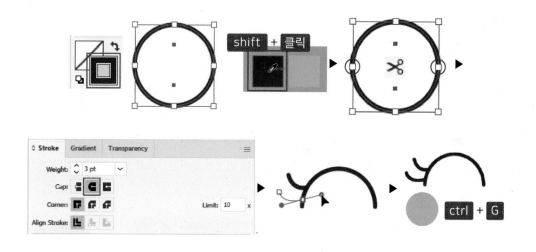

2. 입 크기만큼 타원을 그리고 🖋️스포이드(I)로 먼저 그린 눈 오브젝트를 클릭하여 같은 속성을 지정한다. ✂️ Scissors Tool(C)로 왼쪽, 오른쪽 고정점을 클릭하여 끊고 상단 반원 부분은 삭제한다. [Stroke] 패널에서 [Cap] 항목을 Round로 변경한다.

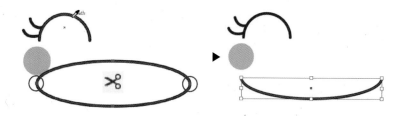

3. 눈과 볼 그룹을 선택하고 ▷◀Reflect Tool(◯)로 [Alt] 누르고 입의 중앙 부분을 클릭하여 대화상자에서 [Horizontal(수평 상하 반전)]에 체크하고 [Copy]하여 복사한다. 모든 오브젝트를 선택하고 그룹화([Ctrl] + [G])한다.

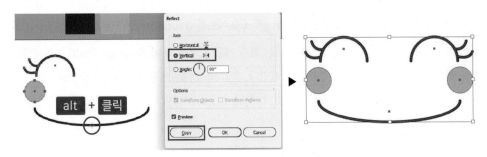

유형 6. 패턴 만들고 등록한 뒤, 채우기

1. 정원을 그리고 C60Y20K40 색상을 지정한다. 하단에 복사하여 크기를 조금 키운다. 두 정원을 수평 중앙 정렬하고 두 원의 크기를 샴푸 크기만큼 조절한 뒤 [Pathfinder] 패널에서 ■United 하여 병합한다. ▷, Direct Selection Tool(Ⓐ)로 아래 사진에 표시한 두 고정점만 선택하고 상단 옵션바에서 Convert 버튼(✎) 을 눌러 패스를 곡선화 한다. ⬚Scale Tool(Ⓢ)로 도구를 변경하고 바깥쪽으로 드래그하여 위치(크기)를 조절한다.

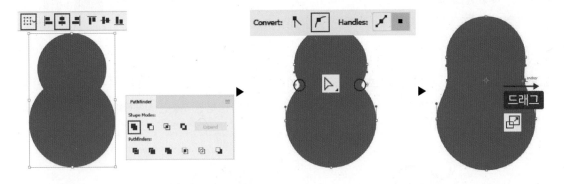

2. 하단에 직사각형을 그리고 [Alt] + [Ctrl] + [Shift] + [W]를 눌러 ([Object] 〉 [Envelope Distort] 〉 [Make With Warp]) [Style] 항목을 Arc로 지정하고 방향은 [Horizontal]에 체크 한다. 《출력형태》에 맞춰 [Bend] 항목의 값(-30%)을 조절하고 [OK]한다. 일반 오브젝트로 확장하기 위하여 상단 메뉴바 [Object] 〉 [Expand]를 클릭하고 [OK] 한다. ([Object] 〉 [Envelope Distort] 〉 [Expand] 하여도 무관하다.)

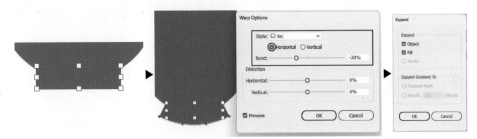

3. 샴푸 오브젝트와 함께 선택하고 [Pathfinder] 패널에서 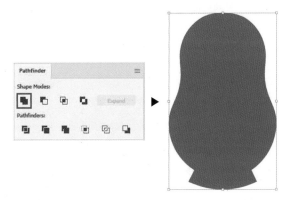United 하여 병합한다.

4. Arc Tool로 드래그하며 키보드 상, 하 방향키 ↑, ↓를 눌러 Slope를 조절하고 Shift를 눌러 반듯하게 그린다. 바운딩 박스를 45° 회전하여 수평으로 배치하고 샴푸 오브젝트와 같이 선택한 뒤 샴푸 오브젝트를 한 번더 클릭하여(키 오브젝트) 수평 중앙 정렬한다. [Pathfinder] 패널에서 Divide 하여 분리한 뒤 그룹 해제(Ctrl + Shift + G)한다.

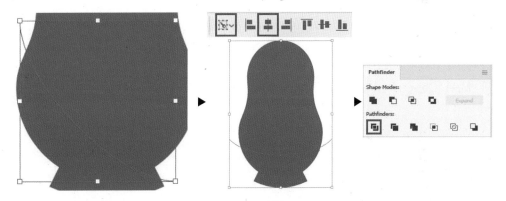

5. 상단에 입구 크기만큼 타원을 그리고 살짝 겹치게 배치한다. 분리된 위쪽 샴푸 오브젝트와 같이 선택하고 샴푸통 기준으로 수평 중앙 정렬한다. [Pathfinder] 패널에서 Minus Front 하여 위의 타원 영역을 삭제한다.

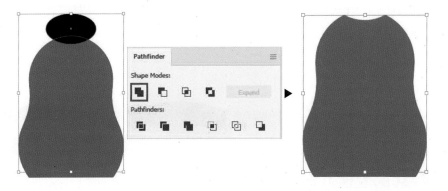

6. 분리된 상단 샴푸 통 오브젝트를 선택하고 [Swatches] 패널에서 "하트" 패턴을 클릭하여 적용한다. 패턴 크기를 조절하기 위해 패턴을 적용한 오브젝트를 선택한 뒤 ⊡Scale Tool(⑤)의 대화상자에서(도구 더블 클릭 또는 Enter↵) [Transform object] 항목은 체크 해제하고 [Transform Pattern] 항목에만 체크한다. [Uniform] 항목의 값을 조절하여 《출력형태》와 비슷한 크기로 지정한다.

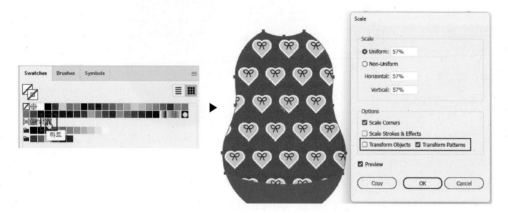

유형 10. Opacity(불투명도) 변경

1. 병 입구 너비만큼 직사각형을 그리고 C60Y40 색상을 지정한다. Alt + Ctrl + Shift + W를 눌러 ([Object] 〉 [Envelope Distort] 〉 [Make With Warp]) [Style] 항목을 Arch로 지정하고 방향은 [Horizontal]에 체크한다. 《출력형태》에 맞춰 [Bend] 항목의 값(-30%)을 조절하고 [OK]한다. 일반 오브젝트로 확장하기 위하여 상단 메뉴바 [Object] 〉 [Expand]를 클릭하고 [OK] 한다.

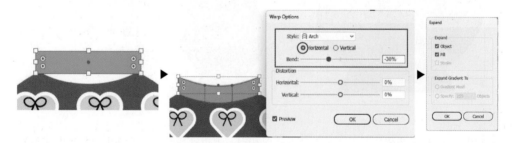

2. ▷◀Reflect Tool(◯) 대화 상자에서(도구 더블 클릭 또는 Enter↵) [Horizontal(수평 상하 반전)]에 체크하고 [OK] 한다. 복사된 오브젝트에 C60Y20K40 색상을 지징하고 맨 뒤로(Ctrl + Shift + [) 보낸다. 위치를 위로 올려 《출력형태》에 맞게 배치한다.

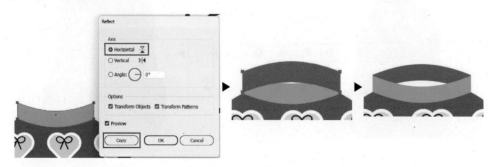

3. 입구 너비에 맞춰 직사각형을 그리고 ▷ Direct Selection Tool(Ⓐ)로 상단 왼쪽, 오른쪽 고정점만 선택한 뒤
◉ 라이브 코너 위젯을 드래그하여 둥글게 변형한다. 옵션바에서 [Opacity]를 50%로 입력한다. 위에 세로로
긴 사각형을 그리고 투명한 오브젝트를 기준으로 수평 중앙 정렬한다. ✏ Pen Tool(Ⓟ)로 하이라이트 부분의
곡선을 그리고 획에 흰색(C0M0Y0K0)을 지정한다. 《출력형태》에 맞는 두께를 지정하고 [Stroke] 패널에서
[Cap] 항목을 Round로 변경한다.

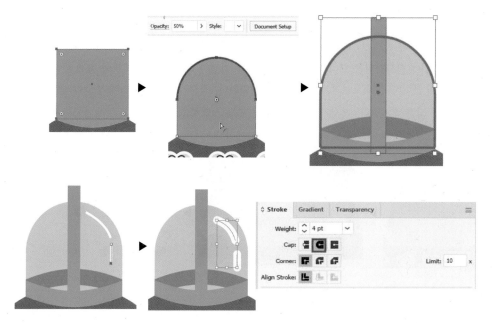

참고 [Transparency], [Appearance] 패널에서도 Opacity 값을 조절할 수 있습니다.

4. 상단에 누르는 부분 크기에 맞춰 둥근 사각형과 타원을 그린다. [Pathfinder] 패널에서 ▧ United 하여 병합
한다. ▷ Direct Selection Tool(Ⓐ)로 아래 사진에 표시된 고정점만 선택하고 ◉ 라이브 코너 위젯을 드래
그하여 곡선으로 변경한다. 입구 맨 앞부분에 해당하는 고정점들을 드래그하여 선택하고 키보드 하 방향키 ↓
를 눌러 아래로 조금 내린다.

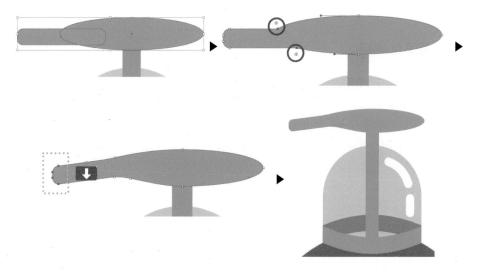

유형 5. 브러시 적용

1. 샴푸 오브젝트 위에 직사각형을 그리고 M30Y90 색상을 지정한다. 샴푸 오브젝트와 함께 선택한 뒤 샴푸 오브젝트를 한 번 더 클릭하여(키 오브젝트) 수평 중앙 정렬한다. 직사각형의 모서리에 중앙이 맞도록 정원을 그리고 네 모서리에 각각 배치한다. 직사각형과 정원들을 모두 선택하고 [Pathfinder] 패널에서 ⬜Minus Front 하여 맨 아래 오브젝트를 제외한 모든 오브젝트를 삭제한다.

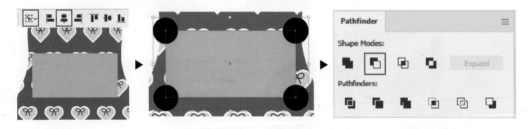

2. 노란색 라벨 모양 오브젝트의 획 속성을 선택하고 🖋스포이드(I)로 C60Y40, 1pt 색상 스와치를 Shift 누르고 클릭하여 획 색상을 지정한다. [Brush] 패널에서 Charcoal-Feather 브러시를 클릭하여 적용한다. 브러시의 위치가 맞지 않으면 ▶Selection Tool(V)로 라벨 모양 오브젝트를 180° 회전한다.

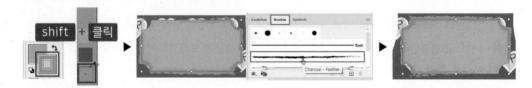

유형 3. 그라디언트로 색 채우기

1. 치약 뚜껑 크기만큼 직사각형을 그리고 Alt + Ctrl + Shift + W를 눌러 ([Object] 〉 [Envelope Distort] 〉 [Make With Warp]) [Style] 항목을 Arc로 지정하고 방향은 [Horizontal]에 체크 한다. 《출력형태》에 맞춰 [Bend] 항목의 값(-15%)을 조절하고 [OK]한다. 일반 오브젝트로 확장하기 위하여 상단 메뉴바 [Object] 〉 [Expand]를 클릭하고 [OK] 한다. 하단 너비에 맞춰 타원을 그리고 [Pathfinder] 패널에서 🟥United 하여 병합한다.

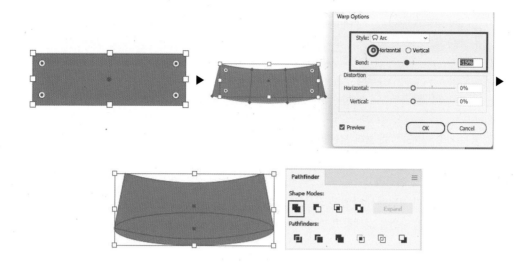

2. 🖋스포이드(⑪)로 C40Y80K30 → C20Y100 색상 스와치를 클릭하여 그라디언트를 지정한다. [Gradient] 패널에서 C20Y00 색상 정지점은 중앙으로 이동, C40Y80K30 색상 정지점은 Alt 누르고 드래그하여 복사하고 슬라이더의 양 끝에 배치한다. 상단 너비만큼 타원을 그리고 C40Y80K30 색상을 지정한다.

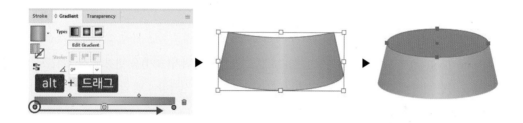

유형 4. Stroke 패널에서 선 모양 변경

1. ／Line Segment Tool(Ⓦ)로 드래그하여 직선을 그리고 🖋스포이드(⑪)로 C0M0Y0K0, 1pt 색상스와치를 클릭하여 획 색상을 지정한다. [Stroke] 패널에서 [Dashed Line] 항목에 체크하고 첫 번째 [dash] 항목의 값을 《출력형태》와 비슷하게 입력한다. 중앙에 Shift를 누르고 드래그하여 수직선을 그리고 오른쪽에 드래그하여 사선을 하나 더 그린다. 세 점선을 선택하고 🔳Blend Tool(Ⓦ) 대화 상자에서(도구 더블 클릭 또는 Enter↵) [Spacing] 항목을 Specified Steps로 지정한 뒤 단계값 2를 입력한 뒤 [OK] 한다. Make(Alt + Ctrl + Ⓑ)하여 블렌드를 적용한다.

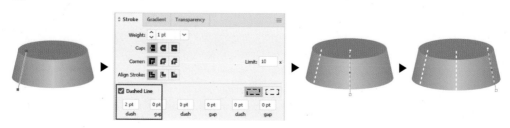

참고 작업 중 수시로 [Ctrl] + [S]를 눌러 저장합니다.

2. 그라디언트 오브젝트를 선택하고 [Ctrl] + [C] 복사, [Ctrl] + [F]하여 같은 자리 위에 붙인 다음 맨 앞으로([Ctrl] + [Shift] + []]) 가져온다. 1번에서 작업한 점선 그룹과 함께 선택하고 우클릭 메뉴에서 Clipping Mask([Ctrl] + [7]) 한다. 뚜껑 상단의 타원을 선택하고 맨 앞으로([Ctrl] + [Shift] + []]) 가져온다. 모두 선택하여 그룹화([Ctrl] + [G])한다.

3. 뚜껑 하단 너비만큼 직사각형을 그리고 ▷ Direct Selection Tool([A])로 하단 왼쪽, 오른쪽 고정점만 선택한다. ⊞ Scale Tool([S])로 도구를 변경하고 바깥쪽으로 드래그하여 위치(크기)를 변경해 사다리꼴로 변형한다. 사다리꼴 하단 너비에 맞춰 타원을 그리고 먼저 그린 뚜껑 그룹을 선택하여 맨 앞으로([Ctrl] + [Shift] + []]) 가져온다.

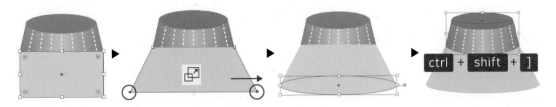

유형 7. Clipping Mask

1. 치약 길이만큼 직사각형을 그리고 ⬡Direct Selection Tool(A)로 하단 왼쪽, 오른쪽 고정점만 선택한다. ⬡Scale Tool(S)로 도구를 변경하고 바깥쪽으로 드래그하여 위치(크기)를 변경해 사다리꼴로 변형한다. 하단 너비만큼 타원을 그리고 두 도형을 선택한 뒤 [Pathfinder] 패널에서 ⬡United 하여 병합한다.

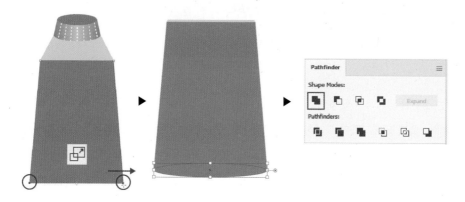

2. ⬡Add Anchor Point Tool(⊞)로 아래 사진에 표시한 위치를 클릭하여 고정점을 추가한다. ⬡Direct Selection Tool(A)로 추가한 두 고정점을 선택하고 수직 중앙 정렬한다. 상단 옵션바에서 Convert 버튼(⬡)을 눌러 패스를 곡선화 한다. ⬡Scale Tool(S)로 도구를 변경하고 안쪽으로 드래그하여 위치(크기)를 조절한다.

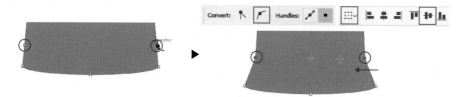

3. ⬡스포이드(I)로 먼저 그린 그라디언트 오브젝트를 클릭하여 같은 색상을 지정한다. 웃는 얼굴 그룹을 복사하여 치약 위에 배치하고 치약 튜브 오브젝트를 Ctrl + C 복사, Ctrl + F 하여 같은 자리 위에 붙이고 맨 앞으로(Ctrl + Shift +]) 가져온다. 웃는 얼굴 그룹과 같이 선택하고 우클릭 메뉴에서 Clipping Mask(Ctrl + 7) 한다.

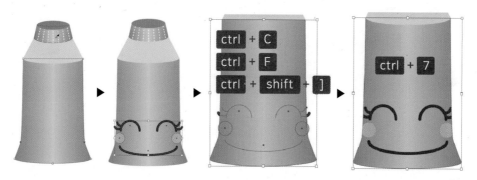

4. **T** Type Tool(T)로 "Breath Cool" 문자를 입력하고 Arial-Bold Italic, 15pt 서체를 지정한다. 문단을 가운데 정렬하고 C50M70Y70K40 색상을 지정한다.

5. 치아를 만들 정원을 그리고 하단에 둥근 사각형을 그린다. 두 도형을 같이 선택하고 ▶ Selection Tool(V)로 Alt + Shift 눌러 드래그하며 복사하여 살짝 겹치게 배치한다. 모두 선택하고 [Pathfinder] 패널에서 ▪ United 하여 병합한다. ▷ Direct Selection Tool(A)로 아래 사진에 표시된 부분의 고정점을 선택하고 상단 옵션바에서 Convert 버튼( )을 눌러 패스를 곡선화 한다. 정원을 그리고 ✎ 스포이드(I)로 C60Y80, 2pt 색상 스와치를 클릭하여 획 색상을 지정한다. 치아 오브젝트와 함께 선택하고 치약 오브젝트를 기준으로 수평 중앙 정렬한다.

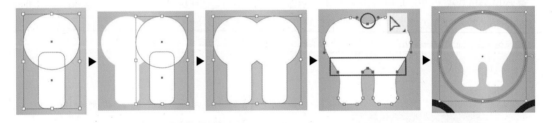

6. ⬡ Polygon Tool로 드래그하며 키보드 상, 하 방향키 ↑, ↓를 눌러 삼각형을 만들고 Shift 를 눌러 반듯하게 그린다. 바운딩 박스를 드래그하여 가로 너비를 좁혀 뾰족하게 만들고 ↻ Rotate Tool(R)로 Alt 누르고 삼각형의 하단 중앙을 클릭한다. 대화상자 [Angle] 항목에 90을 입력하고 [Copy]한다. Ctrl + D를 눌러 반복 적용한다. 4개의 삼각형을 그룹화(Ctrl + G)하고 《출력형태》에 맞게 배치한다.

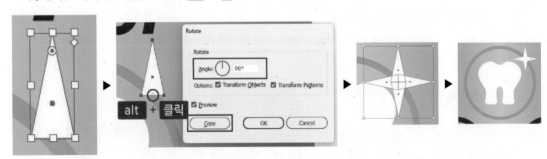

유형 9. Effect-Drop Shadow 적용

1. 치약에 해당하는 모든 오브젝트를 선택하고 그룹화(Ctrl + G)한다. 상단 메뉴바 [Effect] > [Stylize] > [Drop Shadow]를 클릭하여 《출력형태》와 비슷하게 그림자 효과를 적용한다.

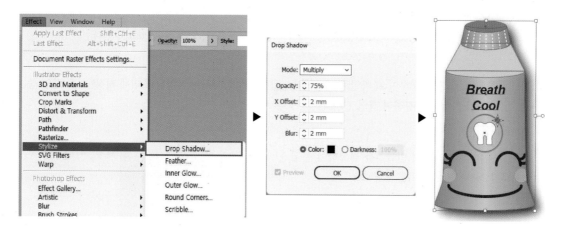

> **참고** 여러 개의 오브젝트에 하나의 그림자 효과만 적용할 때에는 오브젝트를 모두 선택한 후 그룹(Ctrl + G)으로 만든 뒤 그림자 효과를 적용합니다. 그룹이 아닌 경우 각각 그림자가 할당됩니다.

2. 전체적으로 《출력형태》와 비교하여 비슷한 위치에 배치하고 작업하지 않은 부분은 없는지 꼼꼼하게 확인한다. 색상 스와치를 모두 선택하여 Delete 눌러 지운 다음 Ctrl + S를 눌러 저장한다. 시험장에서는 저장 후 [KOAS 수험자용] 프로그램의 [답안 전송하기] 버튼을 눌러 감독관 PC로 전송한다.

1. [File] 〉 [New]([Ctrl] + [N])하여 새 문서를 생성한다. 문서 용도는 [Print(인쇄)], 수험번호는 임의로 지정하여 파일명을 12345678-성명-3으로 입력하고 [Width(폭)] 210mm, [Height(높이)] 297mm, [Color Mode(색상 모드)] CMYK Color, [Resolution Effects(해상도)] 300ppi로 지정한 후 [Create] 한다.

2. [File] 〉 [Save] ([Ctrl] + [S])하여 ai 파일로 저장한다. (실제 시험장에서는 지정된 폴더에 저장) 이후 작업 중 수시로 [Ctrl] + [S]를 눌러 저장하며 작업 한다.

3. 119~120쪽의 색상 스와치 만들기를 참고하여 문제에 제시된 색상들의 스와치를 만든다.

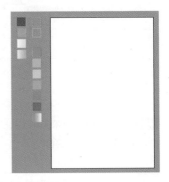

유형 13. Mesh Tool 사용하여 배경 칠하기

1. ■Rectangle Tool([M])로 작업 화면을 클릭하여 대화상자에 [Width(폭)] 210mm, [Height(높이)] 297mm를 입력하고 [OK] 한다. C20Y20 색상을 지정하고 대지를 기준으로 수평 중앙, 수직 중앙 정렬한다. 📐 Mesh Tool([U])로 《출력형태》와 비교하여 색이 바뀌는 부분을 클릭한다. [Color] 패널에서 M20Y20 색상을 지정한다. 하단에 한 번 더 클릭하여 망 점을 추가한다.

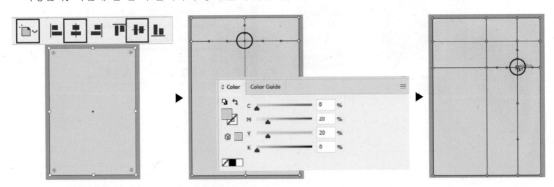

유형 1. 도형, 변형 도구 사용하고 Pathfinder를 활용하여 모양 만들기

1. 완구의 형태에 따라 ○Ellispse Tool([L])로 [Shift] 눌러 드래그하여 정원을 그리고 아래에 직사각형, 하단에 작은 정원을 그리고 흰색(C0M0Y0K0)을 지정한다. 하단의 작은 정원을 [Ctrl] + [C] 복사, [Ctrl] + [F]하여 같은 자리

위에 붙인다. ▶Selection Tool(Ⅴ)로 Alt + Shift 누르고 드래그하여 중심을 고정하고 크기를 줄인다. 하단의 두 정원만 선택하고 [Pathfinder] 패널에서 ■Exclude하여 겹친 부분을 삭제한다. 모두 선택하고 ■United 하여 병합한다. ☆Star Tool로 드래그하는 도중 상, 하 방향키 ↑, ↓를 눌러 5각형 별을 만들고 복사하여 3개를 배치한다. 흰색 도형을 포함하여 모두 선택하고 ☐Minus Front 하여 맨 아래 오브젝트를 제외한 모든 오브젝트를 삭제한다. 복사하여 《출력형태》에 맞게 배치한다.

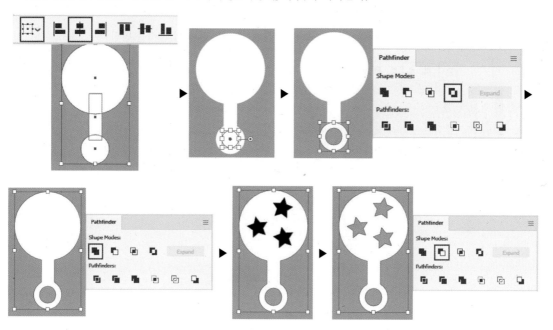

2. 하단에 정원을 그리고 C40M50 색상을 지정한다. 복사하고 크기를 조절하여 《출력형태》에 맞게 배치한다. 그룹화(Ctrl + G)하고 C20M30 색상 그룹, C30M40 색상 그룹도 같은 방법으로 작업하여 배치한다. 모두 선택하여 ◆Eraser Tool(Shift + E)로 대지 바깥의 불필요한 부분을 Alt 누르고 드래그하여 지운다.

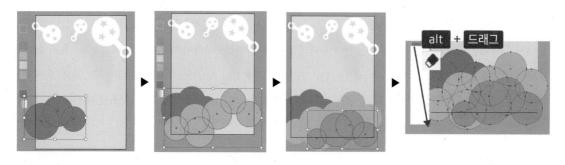

참고 겹쳐져 있는 오브젝트가 선택되어 불편하다면 Lock(Ctrl + 2)을 하여 잠금하고 필요할 때 전체 잠금 해제(Alt + Ctrl + 2) 합니다.

유형 3. 그라디언트로 색 채우기

1. 욕조 크기만큼 직사각형을 그린 다음 대지를 기준으로 수평 중앙 정렬한다. ⬚Free Transform Tool(Ｅ)의 위젯에서 ⬚Perspective Distort를 선택하고 하단 코너를 안쪽으로 드래그하여 사다리꼴로 변형한다. ▷ Direct Selection Tool(Ａ)로 하단 왼쪽, 오른쪽 고정점을 선택하고 상단 옵션바에서 Convert 버튼(⬚)을 눌러 패스를 곡선화 한다. 🖊스포이드(Ｉ)로 C70 → C0M0Y0K0 색상 스와치를 클릭하여 그라디언트를 지정한다. [Gradient] 패널에서 Reverse Gradient 버튼을(⬚) 눌러 색상 순서를 반전한다.

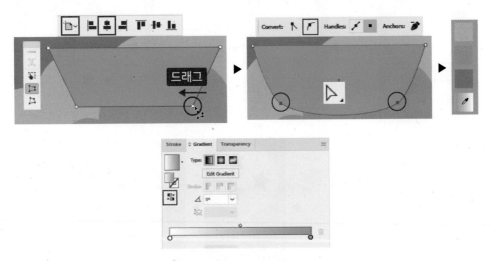

> ### 🔺 버전 안내
> ⬚Free Transform Tool(Ｅ)의 위젯이 없는 버전은 69~70쪽을 참고하여 사용하고자 하는 기능의 단축키를 먼저 누르고 있는 상태에서 원하는 방향으로 바운딩 박스를 드래그합니다.

2. 욕조 하단에 받침 크기만큼 직사각형을 그리고 C70 색상을 지정한다. ⬚Free Transform Tool(Ｅ)의 위젯에서 ⬚Perspective Distort을 활용하여 사다리꼴로 변경하고 복사하여 반대편에도 배치한다. 욕조 오브젝트를 선택하고 맨 앞으로(Ctrl + Shift +]) 가져온다. 🖋Add Anchor Point Tool(+)로 욕조 오브젝트 상단 중앙을 클릭하여 고정점을 추가하고 키보드 하 방향키(↓)를 눌러 위치를 아래로 조금 내린다.

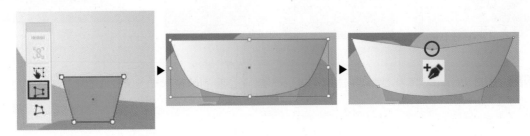

3. 욕조 상단에 타원을 그리고 C40 색상을 지정한다. Alt + Ctrl + Shift + W를 눌러 ([Object] 〉 [Envelope Distort] 〉 [Make With Warp]) [Style] 항목을 Arc로 지정하고 방향은 [Horizontal]에 체크 한다. 《출력형태》에 맞춰 [Bend] 항목의 값(-15%)을 조절하고 [OK]한다. 일반 오브젝트로 확장하기 위하여 상단 메뉴바 [Object] 〉 [Expand]를 클릭하고 [OK] 한다.

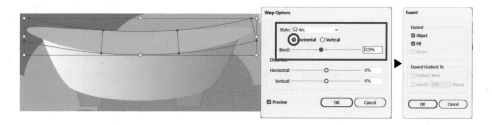

4. 확장한 타원을 Ctrl + C 복사, Ctrl + F하여 같은 자리 위에 붙인다. 바운딩 박스를 조절하여 《출력형태》에 맞게 배치하고 C20M10 색상을 지정한다.

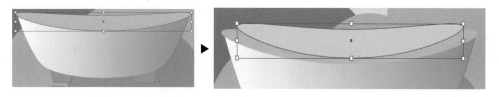

> **민희 쌤의 빠른 합격 Tip**
>
> 도형 도구 사용 시 도형의 가운데 부분에 마우스를 위치하고 Alt를 눌러 드래그하면 중앙을 고정하고 도형을 그릴 수 있습니다. 처음부터 가운데를 맞춰 그리기 때문에 가운데 정렬을 하지 않아도 됩니다.
>
>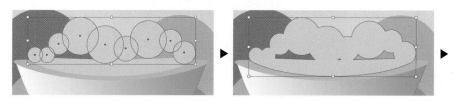

5. 정원을 그리고 복사하여 거품 모양에 맞게 배치한다. 하단 타원과 모두 선택하고 [Pathfinder] 패널에서 🔳 United 하여 병합한다. 빈 곳은 오브젝트를 선택한 상태에서 🖌Blob Brush Tool(Shift + B)로 드래그하여 채운다. (브러시 크기 [,]로 조절) 욕조 오브젝트들과 모두 함께 선택하고 그룹화(Ctrl + G)한다.

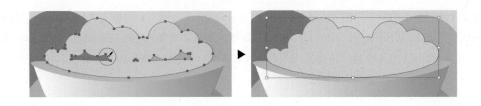

6. ✏️Pen Tool(P)로 샤워기 형태에 맞춰 직선을 그린다. 획에 C70 색상을 적용하고 《출력형태》에 맞게 두께를 조절한다. ▷Direct Selection Tool(A)로 아래 사진에 표시된 고정점만 선택하고 ◉라이브 코너 위젯을 드래그하여 둥글게 변형한다. ✂️Scissors Tool(C)로 불필요한 부분을 클릭하여 끊고 삭제한다. 하단에 정원을 그려 배치한다.

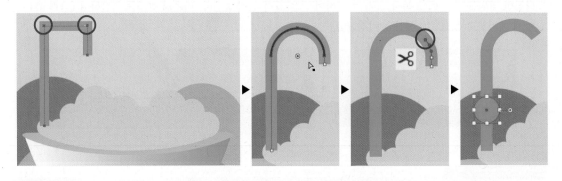

🔊 버전 안내

◉ 라이브 코너 위젯이 없는 버전은 ✏️Pen Tool(P)로 연결하여 그릴 때부터 드래그하여 곡선으로 그립니다.

7. 정원 오른쪽에 ⬜Rounded Rectangle Tool로 드래그하는 도중 키보드 우 방향키 →를 눌러 최대로 둥근 사각형을 만들고 ▦Free Transform Tool(E)의 위젯에서 ◰Perspective Distort를 선택하고 왼쪽 상단 코너를 아래로 드래그하여 좁힌다.

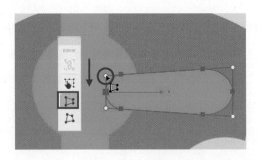

8. 샤워기 헤드를 만들기 위해 둥근 사각형을 그리고 ◆Eraser Tool(Shift + E)로 Alt 누르고 드래그하여 불필요한 하단 부분을 지운다. 아래에 정원을 그리고 수평 중앙 정렬한다. ◆Eraser Tool(Shift + E)로 정원의 하단 반을 지운다. 너비에 맞게 타원을 그리고 흰색(C0M0Y0K0)을 지정한다. 모두 선택하고 회전하여

《출력형태》에 맞게 배치한다. 샤워기에 해당하는 모든 오브젝트를 선택하고 그룹화(Ctrl + G)한다. 욕조 오브젝트 그룹을 맨 앞으로(Ctrl + Shift +]) 가져온다. 샤워기 그룹과 욕조 그룹을 같이 선택하고 한 번 더 그룹화(Ctrl + G)한다.

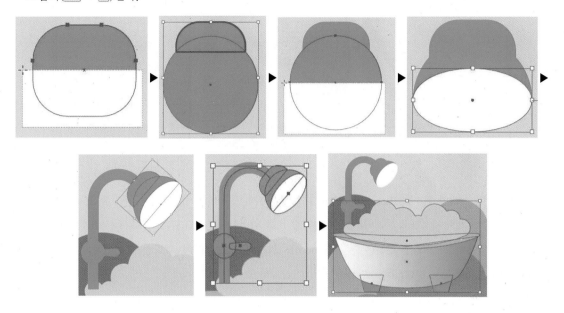

유형 9. Effect-Drop Shadow 적용

1. 욕조 그룹을 선택하고 상단 메뉴바 [Effect] 〉 [Stylize] 〉 [Drop Shadow]를 클릭하여 《출력형태》와 비슷하게 그림자 효과를 적용한다.

유형 12. Blend Tool 사용하여 중간 단계 만들기

1. ✏️Pencil Tool(N)로 《출력형태》에 맞게 드래그하여 곡선을 그리고 💧스포이드(I)로 C50Y90, 3pt 색상 스와치를 클릭하여 획 색상을 지정한다. 한 번 더 드래그 하여 곡선을 그리고 C0M0Y0K0, 1pt 색상 스와치를 클릭하여 획 색상을 지정한다.

2. 두 선을 같이 선택한 뒤 Blend Tool(Ⓦ) 대화상자에서(도구 더블 클릭 또는 Enter↵) [Spacing] 항목을 Specified Steps로 지정하고 문제에 제시된 단계값 15를 입력한 뒤 [OK] 한다. Make(Alt + Ctrl + Ⓑ)하여 블렌드를 적용하고 어색한 부분은 Smooth Tool로 드래그하여 부드럽게 변경하거나 Direct Selection Tool(Ⓐ)로 선택하여 수정한다.

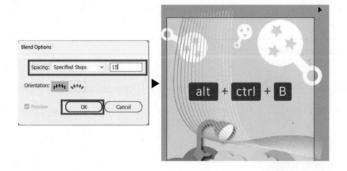

유형 5. 브러시 적용

1. Paintbrush Tool(Ⓑ)를 선택하고 [Brush] 패널에서 라이브러리 버튼( )을 누르고 [Decorative] 〉 [Decorative_Scatter]의 견본 창에서 Dots 브러시를 클릭한다. 《출력형태》와 비슷한 모양으로 드래그하여 그리고 1pt 두께를 지정한다. 욕조 그룹을 선택하고 맨 앞으로(Ctrl + Shift +]) 가져온다.

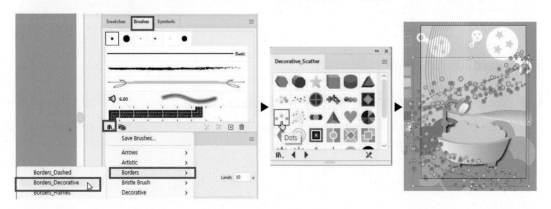

유형 8. 문자 또는 오브젝트에 Envelope Distort 활용하여 형태 변형

1. **T** Type Tool(T)로 "Bath Time" 문자를 입력하고 Times New Roman-Bold Italic, 95pt 서체를 지정한다. M80Y10 색상을 지정하고 Ctrl + Enter↵를 눌러 입력을 완료한 다음 대지를 기준으로 수평 중앙 정렬한다. 옵션바의 Make Envelope 버튼(⊞)을 클릭한다. ([Object] 〉 [Envelope Distort] 〉 [Make With Warp]) [Style] 항목을 Flag로 지정하고 방향은 [Horizontal]에 체크 한다. 《출력형태》에 맞춰 [Bend] 항목의 값 (-50%)을 조절하고 [OK]한다.

2. "THE HAPPIEST MOMENT" 문자를 입력하고 Arial-Bold Italic, 20pt 서체를 지정한다. C50M80Y10 색상을 지정하고 《출력형태》에 맞는 위치에 배치한다.

3. "Oh, bath time is so much fun." 문자를 입력하고 Arial-Regular, 24pt 서체를 지정한다. M80Y10 색상을 지정하고 Ctrl + Enter↵를 눌러 입력을 완료한 다음 옵션바의 Make Envelope 버튼(⊞)을 클릭한다. ([Object] 〉 [Envelope Distort] 〉 [Make With Warp]) [Style] 항목을 Fish로 지정하고 방향은 [Horizontal]에 체크 한다. 《출력형태》에 맞춰 [Bend] 항목의 값(50%)을 조절하고 [OK]한다.

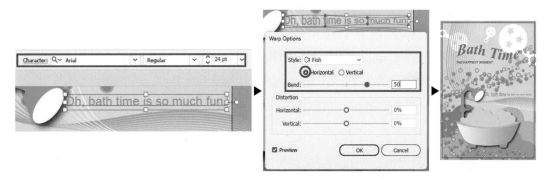

유형 11. 심볼 등록하고 뿌리기

유형 3. 그라디언트로 색 채우기

1. 오리의 얼굴과 몸통 크기만큼 타원을 그린다. Anchor Point Tool(Shift + C)로 몸통 타원의 왼쪽 고정점을 Shift 누르고 위로 드래그, 오른쪽 고정점을 Shift 누르고 아래로 드래그하여 형태를 변형한다. Pen Tool(P)로 깃털의 일부분을 그린다. 아래에 복사하고 Direct Selection Tool(A)로 고정점을 수정하여 배치한다.

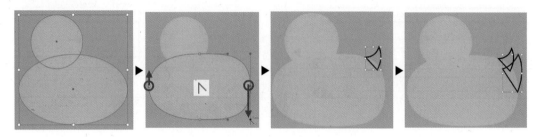

2. 얼굴에도 Pen Tool(P)로 깃털의 일부분을 그리고 복사하여 배치한다. 모두 선택하고 [Pathfinder] 패널에서 United 하여 병합한다. 어색한 부분은 Anchor Point Tool(Shift + C)로 고정점을 다시 드래그하고 Direct Selection Tool(A)로 세부 모양을 수정한다.

3. 부리를 만들기 위해 타원을 그리고 M80Y70 색상을 적용한다. Alt + Ctrl + Shift + W를 눌러 ([Object] 〉 [Envelope Distort] 〉 [Make With Warp]) [Style] 항목을 Arc로 지정하고 방향은 [Horizontal]에 체크 한다. 《출력형태》에 맞춰 [Bend] 항목의 값(-70%)을 조절하고 [OK]한다. 일반 오브젝트로 확장하기 위하여 상단 메뉴바 [Object] 〉 [Expand]를 클릭하고 [OK] 한다. ([Object] 〉 [Envelope Distort] 〉 [Expand] 하여도 무관하디.) 이래에 복사히여 180° 회전한 뒤 크기를 조절하여 배치한다. 두 부리 오브젝트를 선택하고 [Pathfinder] 패널에서 United 하여 병합한다. Direct Selection Tool(A)로 아래 사진에 표시된 고정점을 선택하고 상단 옵션바에서 Convert 버튼( )을 눌러 패스를 곡선화 한 뒤 《출력형태》에 맞게 수정한다.

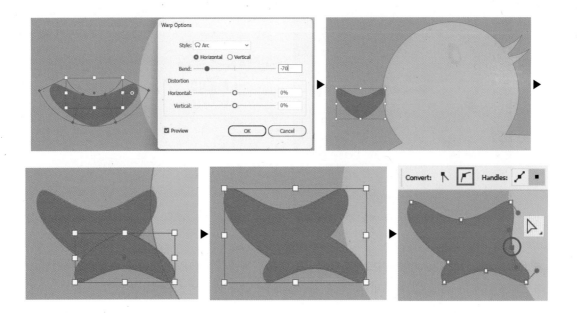

4. 눈동자 크기만큼 타원을 그리고 검정색(K100)을 지정한다. 안쪽에 하나 더 그리고 흰색(C0M0Y0K0)을 지정한 뒤 《출력형태》에 맞게 배치한다. 몸통에 날개 크기만큼 타원을 그리고 ✏️Pen Tool(P)로 깃털의 일부분을 그린다. 복사하여 아래에 배치하고 날개에 해당하는 오브젝트를 모두 선택하고 [Pathfinder] 패널에서 ◼️ United 하여 병합한다. 어색한 부분은 ∧Anchor Point Tool(Shift + C)로 고정점을 다시 드래그하고 ▷ Direct Selection Tool(A)로 세부 모양을 수정한다. 연결 부분이 곡선화 되어야 하는 부분은 ▷Direct Selection Tool(A)로 선택하고 ◉라이브 코너 위젯을 드래그하여 변경한다.

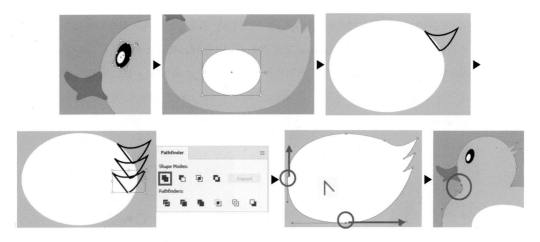

5. 오리의 몸통을 선택하고 ✏️스포이드(I)로 Y20 → M20Y100 색상 스와치를 클릭하여 그라디언트를 지정한다. [Gradient] 패널에서 [Type]을 원형(Radial Gradient)으로 변경한다. ◼️Gradient Tool(G)로 《출력형태》에 맞게 드래그하여 그라디언트의 위치와 크기를 변경한다.

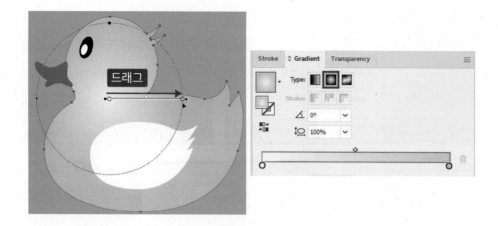

6. ✏️ Pen Tool(P)로 얼굴 하이라이트 부분의 곡선을 그린다. 획에 흰색(C0M0Y0K0)을 지정하고 옵션바에서 획 프로필을 [Width Profile 1]로 변경한 다음 《출력형태》에 따라 획 두께를 적절히 조절한다. 복사하여 날개에도 배치하고 🔺Direct Selection Tool(A)로 날개 모양에 맞게 수정한다.

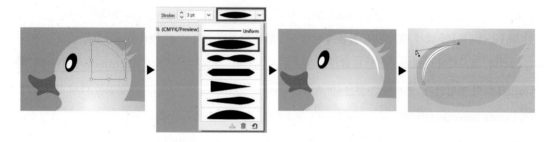

7. 오리에 해당하는 모든 오브젝트를 선택하고 그룹화(Ctrl + G)한다. 왼쪽에 복사하고 🔳Reflect Tool(O) 대화 상자에서(도구 더블 클릭 또는 Enter↵) [Vertical(수직 좌우 반전)]에 체크하고 [OK] 한다. 크기를 작게 줄이고 🔺Direct Selection Tool(A)로 오리 몸통 오브젝트를 선택한다. ✏️스포이드(I)로 C0M0Y0K0 → Y60 색상 스와치를 클릭하여 그라디언트를 지정하고 [Gradient] 패널에서 [Type]을 원형(Radial Gradient)으로 변경한다. 🔳Gradient Tool(G)로 《출력형태》에 맞게 드래그하여 그라디언트의 위치와 크기를 변경한다.

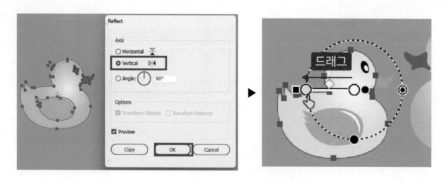

8. 두 오리 그룹을 선택하고 [Symbols] 패널에서 새 심볼버튼(⊞)을 누른다. [Name] 항목에 문제에 제시된 "오리"를 입력하고 [OK]하여 심볼을 등록한다.

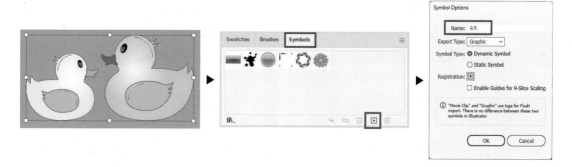

✏️ Pen Tool(P)로 캐릭터 그리는 법 동영상으로 확인하기

9. 등록된 심볼을 ▶Selection Tool(V)로 선택하고 욕조 위에 배치한다. 나머지 부분에도 심볼을 생성하기 위해 🖌️Symbol Sprayer Tool(Shift + S)로 필요한 곳에 클릭하여 《출력형태》에 맞게 배치한다. 🖌️ Symbol Sizer Tool로 심볼을 클릭하여 크기를 조절한다. Alt를 누르고 클릭하면 작아진다.

참고 브러시 크기가 심볼보다 작으면 조절이 잘 되지 않습니다. [,]로 브러시 크기를 조절하며 사용합니다.

🔍 민희 쌤의 빠른 합격 Tip

심볼 작업을 하는 동안 심볼 도구 세트를 꺼내 놓고 사용하면 편리합니다.

10. Symbol Spinner Tool로 ❶,❷,❸번 심볼을 드래그하여 회전하고, Symbol Stainer Tool로 Fill (칠) 색상을 초록색으로 선택한 뒤 ❷번 심볼을 클릭하여 색을 변경한다. Fill(칠) 색상을 빨간색으로 선택하고 ❶번 심볼을 클릭하여 색을 변경한다. [Alt]를 누르고 클릭하면 원래의 색으로 돌아온다.

11. Symbol Screener Tool로 ❶,❷번 심볼을 클릭하여 투명도를 조절한다. [Alt]를 누르고 클릭하면 원래의 투명도로 돌아온다. 위치가 맞지 않는 심볼이 있다면 Symbol shifter Tool로 드래그하여 《출력형태》에 맞게 조절한다.

유형 7. Clipping Mask

1. 전체적인 위치를 《출력형태》와 비교하여 비슷하게 배치하고 작업하지 않은 부분은 없는지 꼼꼼하게 확인한다. 색상 스와치를 모두 선택하여 Delete 눌러 지운다. ▨Rectangle Tool(M)로 작업 화면을 클릭하여 대화상자에 [Width(폭)] 210mm, [Height(높이)] 297mm를 입력하고 [OK] 한다. 대지를 기준으로 수평 중앙, 수직 중앙 정렬한다. 전체 선택(Ctrl + A)하고 Clipping Mask(Ctrl + 7) 한다. Ctrl + S를 눌러 저장한다. 시험 장에서는 저장 후 [KOAS 수험자용] 프로그램의 [답안 전송하기] 버튼을 눌러 감독관 PC로 전송한다.

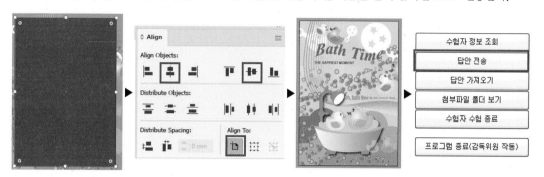

참고 작업중 잠근 오브젝트가 있다면 전체 잠금 해제(Alt + Ctrl + 2)하고 전체 선택(Ctrl + A) 한 뒤 Clipping Mask (Ctrl + 7) 합니다.

최신 기출유형 3회

03

문제 1   BI, CI 디자인   25점

다음의 《조건》에 따라 아래의 《출력형태》와 같이 작업하시오.

조건

파일저장규칙	AI	파일명	문서 GTQ 수험번호-성명-1.ai
		크기	100 x 80mm

1. 작업 방법
　① 도형, 변형 툴과 Pathfinder 기능을 활용하여 오브젝트를 작성한다.
　② 그 외 《출력형태》참조

2. 문자 효과
　① Fresh Bakery (Arial, Bold, 14pt, 21pt, C70M30Y100, C70M90Y90K60)

출력형태

C10M20Y30,
C70M90Y90K60,
C10M70Y40,
C10M100Y70,
C0M0Y0K0,
C70M30Y100,
Y50 → M60Y70K30,
(선/획)
C20M60Y80, 2pt,
C70M30Y100, 1pt

다음의 《조건》에 따라 아래의 《출력형태》와 같이 작업하시오.

조건

파일저장규칙	AI	파일명	문서 GTQ 수험번호–성명–2.ai
		크기	160 x 120mm

1. 작업 방법
   ① 식빵은 Pattern을 활용하여 작성한다. (패턴 등록 : 식빵)
   ② 딸기잼에는 Clipping Mask를 적용한다.
   ③ Brush는 《출력형태》를 참고하여 작성한다.
   ④ Effect는 《출력형태》를 참고하여 작성한다.
   ⑤ 그 외 《출력형태》참조

2. 문자 효과
   ① Delicious bread (Times New Roman, Regular, 12pt, 18pt, M80Y100, C20M60Y70K70)
   ② FIG SPREAD (Arial, Bold, 12pt, K100, C40M70Y100K50)

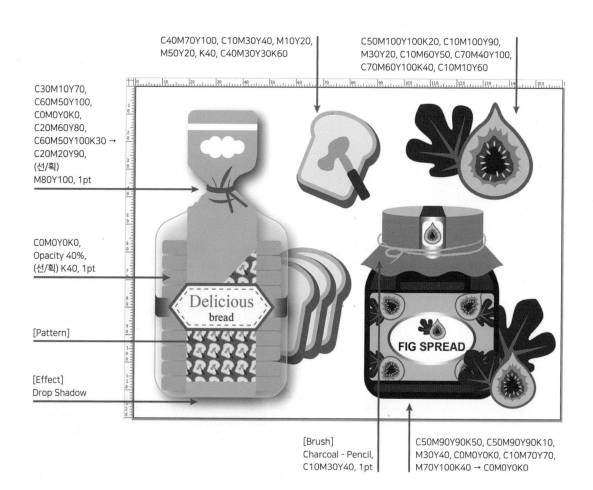

C40M70Y100, C10M30Y40, M10Y20,
M50Y20, K40, C40M30Y30K60

C50M100Y100K20, C10M100Y90,
M30Y20, C10M60Y50, C70M40Y100,
C70M60Y100K40, C10M10Y60

C30M10Y70,
C60M50Y100,
C0M0Y0K0,
C20M60Y80,
C60M50Y100K30 →
C20M20Y90,
(선/획)
M80Y100, 1pt

C0M0Y0K0,
Opacity 40%,
(선/획) K40, 1pt

[Pattern]

[Effect]
Drop Shadow

[Brush]
Charcoal - Pencil,
C10M30Y40, 1pt

C50M90Y90K50, C50M90Y90K10,
M30Y40, C0M0Y0K0, C10M70Y70,
M70Y100K40 → C0M0Y0K0

다음의 《조건》에 따라 아래의 《출력형태》와 같이 작업하시오.

조건

파일저장규칙	AI	파일명	문서 GTQ 수험번호-성명-3.ai
		크기	210 x 297mm

1. 작업 방법
① 《참고도안》을 직접 제작한 후 Symbol로 활용한다. (심볼 등록 : 밀)
② 'It's a premium bread.', '아름다운 경치와 맛을 느끼세요!' 문자에 Envelope Distort를 적용한다.
③ Brush는 《출력형태》를 참고하여 작성한다.
④ Effect는 《출력형태》를 참고하여 작성한다.
⑤ Clipping Mask를 이용하여 디자인을 정리한다.
⑥ 그 외 《출력형태》참조

2. 문자 효과
① It's a premium bread. (Arial, Regular, 50pt, C50M90Y100K40)
② 아름다운 경치와 환상의 맛을 느껴보세요! (굴림, 24pt, C20M70Y90)
③ BAKERY (Times New Roman, Bold, 53pt, K100)

참고도안

C20M30Y100,
C60M30Y100K20,
M20Y60

출력형태

C0M0Y0K0   [Symbol]

210 X 150mm
[Mesh] C70, C30Y10

C0M0Y0K0,
Opacity 50%

[Blend] 단계 : 17,
(선/획) Y100, 3pt
→ C10M60Y100, 1pt

C60M10Y80,
C30M10Y80K40,
C100M30,
C40Y100,
C60M20Y100K70

M20Y40,
C20M70Y90,
C50M80Y90K30,
C0M0Y0K0,
C80M60Y50K40,
C60Y50, M30Y80,
(선/획) M30Y80, 2pt,
[Effect] Drop Shadow

M50Y80K10 →
M90Y100K80

[Brush] Grass, 3pt

0. 먼저 작업의 최적화를 위해 가이드 〉 시험장 환경설정을 참고하여 기본 환경설정과 패널 등의 인터페이스를 구성하고 편의에 맞는 작업환경을 설정한다.

문제 1　BI, CI 디자인　25점

1. [File] 〉 [New](Ctrl + N)하여 새 문서를 생성한다. 문서 용도는 [Print(인쇄)], 수험번호는 임의로 지정하여 파일명을 12345678-성명-1로 입력하고 [Width(폭)] 100mm, [Height(높이)] 80mm, [Color Mode(색상 모드)] CMYK Color, [Resolution Effects(해상도)] 300ppi로 지정한 후 [Create] 한다.

2. [File] 〉 [Save] (Ctrl + S)하여 ai 파일로 저장한다. (실제 시험장에서는 지정된 폴더에 저장) 이후 작업 중 수시로 Ctrl + S를 눌러 저장하며 작업한다.

수험번호를 매 문제마다 입력하기 번거롭다면 "수험번호–성명–"까지 메모장에 적어놓고 복사(Ctrl + C) 붙여넣기 (Ctrl + V)하여 사용합니다.

3. 119~120쪽의 색상 스와치 만들기를 참고하여 문제
   에 제시된 색상들의 스와치를 만든다.

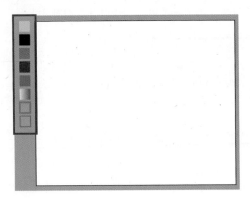

유형 1. 도형, 변형 도구 사용하고 Pathfinder를 활용하여 모양 만들기

유형 2. Pen Tool(펜 도구 P), Pencil Tool(연필 도구 N) 사용하여 모양 그리기

유형 3. 그라디언트로 색 채우기

1. ◯Ellispse Tool(L)로 Shift 누르고 드래그하여 큰 정원을 그리고 한 번 더 Shift 누르고 드래그하여 작은
   정원을 그린 뒤 큰 원의 상단에 배치한다. 작은 정원을 선택하고 🖊스포이드(I)로 Y50 → M60Y70K30 색
   상 스와치를 클릭하여 그라디언트를 지정한다. 두 정원을 모두 선택하고 대지 기준으로 수평 중앙 정렬한다.
   작은 정원만 선택하여 ↻Rotate Tool(R)로 Alt 누르고 큰 정원의 중심을 클릭한다. 대화상자 [Angle] 항목
   에 360/20을 입력하고 [Copy]한 뒤 Ctrl + D를 눌러 반복 적용한다.

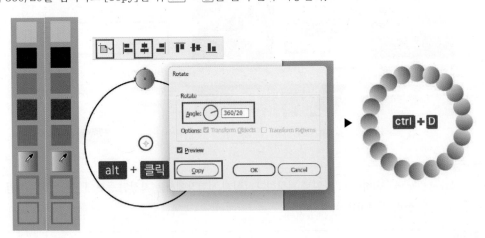

2. 겹친 모양을 수정하기 위해 상단 중앙의 정원을 선택하여 Ctrl + C 복사, Ctrl + F하여 같은 자리 위에 붙인 뒤 맨 앞으로(Ctrl + Shift +]) 가져온다. ◆Eraser Tool(Shift + E)로 Alt 누르고 왼쪽 반원 영역만 드래그하여 불필요한 부분을 지운다. 그라디언트 도형만 모두 선택하고 그룹화(Ctrl + G)한다. 제일 먼저 그린 큰 정원을 선택하고 흰색(C0M0Y0K0)을 지정한 뒤 맨 앞으로(Ctrl + Shift +]) 가져온다. 큰 정원 하단에 타원을 그려 배치하고 C10M20Y30 색상을 지정한다.

3. 대지의 빈 곳에 케익을 만들 직사각형을 그리고 🖋스포이드(I)로 Y50 → M60Y70K30의 그라디언트를 지정한다. Ctrl + C 복사, Ctrl + F하여 같은 자리 위에 붙이고 C70M90Y90K60 색상을 지정한다. 바운딩 박스를 조절하여 높이를 줄이고 🖋Knife Tool로 녹은 초코 모양으로 드래그하여 분리한다. 필요 없는 조각은 삭제하고 상단에 타원을 그려 배치한다.

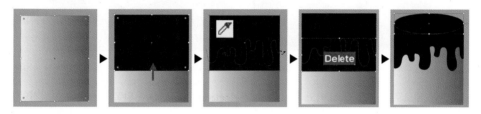

🔍 민희 쌤의 빠른 합격 Tip

도형 도구 사용 시 도형의 가운데 부분에 마우스를 위치하고 Alt를 눌러 드래그하면 중앙을 고정하고 도형을 그릴 수 있습니다. 처음부터 가운데를 맞춰 그리기 때문에 가운데 정렬을 하지 않아도 됩니다.

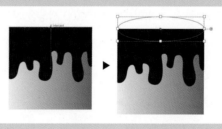

🖋Knife Tool 사용법 동영상으로 확인하기

4. 휘핑크림 모양을 만들기 위해 타원을 그리고 C10M70Y40 색상을 지정한다. 🖋Pen Tool(P)로 뾰족한 부분을 그린다음 C10M70Y40 색상을 지정한다. 두 오브젝트를 선택하고 [Pathfinder] 패널에서 ◼United 하여 병합한다. 어색한 부분은 전체 선택 후 패스 선을 ✐Smooth Tool로 드래그하여 부드럽게 변경하거나 ⋀ Anchor Point Tool(Shift + C)로 어색한 고정점을 다시 드래그하여 수정한다. ▶Selection Tool(V)로 Alt 누르고 드래그하여 복사하고 《출력형태》에 맞게 배치한다.

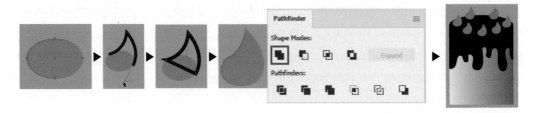

참고 작업 중 수시로 Ctrl + S를 눌러 저장합니다.

5. 타원을 그리고 흰색(C0M0Y0K0)을 지정한 뒤 복사하여 각각 크기가 다르게 배치한다. [Pathfinder] 패널에서 ▪United 하여 병합한다. 앞에 나와야 할 휘핑크림 오브젝트를 선택하고 맨 앞으로(Ctrl + Shift +]) 가져온다.

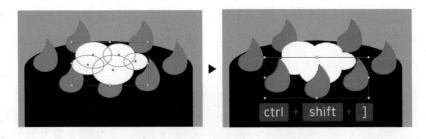

6. 딸기 크기만큼 세로로 긴 타원을 그리고 ▷ Direct Selection Tool(A)로 왼쪽과 오른쪽 고정점만 선택하여 살짝 위로 드래그한다. ▷ Anchor Point Tool(Shift + C)로 하단 고정점을 오른쪽으로 드래그하여 뾰족한 모양으로 변형한다. 🖋 스포이드(I)로 C10M100Y70 색상 스와치를 클릭하여 색을 지정한다. ☆ Star Tool로 드래그하는 도중 상, 하 키보드 방향키 ↑, ↓를 눌러 육각형 별을 만들고 Ctrl을 눌러 각의 반지름 길이를 조절한다. Shift를 눌러 반듯하게 그리고 C70M30Y100 색상을 지정한다.

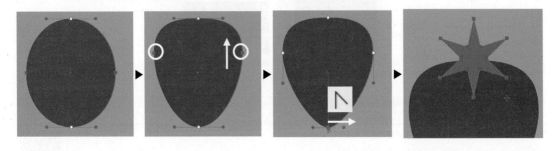

7. █ Warp Tool(Shift + R)을 선택하고 Alt + Shift 눌러 드래그하여 도구의 크기를 육각형 잎 오브젝트보다 작게 조절한다. 잎 오브젝트 위에서 아주 살짝만 드래그하여 형태를 변형한다. 딸기 씨앗 크기만큼 타원을 그리고 흰색(C0M0Y0K0)을 지정한다. ▷ Anchor Point Tool(Shift + C)로 상단과 하단 고정점을 클릭하여 직선으로 변경한다. ▶ Selection Tool(V)로 Alt 누르고 드래그하며 복사하여 《출력형태》에 맞게 배치한다. 전체를 모두 선택하고 그룹화(Ctrl + G) 한 다음 케익 위에 회전하여 배치한다.

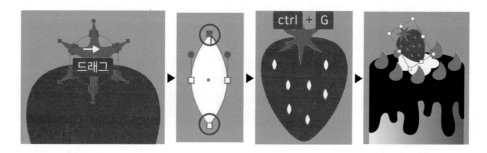

░░░Warp Tool(Shift + R) 사용법 동영상으로 확인하기

8. Y50 → M60Y70K30 그라디언트 색상의 직사각형을 Ctrl + C 복사, Ctrl + F 하여 같은 자리 위에 붙인 뒤 맨 앞으로(Ctrl + Shift +]) 가져온다. 상단에 타원을 그린 다음 직사각형 도형을 함께 선택하고 직사각형 도형을 한 번 더 클릭하여(키 오브젝트) 수평 중앙 정렬 한다. [Pathfinder] 패널에서 ░Minus Front 하여 위의 타원 영역을 삭제한다. C10M100Y70 색상을 지정하고 하단에 같은 너비로 타원을 그린 다음 먼저 작업한 도형과 함께 선택하고 [Pathfinder] 패널에서 ░United 하여 병합한다.

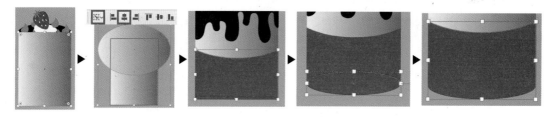

9. ☆Star Tool로 Alt + Shift를 누르고 드래그하여 반듯한 오각형 별을 그리고 《출력형태》에 맞게 배치한다. 별 오브젝트를 모두 선택하여 그룹화(Ctrl + G)한다. 8번에서 작업한 C10M100Y70 색상 오브젝트를 Ctrl + C 복사, Ctrl + F 하여 같은 자리 위에 붙인 다음 맨 앞으로(Ctrl + Shift +]) 가져온다. 별 그룹과 함께 선택하고 우클릭 메뉴에서 Clipping Mask(Ctrl + 7) 한다.

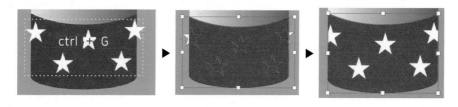

10. 휘핑크림 오브젝트를 복사하여 케익 하단에 배치하고 ░Reflect Tool(O) 대화상자에서(도구 더블 클릭 또는 Enter↵) [Vertical(수직 좌우 반전)]에 체크하고 [OK] 한다. ░Selection Tool(V)로 Alt 누르고 드래그 하여 복사한 뒤 ░스포이드(I)로 C70M90Y90K60 색상을 지정한다. 복사하여 《출력형태》에 맞게 배치한다. 케익에 해당하는 모든 오브젝트를 선택하고 그룹화(Ctrl + G) 한 다음 작업 중에 대지 위로 이동하여 대지를 기준으로 수평 중앙 정렬한다.

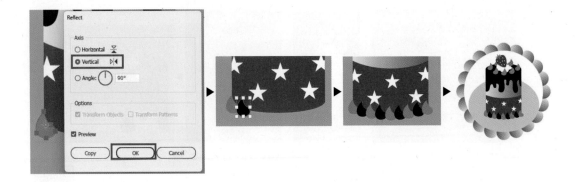

유형 4. Stroke 패널에서 선 모양 변경

1. 케익 오브젝트 하단에 ▢Rectangle Tool(Ⓜ)로 직사각형을 그리고 ＋Add Anchor Point Tool(➕)로 하단 변 중앙을 클릭하여 고정점을 추가한다. ⟍Direct Selection Tool(Ⓐ)로 추가한 고정점만 선택하여 Shift 누르고 아래로 드래그 한다. ▶Selection Tool(Ⓥ)로 선택하고 Alt + Ctrl + Shift + Ⓦ를 눌러 ([Object] 〉 [Envelope Distort] 〉 [Make With Warp]) [Style] 항목을 Arc로 지정하고 방향은 [Horizontal]에 체크 한다. 《출력형태》에 맞춰 [Bend] 항목의 값을 조절하고 [OK]한다.

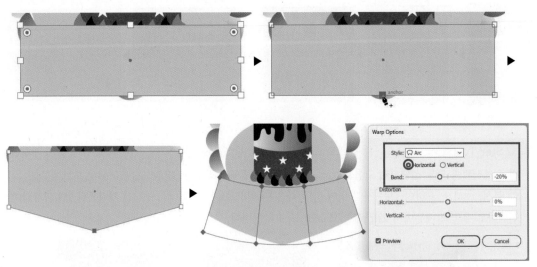

2. 확장하기 위하여 상단 메뉴바 [Object] 〉 [Expand]를 클릭하고 [OK] 한다.
   ([Object] 〉 [Envelope Distort] 〉 [Expand] 하여도 무관하다.)

3. 확장된 오브젝트를 선택하고 [Object] 〉 [Path] 〉 [Offset Path]를 클릭한다. 《출력형태》와 비교하여 점선을 만들 위치에 맞는 [Offset] 값을 지정하고 [OK] 한다. ✐ 스포이드(Ⅰ)로 C20M60Y80, 2pt 색상 스와치를 클릭하여 획 색상을 지정한다. [Stroke] 패널에서 [Dashed Line] 항목에 체크하고 첫 번째 [dash] 항목의 값을 《출력형태》와 비슷하게 입력한다. ✂Scissors Tool(C)로 아래 사진에 표시된 고정점을 클릭하여 끊는다. 필요 없는 왼쪽 변과 오른쪽 변은 선택하여 삭제하고 ▷ Direct Selection Tool(A)로 점선의 양 끝 고정점을 드래그하여 길이를 변경한다.

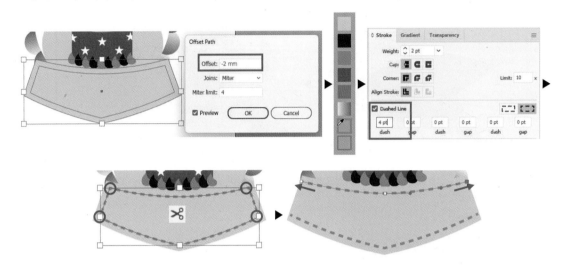

참고 Offset Path(고정점 이동) 기능은 선택한 오브젝트의 고정점을 입력한 거리(Offset) 만큼 이동하여 새 오브젝트를 생성하는 기능입니다. 일정한 간격의 오브젝트가 필요할 때 자주 사용하며 음수(−)값을 입력하면 패스 안쪽으로 이동합니다.

4. T Type Tool(Ⅰ)로 "Fresh Bakery" 문자를 입력하고 Arial−Bold 서체를 지정한다. "Fresh" 문자에 블록을 씌우고 21pt, C70M30Y100 색상, "Bakery" 문자에 14pt, C70M90Y90K60 색상을 지정한다. 대지를 기준으로 수평 중앙 정렬한다.

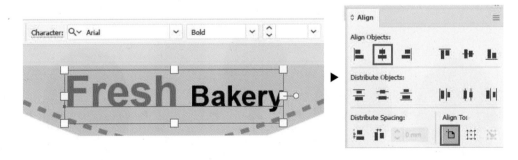

5. 리본의 크기만큼 직사각형을 그리고 C10M70Y40 색상을 지정한다. ✚ Add Anchor Point Tool(➕)로 왼쪽 변 중앙을 클릭하여 고정점을 추가한다. Shift 누르고 키보드 우 방향키 →를 3~4번 눌러 오른쪽으로 이동한다. 회전하여 배치하고 맨 뒤로(Ctrl + Shift + [) 보낸다. ✐ Pen Tool(P)로 리본이 접힌 부분을 만들 삼각형을 그린다. C70M90Y90K60 색상을 지정하고 리본 도형과 함께 선택한 뒤 맨 뒤로(Ctrl + Shift +

⊤) 보낸다. 두 도형을 선택한 뒤 ▷◁Reflect Tool(○)로 Alt 누르고 베이지색 도형의 중앙 부분을 클릭하여 대화상자에서 [Vertical(수직 좌우 반전)]에 체크하고 [Copy]하여 복사한다.

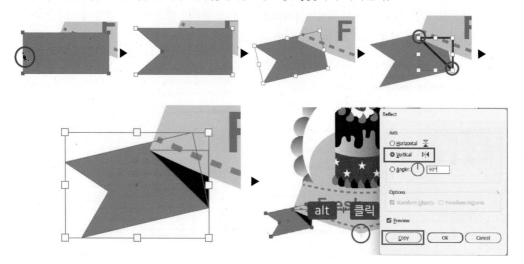

참고 Smart Guides(Ctrl + U)가 활성화 되어있으면 오브젝트의 중심이 표시됩니다.

인희 쌤의 빠른 합격 Tip

키보드 방향키로 오브젝트 이동 시 Shift 와 방향키를 함께 누르면 방향키를 10번 누르는 것과 같습니다.

6. 풍선을 만들 타원을 그리고 C70M30Y100 색상을 지정한다. ⬡Polygon Tool로 드래그 하는 도중 상, 하 키 보드 방향키 ↑, ↓를 눌러 삼각형을 만들고 Shift 를 눌러 반듯하게 그린다. 타원 밑에 적절한 크기로 배치한 다. ✏Pencil Tool(N)로 풍선의 줄 모양으로 드래그하여 선을 그리고 💉스포이드(I)로 C70M30Y100, 1pt 색상 스와치를 클릭하여 획 색상을 지정한다. ✒Pen Tool(P)로 타원 위에 곡선을 그리고 획에 흰색 (C0M0Y0K0)을 지정한다. [Swatches] 패널에서 획 프로필을 [Width Profile 1]로 변경하고 《출력형태》에 따라 획 두께를 적절히 조절한다. 풍선에 해당하는 모든 오브젝트를 선택하고 그룹화(Ctrl + G)한다.

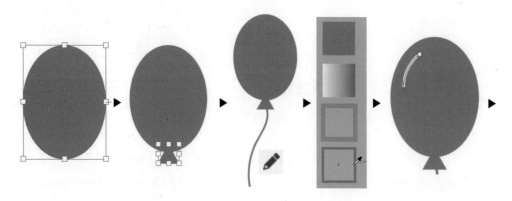

7. 작업 중인 대지 위에 적절하게 회전하여 배치하고 ▷◁Reflect Tool(◎) 대화상자에서(도구 더블 클릭 또는 Enter↵) [Vertical(수직 좌우 반전)]에 체크하고 [OK] 한다. 《출력형태》에 맞게 회전하여 배치한다.

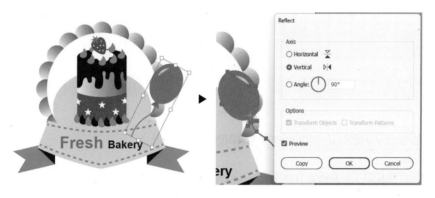

8. 전체적으로 《출력형태》와 비교하여 비슷하게 배치하고 작업하지 않은 부분은 없는지 꼼꼼하게 확인한다. 색상 스와치를 모두 선택하여 Delete 눌러 지운 다음 Ctrl + S를 눌러 저장한다. 시험장에서는 저장 후 [KOAS 수험자용] 프로그램의 [답안 전송하기] 버튼을 눌러 감독관 PC로 전송한다.

1. [File] 〉 [New](Ctrl + N)하여 새 문서를 생성한다. 문서 용도는 [Print(인쇄)], 수험번호는 임의로 지정하여 파일명을 12345678-성명-2로 입력하고 [Width(폭)] 160mm, [Height(높이)] 120mm, [Color Mode(색상모드)] CMYK Color, [Resolution Effects(해상도)] 300ppi로 지정한 후 [Create] 한다.

2. [File] 〉 [Save] (Ctrl + S)하여 ai 파일로 저장한다. (실제 시험장에서는 지정된 폴더에 저장) 이후 작업 중 수시로 Ctrl + S를 눌러 저장하며 작업한다.

3. 119~120쪽의 색상 스와치 만들기를 참고하여 문제에 제시된 색상들의 스와치를 만든다.

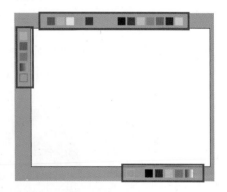

유형 1. 도형, 변형 도구 사용하고 Pathfinder를 활용하여 모양 만들기

유형 2. Pen Tool(펜 도구 P), Pencil Tool(연필 도구 N) 사용하여 모양 그리기

1. ◯Ellispse Tool(L)로 타원을 그리고 ✎Add Anchor Point Tool(⊞)로 상단 고정점 양 옆을 클릭하여 고정점을 추가한다. ▷Direct Selection Tool(A)로 선택 후 안쪽 방향으로 드래그한다. 왼쪽 고정점과 오른쪽 고정점을 선택하고 키보드 하 방향키 ↓를 눌러 살짝 아래로 내려 모양을 변경한다. ✎스포이드(I)로 C70M40Y100 색상 스와치를 클릭하여 색을 지정한다.

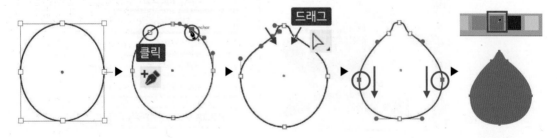

2. 오브젝트를 선택하고 [Object] 〉 [Path] 〉 [Offset Path]를 클릭한다. 《출력형태》와 비교하여 안쪽 분홍색 영역을 만들 위치에 맞는 [Offset] 값을 지정하고 [OK] 한다. M30Y20 색상을 지정하고 다시 [Offset Path] 하여 안쪽 진한 분홍색 영역을 만들 위치에 맞는 [Offset] 값을 지정하고 [OK] 한다. C10M60Y50 색상을 지정

한다.

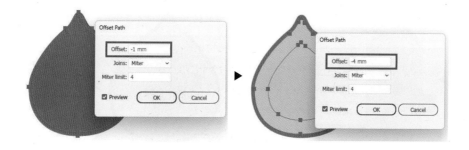

3. 진한 분홍색 오브젝트를 선택하고 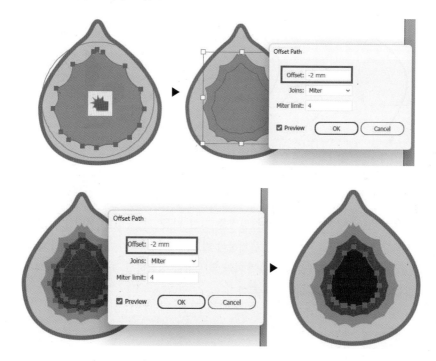Crystallize Tool의 브러시를 Alt + Shift 누르고 드래그하여 오브젝트보다 살짝 큰 크기로 조절한다. 클릭하여 바깥으로 퍼지는 모양으로 변형한다. 다시 [Offset Path] 하여 안쪽 빨간색 영역을 만들 위치에 맞는 [Offset] 값을 지정하고 [OK] 한다. C10M100Y90 색상을 지정한다. 다시 [Offset Path] 하여 안쪽 진한 빨간색 영역을 만들 위치에 맞는 [Offset] 값을 지정하고 [OK] 한다. C50M100Y100K20 색상을 지정한다.

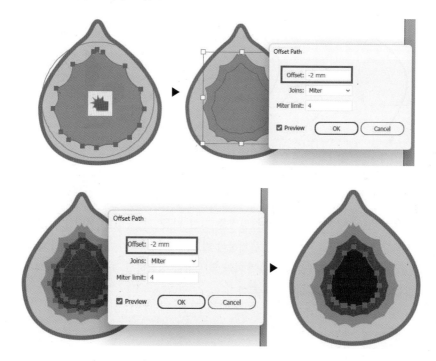

참고 작업 중 수시로 Ctrl + S를 눌러 저장합니다.

4. 무화과의 씨앗 크기만큼 타원을 그리고 C10M10Y60 색상을 지정한다. Anchor Point Tool(Shift + C)로 상단과 하단 고정점을 클릭하여 직선으로 변경한다. 무화과 중앙의 상단 쪽에 배치하고 Rotate Tool (R)로 Alt 누르고 무화과의 중앙을 클릭한다. 대화상자 [Angle] 항목에 360/15를 입력하고 [Copy]한다. Ctrl + D를 눌러 반복 적용한다. Selection Tool(V)로 각각 드래그하여 들쑥날쑥하게 배치한다. 모두 선

택하여 그룹화(Ctrl + G)한다.

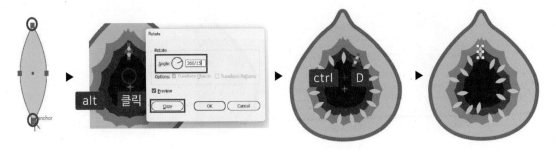

5. Ctrl + R을 눌러 작업 화면에 눈금자를 활성화하고 왼쪽 눈금자에서부터 드래그하여 대지에 세로로 가이드선을 생성한다. (생성된 가이드가 잠겨 있지 않다면 Alt + Ctrl + :을 눌러 Lock Guides 한다.) ✒ Pen Tool (P)로 가이드에서부터 무화과 잎의 반을 그리고 C70M60Y100K40 색상을 지정한다. ◁ Reflect Tool(O)로 Alt 누르고 가이드 부분을 클릭하여 대화상자에서 [Vertical(수직 좌우 반전)]에 체크하고 [Copy]하여 복사한다.

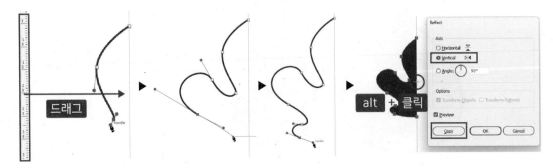

6. ╱ Line Segment Tool(W)로 드래그하여 잎맥을 그린 다음 획 속성을 선택하고 🖋스포이드(I)로 C70M40Y100 색상 스와치를 Shift 누르고 클릭하여 획 색상을 지정한다. [Swatches] 패널에서 획 프로필을 [Width Profile 4]로 변경하고 《출력형태》에 따라 획 두께를 적절히 조절한다. 획 모양의 방향을 바꾸려면 [Stroke] 패널에서 방향 반전 버튼(◁▷)을 누른다.

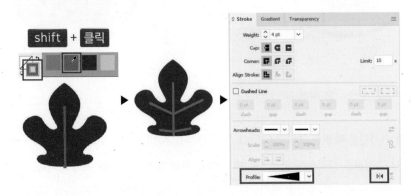

7. 잎맥 오브젝트의 획을 면 속성으로 확장하기 위하여 상단 메뉴바 [Object] 〉 [Expand Appearance]를 클릭한

다. ([Object] 〉 [Path] 〉 [Outline Stroke]를 사용해도 무관하다.) 잎에 해당하는 모든 오브젝트를 선택하고 그룹화(Ctrl + G) 한 뒤 무화과 뒤로(Ctrl + Shift + I) 보내고 《출력형태》에 맞게 회전한다.

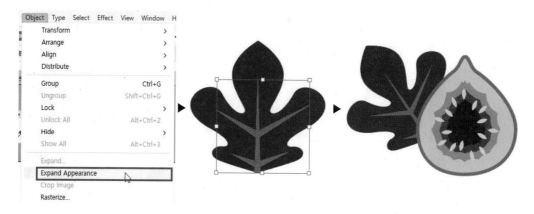

유형 6. 패턴 만들고 등록한 뒤, 채우기

1. ▢Rounded Rectangle Tool로 드래그하는 도중 상, 하 키보드 방향키 ↑, ↓로 둥글기를 조절하여 둥근 사각형을 그리고 M10Y20 색상을 지정한다. 둥근 사각형 위에 식빵 윗부분 모양만큼 타원을 그린다. 두 도형을 [Pathfinder] 패널에서 ◼United 하여 병합한다. [Offset Path] 하여 식빵 테두리를 만들 위치에 맞는 [Offset] 값을 지정하고 [OK] 한다. C10M30Y40 색상을 지정한다.

2. 오브젝트를 모두 선택하고 ▦Free Transform Tool(E)의 위젯에서 ◿Free Distort를 선택하고 바운딩 박스의 모서리를 드래그하여 기울인 모양으로 변형한다. 자동으로 그룹이 되므로 그룹을 해제(Ctrl + Shift + G)하고 테두리 오브젝트만 선택한 뒤 Ctrl + C 복사, Ctrl + B하여 같은 자리 아래에 붙인다. 키보드 우, 하 방향키 →, ↓를 여러 번 눌러 위치를 이동하고 C40M70Y100 색상을 지정한다. ▷Direct Selection Tool(A)로 아래 사진에 표시된 고정점을 이동하여 모양을 변형한다.

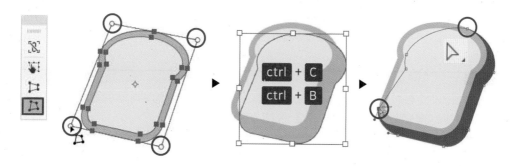

3. ✏️ Pen Tool(P)로 칼날 모양을 그리고 [Swatches] 패널에서 K40 색상을 지정한다. 칼날 하단에 둥근 사각형을 그리고 C40M30Y30K60 색상을 지정하고 두 오브젝트를 그룹화(Ctrl + G)한다. 식빵 위에 회전하여 배치하고 ✏️ Pencil Tool(N)로 잼 덩어리 모양으로 드래그한 뒤 M50Y20 색상을 지정한다. 모두 선택하여 그룹화(Ctrl + G)한다.

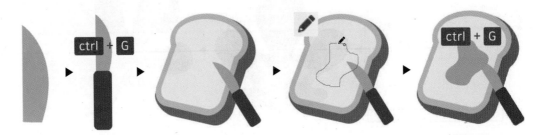

4. 식빵 그룹을 패턴으로 등록하기 위해 상단 메뉴바 [Object] 〉 [Path] 〉 [Pattern]을 클릭한다. 알림창이 뜨면 [Don't Show again]에 체크하고 [OK]한다. 패턴 편집 화면으로 변경되면 ❶[Name] 항목에 문제에 제시된 패턴 이름 "식빵"을 입력하고 ❷[Tile Type]을 Grid로 지정한다. ❸[Done]을 클릭하여 패턴을 등록하고 [Swatches] 패널에서 확인한다.

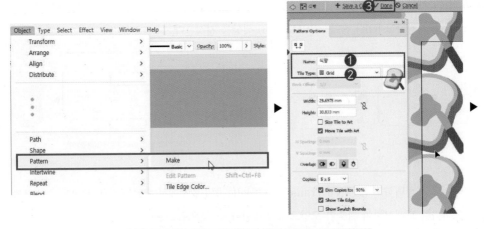

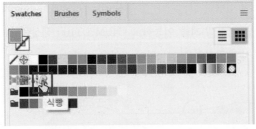

🏆 버전 안내

[Object] 〉 [Pattern] 〉 [Make] 메뉴가 없는 버전은 오브젝트를 [Swatches] 패널로 직접 드래그&드랍하여 패턴을 등록합니다. 등록된 패턴은 더블클릭하여 이름과 세부사항을 변경할 수 있습니다.

5. 쌓여 있는 식빵을 만들기 위해 맨 아래에 식빵 한 장 크기만큼 둥근 사각형을 그리고 C20M60Y80 색상을 지정한다. ▶ Selection Tool(Ⅴ)로 위로 드래그하며 Alt + Shift 눌러 복사하고 Ctrl + D를 9번 눌러 10개를 만든다. 식빵 봉투 크기만큼 둥근 사각형을 그리고 ✏Add Anchor Point Tool(+)로 상단 변의 가운데를 클릭하여 고정점을 추가한다. 키보드 상 방향키 ↑를 Shift 누르고 여러 번 눌러 추가한 고정점을 위로 이동한다. ⎰Anchor Point Tool(Shift + Ⅽ)로 양 옆 연결된 고정점을 드래그하여 자연스러운 곡선으로 변경한다.

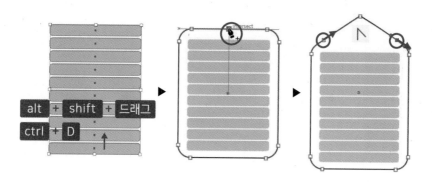

유형 10. Opacity(불투명도) 변경

1. 식빵 봉투 오브젝트에 Fill(칠): 흰색(C0M0Y0K0), Stroke(획): 색 없음을 지정하고 옵션바에서 [Opacity]를 40%로 입력한다. Ctrl + Ⅽ 복사, Ctrl + Ｆ하여 같은 자리 위에 붙이고 Fill(칠): 색 없음, Stroke(획): K40 색상, 1pt를 지정한 뒤 [Opacity]를 100%로 입력한다. 식빵 오브젝트와 함께 모두 선택하고 수평 중앙 정렬한 뒤 그룹화(Ctrl + Ｇ)한다.

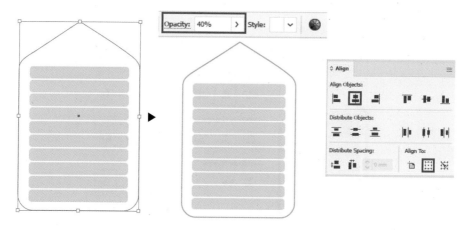

참고 [Transparency], [Appearance] 패널에서도 Opacity 값을 조절할 수 있습니다.

2. 식빵 위에 ⬜Rectangle Tool(Ｍ)로 세로로 긴 직사각형을 그리고 C30M10Y70 색상을 지정한다. 🖊 Knife Tool로 《출력형태》와 비슷한 모양으로 드래그하여 분리한다. 필요 없는 조각은 삭제하고 어색한 부분은 패스 선을 🖌Smooth Tool로 드래그하여 부드럽게 변경하거나 ▷Direct Selection Tool(Ａ)로 수정한다. 둥글게 처리되어야할 코너 부분은 ◉라이브 코너 위젯을 드래그하여 둥글게 변형한다.

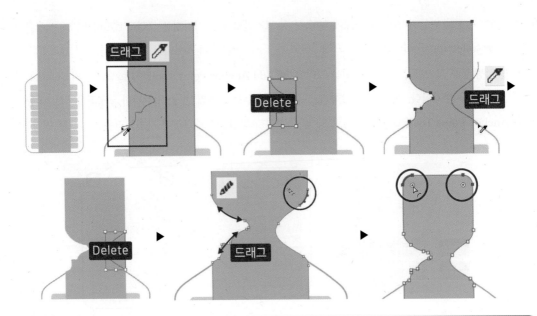

🔔 버전 안내

⊙ 라이브 코너 위젯이 없는 버전은 ☐Rounded Rectangle Tool로 둥근 사각형과 직사각형을 함께 그린 다음 [Pathfinder]

패널에서 ◥United 하여 병합하고 ✏Knife Tool를 사용합니다. 곡선으로 변경할 고정점은 ⟍Anchor Point Tool(Shift) +

C)로 드래그하여 변경합니다.

3. 식빵 그룹과 같이 선택한 후 식빵 그룹을 한 번 더 클릭하고(키 오브젝트) 수평 중앙 정렬한다.

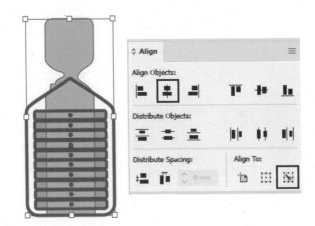

유형 6. 패턴 만들고 등록한 뒤, 채우기

1. 연두색 오브젝트를 선택하고 ✏Knife Tool로 Alt 를 먼저 누르고 대각선으로 드래그하여 분리하고 Alt +
   Shift 를 먼저 누르고 수평으로 드래그하여 한 번 더 분리한다. 패턴을 적용할 영역의 오브젝트를 선택하고
   C60M50Y100 색상을 지정한다. Ctrl + C 복사, Ctrl + F 하여 같은 자리 위에 붙인다. 위에 복사 된 오브젝
   트에 [Swatches] 패널에서 "식빵" 패턴을 클릭하여 적용한다.

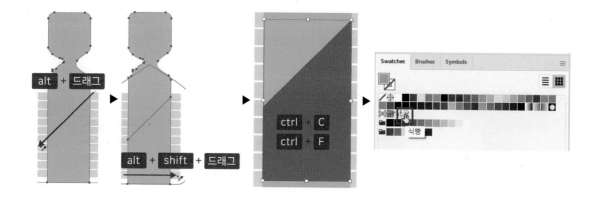

2. 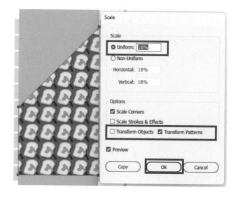 Scale Tool(⑤) 대화상자에서(도구 더블클릭 또는
⌜Enter↵⌟) [Transform object] 항목은 체크 해제하고
[Transform Pattern] 항목에만 체크한다. [Uniform]
항목의 값을 조절하여 《출력형태》와 비슷한 크기로 지정
한다.

3. 식빵 봉투의 여밈 부분 너비만큼 타원을 그리고 획 속성을 선택한 다음 ⟋스포이드(Ⅰ)로 ⌜Shift⌟ 누르고
C60M50Y100 색상 스와치를 클릭하여 획 색상을 지정한다. 《출력형태》와 비슷하게 두께를 조절하고 ✂
Scissors Tool(ⓒ)로 왼쪽 고정점과 오른쪽 고정점을 클릭하여 끊는다. 필요 없는 윗 부분 반원은 삭제하고
[Stroke] 패널에서 [Cap] 항목을 Round로 변경한다. 복사하여 아래에 배치하고 ⟋Line Segment Tool
(Ⓦ)로 직선을 그린다.

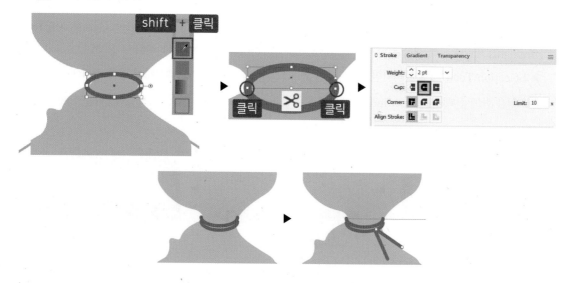

4. ✏️Pen Tool(P)로 주름 진 부분의 곡선을 모두 그리고 옵션바에서 획 프로필을 [Width Profile 1]로 변경하고 《출력형태》에 따라 획 두께를 적절히 조절한다. 3번에서 그린 선과 함께 모두 선택하고 그룹화(Ctrl + G)한다.

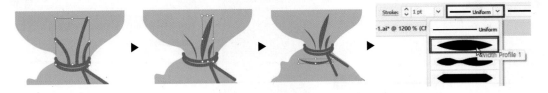

5. 상단에 흰색(C0M0Y0K0) 직사각형을 그리고 그 아래에 정원을 3개 그린다. 3개의 원을 모두 선택하고 ▷|◁ Reflect Tool(O)로 Alt 누르고 구름의 중앙 부분을 클릭하여 대화상자에서 [Vertical(수직 좌우 반전)]에 체크하고 [Copy]하여 복사한다. 원 도형을 모두 선택하고 그룹화(Ctrl + G)한다.

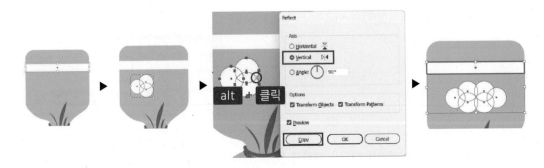

참고 작업 중 수시로 Ctrl + S를 눌러 저장합니다.

유형 3. 그라디언트로 색 채우기

1. 식빵 봉투 오브젝트 위에 같은 너비의 사각형을 그리고 ◉라이브 코너 위젯을 드래그하여 둥글게 변형한다. ✏️스포이드(I)로 C60M50Y100K30 → C20M20Y90 색상 스와치를 클릭하여 그라디언트를 지정한다. [Gradient] 패널에서 각 색상 정지점을 Alt 누르고 드래그하여 복사하고 슬라이더의 양 끝 쪽으로 배치하다. ▶ Selection Tool(V)로 그라디언트 도형을 Alt + Shift 누르고 위로 드래그하여 살짝 겹치게 배치한다. 두 도형을 함께 선택하고 [Pathfinder] 패널에서 ⬜Minus Front 하여 위의 오브젝트 영역을 삭제한다.

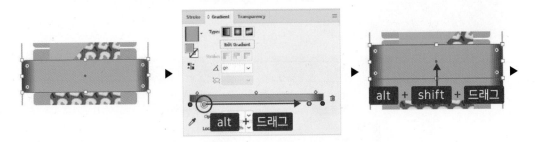

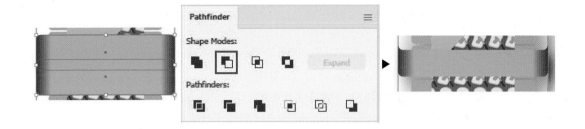

2. ⬡Polygon Tool로 드래그하는 도중 상, 하 키보드 방향키 [↑], [↓]를 눌러 육각형을 만들고 [Shift] 눌러 반듯하게 그린다. 바운딩 박스를 드래그하여 크기를 조절한다. ▷Direct Selection Tool([A])로 ❶,❷번 고정점을 선택한 뒤 [Shift] 누르고 왼쪽으로 드래그하여 이동한다. ❸,❹번 고정점을 선택하고 [Shift] 누르고 오른쪽으로 드래그하여 이동한다.

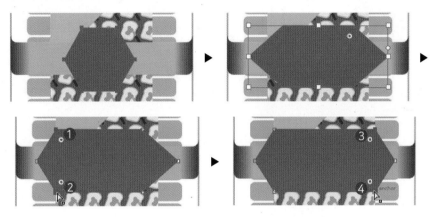

3. ▶Selection Tool([V])로 선택하고 [Object] 〉 [Path] 〉 [Offset Path]를 클릭한다. 《출력형태》와 비교하여 점선을 만들 위치에 맞는 [Offset] 값을 지정하고 [OK] 한다. ⬈스포이드([I])로 M80Y100, 1pt 색상 스와치를 클릭하여 획 색상을 지정한다. [Stroke] 패널에서 [Dashed Line] 항목에 체크하고 첫 번째 [dash] 항목의 값을 《출력형태》와 비슷하게 입력한다.

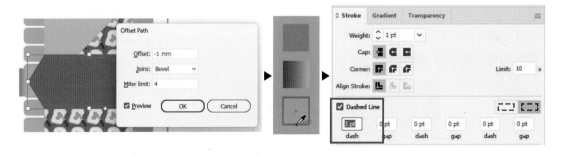

유형 9. Effect-Drop Shadow 적용

1. **T** Type Tool(T)로 "Delicious bread" 문자를 입력하고 Times New Roman-Regular 서체를 지정한다. "Delicious" 문자에 블록을 씌우고 M80Y100 색상, 18pt를 지정하고 "bread" 문자를 12pt, C20M60Y70K70 색상을 지정하고 문단을 가운데 정렬한다. 식빵과 봉투에 해당하는 모든 오브젝트를 선택하고 그룹화(Ctrl + G)한다. 상단 메뉴바 [Effect] 〉 [Stylize] 〉 [Drop Shadow]를 클릭하여 《출력형태》와 비슷하게 그림자 효과를 적용한다.

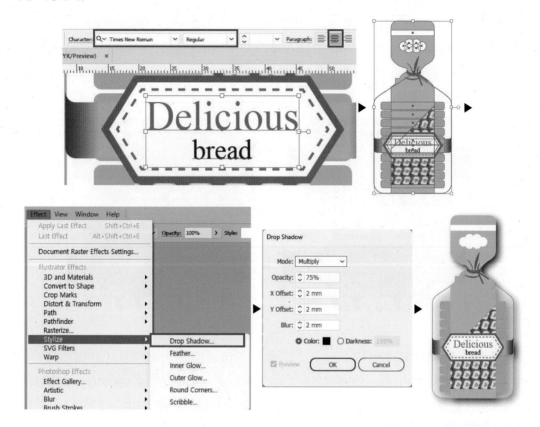

2. 먼저 그렸던 식빵 그룹을 복사하고(Ctrl + C, Ctrl + V) 잼과 칼 오브젝트를 삭제한 다음 식빵 봉투 옆에 배치한다. 왼쪽으로 드래그 하며 Alt 눌러 복사하고 Ctrl + D하여 반복한다. 세 개의 식빵을 모두 선택하고 그룹화(Ctrl + G)한 뒤 맨 뒤로(Ctrl + Shift + I) 보낸다.

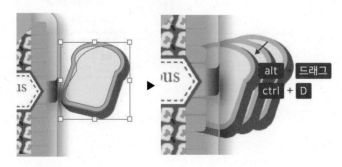

유형 1. 도형, 변형 도구 사용하고 Pathfinder를 활용하여 모양 만들기

유형 3. 그라디언트로 색 채우기

1. 잼 병 크기만큼 둥근 사각형을 그리고 C50M90Y90K50 색상을 지정한다. ⬛Direct Selection Tool(Ⓐ)로 아래 사진에 표시된 고정점을 선택하고 키보드 상 방향키 ⬆를 눌러 위로 이동한다.

   두 고정점이 선택된 상태에서 ⬛Scale Tool(Ⓢ)로 도구를 변경하고 중심 쪽으로 드래그하여 위치(크기)를 조절한다. ⬛Rectangle Tool(Ⓜ)로 상단에 잼 뚜껑 크기만큼 직사각형을 그리고 C10M70Y70 색상을 지정한다. ⬤Ellispse Tool(Ⓛ)로 뚜껑 윗부분 크기만큼 타원을 그린다.

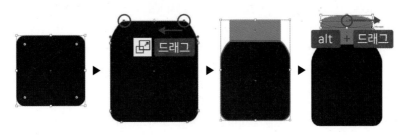

2. 물결 모양을 만들기 위해 ⬛Line Segment Tool(Ⓦ)로 Shift 누르고 드래그하여 수평선을 그리고 임의의 획 색상을 지정한다. 상단 메뉴바 [Effect] 〉 [Distort & Transform] 〉 [Zig Zag] 효과를 클릭한다. ❶ [Points] Smooth, ❷[Ridges per segment] 5, ❸[Size]를 《출력형태》와 비슷하게 입력하고 [OK] 한다.

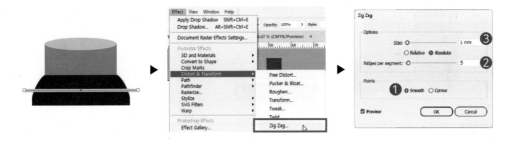

3. 효과를 일반 오브젝트로 확장하기 위하여 상단 메뉴바 [Object] 〉 [Expand Appearance]를 클릭한다. ⬛Pen Tool(Ⓟ)로 ❶번 고정점을 클릭하여 연결하고 ❷번 위치에 클릭한다. ❸번 위치에 Shift 누르고 클릭하고 ❹ 번 고정점을 클릭하여 연결한다. ⬛스포이드(Ⓘ)로 C10M70Y70 색상 스와치를 클릭하여 색을 지정한다.

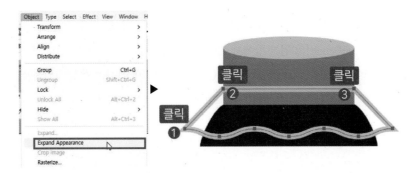

4. 뚜껑 윗 부분 중앙에 사각형을 그리고 C50M90Y90K50 색상을 지정한다. 사각형의 상단 왼쪽과 오른쪽 고정
점을 선택한 뒤 ⬚Scale Tool(S)로 도구를 변경하고 중심 쪽으로 드래그하여 사다리꼴로 변형한다. 타원과
사다리꼴 도형을 함께 선택하고 ⬚Shape Builder Tool(Shift + M)로 불필요한 바깥쪽 부분을 Alt 누르고
클릭하여 삭제한다.

⬡ 버전 안내

⬚Shape Builder Tool(Shift + M)이 없는 버전은 패스파인더에서 ⬚Divide 하여 분리한 후 필요 없는 부분을 선택하
여 지웁니다.

5. 뚜껑의 정면에 직사각형을 그리고 ▷Direct Selection Tool(A)로 하단 왼쪽, 오른쪽 고정점만 선택한 뒤
◉라이브 코너 위젯을 드래그하여 둥글게 변형한다. ✐스포이드(Ⅰ)로 M70Y100K40 → C0M0Y0K0 의
그라디언트를 지정하고 [Gradient] 패널에서 흰색(C0M0Y0K0) 색상 정지점은 가운데로 이동,
M70Y100K40 색상 정지점은 Alt 누르고 드래그하여 복사하고 슬라이더의 양 끝으로 배치한다. 그 위에 흰색
(C0M0Y0K0)의 둥근 사각형을 그리고 먼저 그렸던 무화과 오브젝트를 복사하여 배치한다.

⬡ 버전 안내

◉라이브 코너 위젯이 없는 버전은 사각형 아래에 정원을 그려서 작업합니다.

유형 5. 브러시 적용

1. ✐Paintbrush Tool(B)를 선택하고 [Brush] 패널에서 라이브러리 버튼(🖿)을 누르고 [Artistic] 〉
[Artistic_ChalkCharcoalPencil]의 견본 창에서 Charcoal-Pencil 브러시를 클릭한다. 뚜껑에 《출력형태》
와 비슷한 모양으로 드래그하여 그리고 ✐스포이드(Ⅰ)로 C10M30Y40, 1pt 색상 스와치를 클릭하여 획 색
상을 지정한다. 뚜껑에 해당하는 모든 오브젝트를 선택하고 그룹화(Ctrl + G)한다.

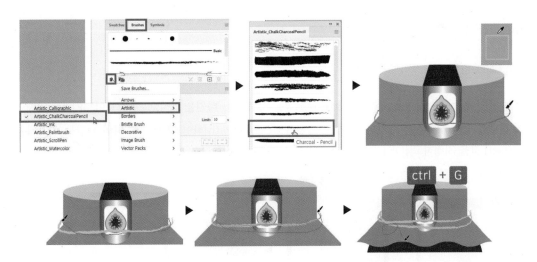

참고 브러시 견본 창의 메뉴 버튼을 누르고 [List View]를 클릭하면 브러시 모양의 미리보기가 아닌 브러시 이름이 보이는 목록으로 변경됩니다.

유형 1. 도형, 변형 도구 사용하고 Pathfinder를 활용하여 모양 만들기

1. 병 하단에 ⬜Rounded Rectangle Tool로 드래그하는 도중 키보드 우 방향키 →를 눌러 최대로 둥근 사각형을 그린다. 병을 기준으로 수평 중앙 정렬하고 C50M90Y90K10 색상을 지정한다. 병 오브젝트를 선택하고 [Object] 〉 [Path] 〉 [Offset Path]를 클릭한다. 《출력형태》와 비교하여 하이라이트를 만들 위치에 맞는 [Offset] 값을 지정하고 [OK] 한다. C50M90Y90K10 색상을 지정하고 ◆Eraser Tool(Shift + E)로 Alt 누르고 드래그하여 불필요한 부분을 지운다. 분리된 도형 사이에 둥근 사각형을 하나 더 그린다.

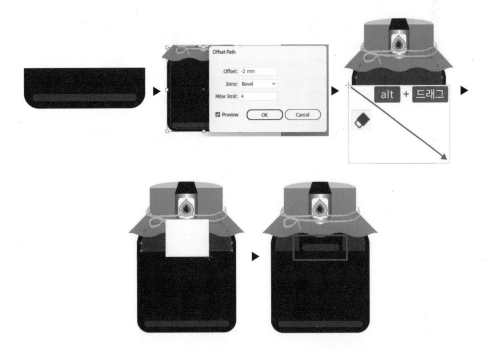

유형 3. 그라디언트로 색 채우기

유형 7. Clipping Mask

1. 잼 병 중앙에 둥근 사각형을 그리고 M30Y40 색상을 지정한다. 타원을 그리고 ✎스포이드(Ⅰ)로 먼저 칠했던 라벨을 클릭하여 같은 그라디언트를 지정한다. [Offset Path]하여 안쪽 흰색 타원을 만들 위치에 맞는 [Offset] 값을 지정하고 [OK] 한다. 흰색(C0M0Y0K0)을 지정한다.

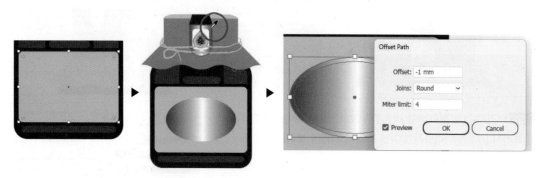

2. T Type Tool(Ⅰ)로 "FIG SPREAD" 문자를 입력하고 Arial-Bold, 14pt 서체를 지정한다. "FIG" 문자에 검정(K100) 색상, "SPREAD" 문자에 C40M70Y100K50 색상을 지정한다. 잼 병과 위에서 그린 둥근 사각형, 타원과 글자를 모두 선택한 뒤 병을 한 번 더 클릭하여(키 오브젝트) 수평 중앙 정렬한다. 무화과 그룹을 복사하여(Ctrl + C, Ctrl + V) 글자 위에 배치하고 한 번 더 복사하여 회전하고 라벨의 왼쪽 코너 부분에 배치한다. ▷◁Reflect Tool(○)로 Alt 누르고 라벨의 왼쪽 중앙 부분을 클릭하여 대화상자에서 [Horizontal(수평 상하 반전)]에 체크하고 [Copy]하여 복사한다. 두 무화과 그룹을 선택하고 ▷◁Reflect Tool(○)로 Alt 누르고 라벨의 중앙 부분을 클릭하여 대화상자에서 [Vertical(수직 좌우 반전)]에 체크하고 [Copy]하여 복사한다.

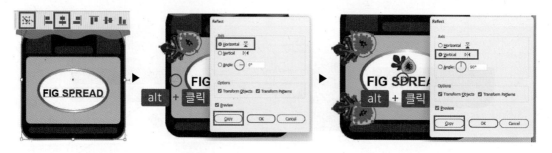

3. 베이지색 둥근 사각형을 선택하고 Ctrl + C 복사, Ctrl + F 하여 같은 자리 위에 붙인 다음 맨 앞으로(Ctrl + Shift +]) 가져온다. 4개의 무화과 그룹과 함께 선택하고 우클릭 메뉴에서 Clipping Mask(Ctrl + *7) 한다.

4. 무화과 그룹을 복사하여 병 앞에 배치한다. 그룹 해제(Ctrl + Shift + G)하고 잎 그룹만 복사하여 맨 뒤로 (Ctrl + Shift + [ ) 보내고 《출력형태》에 맞게 배치한다.

5. 전체적으로 《출력형태》와 비교하여 비슷하게 배치하고 작업하지 않은 부분은 없는지 꼼꼼하게 확인한다. 색상 스와치를 모두 선택하여 Delete 눌러 지운 다음 Ctrl + S 를 눌러 저장한다. 시험장에서는 저장 후 [KOAS 수험자용] 프로그램의 [답안 전송하기] 버튼을 눌러 감독관 PC로 전송한다.

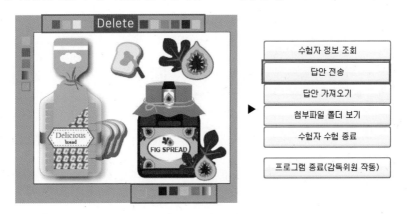

1. [File] 〉 [New](Ctrl + N)하여 새 문서를 생성한다. 문서 용도는 [Print(인쇄)], 수험번호는 임의로 지정하여
   파일명을 12345678-성명-3으로 입력하고 [Width(폭)] 210mm, [Height(높이)] 297mm, [Color Mode(색
   상 모드)] CMYK Color, [Resolution Effects(해상도)] 300ppi로 지정한 후 [Create] 한다.

2. [File] 〉 [Save] (Ctrl + S)하여 ai 파일로 저장한다. (실제 시험장에서는 지정된 폴더에 저장) 이후 작업 중 수
   시로 Ctrl + S를 눌러 저장하며 작업 한다.

3. 119~120쪽의 색상 스와치 만들기를 참고하여 문제에 제시된 색
   상들의 스와치를 만든다.

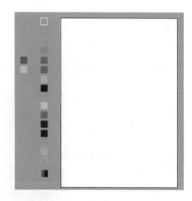

유형 13. Mesh Tool 사용하여 배경 칠하기

1. ▢ Rectangle Tool(M)로 작업 화면을 클릭하여 대화상자에 [Width(폭)] 210mm, [Height(높이)] 150mm
   를 입력하고 [OK] 한다. C70 색상을 지정하고 대지를 기준으로 위쪽 가장자리, 수평 중앙 정렬한다. 🔳
   Mesh Tool(U)로 《출력형태》와 비교하여 색이 바뀌는 부분을 클릭하고 [Swatches] 패널에서 C30Y10 색상
   값을 입력한다. 두 번째 지점도 클릭한다.

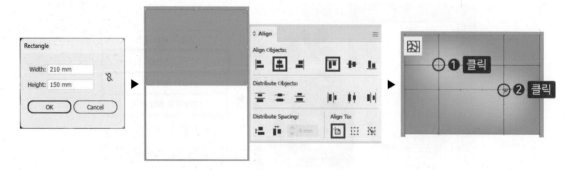

유형 1. 도형, 변형 도구 사용하고 Pathfinder를 활용하여 모양 만들기

유형 10. Opacity(불투명도) 변경

1. ⬭Ellispse Tool(L)로 구름을 만들 타원을 그리고 흰색(C0M0Y0K0)을 지정한다. ▶ Selection Tool(V)로 Alt 누르고 드래그하여 복사하고 크기가 다르게 5개를 배치한다. 모두 선택하고 [Pathfinder] 패널에서 ▣United 하여 병합한다. 복사하여 《출력형태》에 맞게 배치한다. 다시 타원을 그리고 복사하여 크기가 다르게 4개를 배치한다. ▣United 하여 병합하고 《출력형태》에 맞게 배치한다. 투명도를 변경해야하는 구름 오브젝트를 선택하고 옵션바에서 [Opacity]를 50%로 입력한다. 구름 오브젝트를 모두 선택하고 그룹화(Ctrl + G)한다.

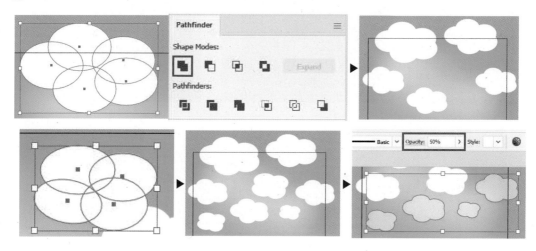

참고 겹쳐져 있는 오브젝트가 선택되어 불편하다면 Lock(Ctrl + 2)을 하여 잠금하고 필요할 때 전체 잠금 해제(Alt + Ctrl + 2) 합니다.

2. ⬡Polygon Tool로 드래그 하는 도중 상, 하 키보드 방향키 ↑, ↓를 눌러 삼각형을 만들고 Shift 눌러 반듯하게 그린다. ◉라이브 코너 위젯을 드래그하여 둥근 삼각형으로 변형하고 C30M10Y80K40 색상을 지정한다. 복사하여 크기를 조정하고 C60M10Y80 색상을 지정한다.
반복하여 《출력형태》에 맞게 배치하고 ◆Eraser Tool(Shift + E)로 Alt 누르고 드래그하여 불필요한 부분을 지우고 모든 산 오브젝트를 선택하여 그룹화(Ctrl + G)한다.

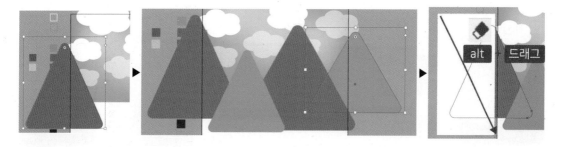

🔺 버전 안내

CS 버전은 라이브 코너 위젯이 없으므로 오브젝트를 선택하고 상단 메뉴바 [effect] 〉 (Illustrator Effects)[Stylize] 〉 Round Corners 효과를 적용합니다.

3. 대지에 사각형을 그리고 C100M30 색상을 지정한다. 🔪Knife Tool로 《출력형태》와 비슷하게 물결모양으로 드래그하여 분리한다. 필요 없는 윗 조각은 삭제한다. 남은 오브젝트를 Ctrl + C 복사, Ctrl + F하여 같은 자리 위에 붙인다. 색상을 C40Y100으로 변경하고 🔪Knife Tool로 물결모양으로 드래그하여 분리한다. 필요 없는 윗 조각은 삭제한다. 반복하여 C60M20Y100K70 색상 오브젝트까지 작업한다. 작업한 강, 언덕 오브젝트를 선택하고 그룹화(Ctrl + G)한다.

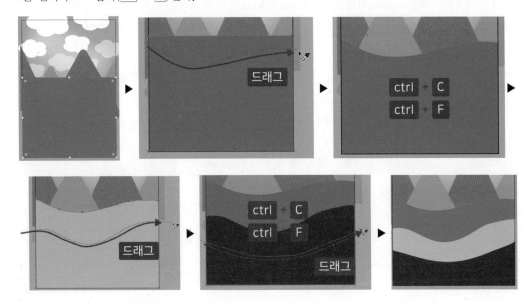

참고 작업 중 수시로 Ctrl + S를 눌러 저장합니다.

유형 1. 도형, 변형 도구 사용하고 Pathfinder를 활용하여 모양 만들기

1. ▢Rectangle Tool(M)로 가게 크기만큼 사각형을 그리고 M20Y40 색상을 지정한다. 대지를 기준으로 수평 중앙 정렬한다. Ctrl + C 복사, Ctrl + F하여 같은 자리 위에 붙이고 바운딩 박스 상단을 아래로 드래그하여 높이를 줄이고 C50M80Y90K30 색상을 지정한다. 문 크기만큼 사각형을 그리고 C20M70Y90 색상을 지정한다. 위에 유리 크기만큼 사각형을 그리고 C60Y50 색상을 지정한다.

문과 유리 오브젝트를 함께 선택하고 문을 한 번 더 클릭하여(키 오브젝트) 수평 중앙 정렬한다. 유리 오브젝트를 Alt + Shift 누르고 아래로 드래그하여 복사하고 높이를 조절한 뒤 M20Y40 색상을 지정한다.

2. 손잡이 길이만큼 둥근 사각형을 그리고 획 속성을 선택한 뒤 🖋스포이드(I)로 M30Y80 색상 스와치를 클릭

하여 획 색상으로 지정한다. 《출력형태》와 비슷하게 획 두께를 조절하고 ✂Scissors Tool(ⓒ)로 아래 사진에 표시된 고정점을 클릭하여 끊는다. 필요 없는 오른쪽 부분은 삭제하고 [Stroke] 패널에서 [Cap] 항목을 Round로 변경한다.

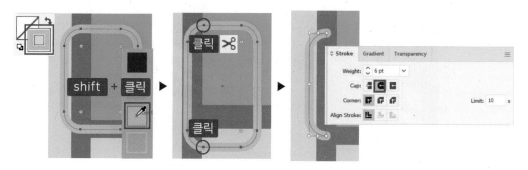

3. 창문 크기만큼 사각형을 그리고 C20M70Y90 색상을 지정한다. ▷Direct Selection Tool(Ⓐ)로 상단 왼쪽, 오른쪽 고정점만 선택한 다음 ◉라이브 코너 위젯을 드래그하여 둥글게 변형한다. 상단 메뉴바 [Object] 〉 [Path] 〉 [Offset Path]를 클릭한다. 《출력형태》와 비교하여 점선을 만들 위치에 맞는 [Offset] 값을 지정하고 [OK] 한다. C60Y50 색상을 지정한다. 하단에 직사각형을 그리고 C50M80Y90K30 색상을 지정한다. 아래로 복사하여 C20M70Y90 색상을 지정한다.

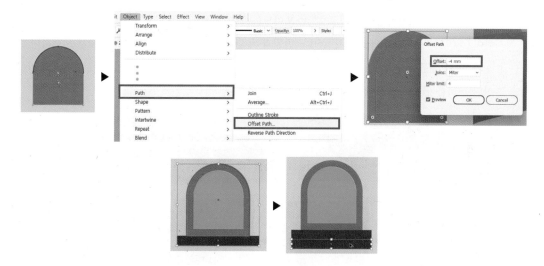

4. 유리 위의 빗금 너비만큼 사각형을 그리고 흰색(C0M0Y0K0)을 지정한다. 오른쪽으로 복사하여 너비를 조절하고 회전하여 문 유리 위에 배치한다. 두 빗금 오브젝트를 복사하여 창문 위에도 배치하고, 빗금 하나를 더 복사하여 너비를 조절한다.

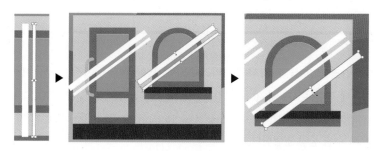

5. 문의 유리 오브젝트와 빗금을 모두 선택하고 🔍Shape Builder Tool([Shift] + [M])로 불필요한 빗금 부분을 [Alt] 누르고 클릭하여 삭제한다. 창문 유리 오브젝트와 빗금도 같은 방법으로 작업한다.

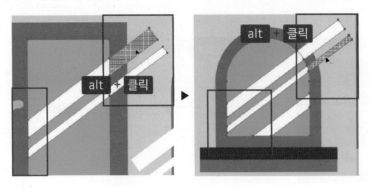

6. 가게의 상단에 ⬭Ellispse Tool([L])로 [Shift] 누르고 드래그하여 정원을 그리고 C80M60Y50K40 색상을 지정한다. ◆Eraser Tool([Shift] + [E])로 [Alt] 누르고 상단 반원 영역을 드래그하여 지운다. ▶Selection Tool([V])로 [Alt] + [Shift] 누르고 오른쪽으로 드래그하여 복사하고 C50M80Y90K30 색상을 지정한다. 두 반원을 모두 선택하고 오른쪽으로 복사한 뒤 [Ctrl] + [D]를 2번 눌러 반원 8개를 배치한다. 8개를 모두 선택하여 그룹화([Ctrl] + [G])한 다음 크기를 《출력형태》에 맞게 조절하고 대지를 기준으로 수평 중앙 정렬한다. 첫 번째 반원 위에 같은 너비의 직사각형을 그리고 🖌스포이드([I])로 C50M80Y90K30 색상을 지정한다. 오른쪽으로 복사하여 C80M60Y50K40 색상을 지정한다. 반원과 똑같이 작업하고 8개 직사각형을 모두 선택하여 그룹화([Ctrl] + [G])한다. ⬚Free Transform Tool([E])의 위젯에서 ⬚Perspective Distort를 선택하고 바운딩 박스의 상단 코너를 안쪽으로 드래그하여 사다리꼴로 변형한다.

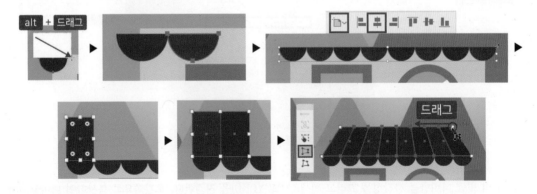

🔅 버전 안내

⬚Free Transform Tool([E])의 위젯이 없는 버전은 69~70쪽을 참고하여 사용하고자 하는 기능의 단축키를 먼저 누르고 있는 상태에서 원하는 방향으로 바운딩 박스를 드래그합니다.

7. 어닝 오브젝트 위에 간판 크기만큼 사각형을 그리고 C20M70Y90 색상을 지정한다. [Offset Path] 하여 흰색 사각형을 만들 위치에 맞는 [Offset] 값을 지정하고 [OK] 한다. 흰색(C0M0Y0K0)을 지정한다. **T** Type Tool([T])로 "BAKERY" 문자를 입력하고 Times New Roman-Bold, 53pt 서체, 검정색(K100)을 지정한다. 대지를 기준으로 수평 중앙 정렬한다.

유형 4. Stroke 패널에서 선 모양 변경

1. 간판 위에 같은 너비의 직사각형을 그리고 C80M60Y50K40 색상을 지정한다. 타원을 그리고 대지를 기준으로 수평 중앙 정렬한 뒤 ◆Eraser Tool(Shift + E)로 Alt 누르고 필요 없는 부분을 드래그하여 지운다. 두 오브젝트를 선택하고 [Pathfinder] 패널에서 ▇United 하여 병합한다.

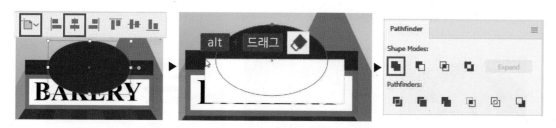

2. [Offset Path] 하여 점선을 만들 위치에 맞는 [Offset] 값을 지정하고 [OK] 한다. ✐스포이드(I)로 M30Y80, 2pt 색상 스와치를 클릭하여 지정한다. ✂Scissors Tool(C)로 아래 사진에 표시된 부분을 클릭하여 끊고 필요 없는 하단 선분은 삭제한다. ▷ Direct Selection Tool(A)로 양 끝 고정점을 Shift 누르고 드래그하여 선을 연장한다. [Stroke] 패널에서 [Dashed Line] 항목에 체크하고 첫 번째 [dash] 항목의 값을 《출력형태》와 비슷하게 입력한다.

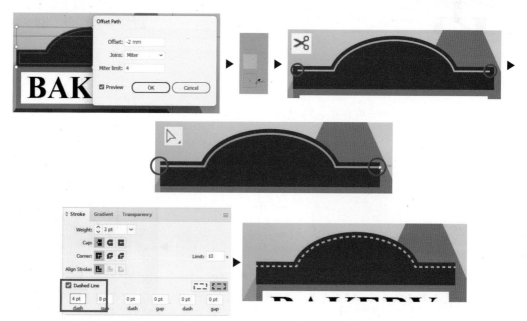

값을 입력하는 칸에 커서가 깜박이며 활성화되어있는 상태에서 마우스 스크롤을 위, 아래로 굴리면 입력값이 조정됩니다. 문제에 지정되어있지 않은 값은 《출력형태》를 보고 마우스를 굴려 비슷해 보이는 수치로 빠르게 조정하고 Enter↵를 눌러 적용합니다.

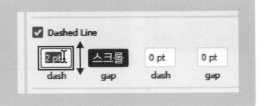

3. 빵 크기만큼 타원을 그리고 C20M70Y90 색상을 지정한다. ✐Pen Tool(P)로 곡선을 그리고 획에 M30Y80 색상을 지정한다. 옵션바에서 획 프로필을 [Width Profile 1]로 변경하고 《출력형태》에 따라 획 두께를 적절히 조절한다. 선택하고 ▷◁Reflect Tool(O) 대화 상자에서(도구 더블 클릭 또는 Enter↵) [Vertical(수직 좌우 반전)]에 체크하고 [Copy] 하여 복사한다. 가게에 해당하는 모든 오브젝트를 선택하고 그룹화(Ctrl + G)한다.

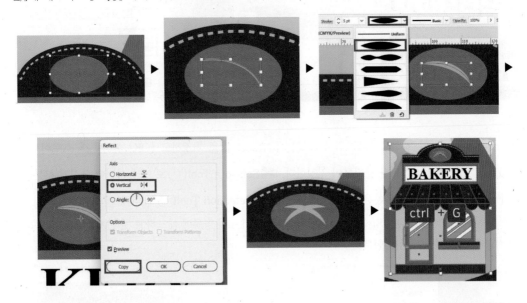

유형 9. Effect-Drop Shadow 적용

1. 가게 그룹을 선택하고 상단 메뉴바 [Effect] 〉 [Stylize] 〉 [Drop Shadow]를 클릭하여 《출력형태》와 비슷하게 그림자 효과를 적용한다.

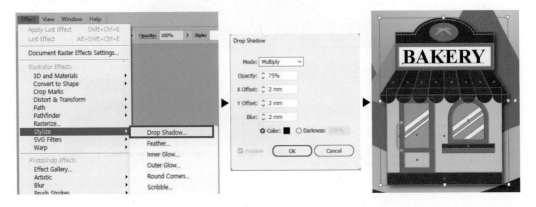

유형 3. 그라디언트로 색 채우기

1. 가게 아래의 길 크기만큼 사각형을 그리고 ✏️ 스포이드(Ⅰ)로 M50Y80K10 → M90Y100K80 색상 스와치를 클릭하여 그라디언트를 지정한다. [Gradient] 패널에서 《출력형태》에 맞는 방향(각도)로 변경한다. ▷▚ Direct Selection Tool(Ⓐ)로 상단 왼쪽, 오른쪽 고정점만 선택하고 ⊞ Scale Tool(Ⓢ)로 도구를 변경한 뒤 왼쪽으로 드래그하여 사다리꼴로 변형한다.

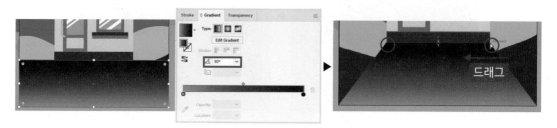

유형 5. 브러시 적용

1. ✏️ Line Segment Tool(Ⓦ)로 길 오브젝트의 왼쪽 변을 따라 드래그하여 직선을 그린다. [Brush] 패널에서 라이브러리 버튼(📖)을 누르고 [Borders] 〉 [Borders_Novelty]의 견본 창에서 Grass 브러시를 클릭하여 선택한다. 획 두께를 3pt로 지정한다. ▷▚ Reflect Tool(Ⓞ)로 Alt 누르고 그라디언트 도형의 중앙 부분을 클릭하여 대화상자에서 [Vertical(수직 좌우 반전)]에 체크하고 [Copy]하여 복사한다.

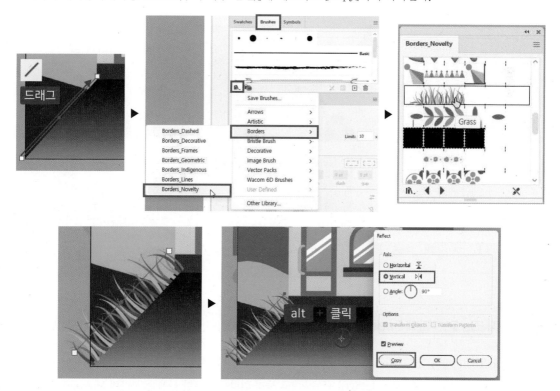

2. 방향을 바꾸기 위해 ▶Selection Tool(Ⅴ)로 Shift 눌러 드래그하여 180° 회전한다. 그라디언트 길 오브젝
트와 가게 그룹을 함께 선택하고 맨 앞으로(Ctrl + Shift +]) 가져온다.

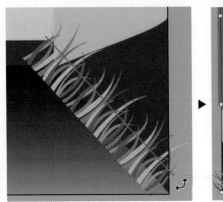

유형 12. Blend Tool 사용하여 중간 단계 만들기

1. ✏Pen Tool(P)로 《출력형태》에 맞게 곡선을 그리고 ▶Selection Tool(Ⅴ)로 Y100, 3pt 색상 스와치를
클릭하여 획 색상을 지정한다. 선을 하나 더 그리고 C10M60Y100, 1pt 색상을 지정한다. 두 선을 모두 선택하
고 🏗Blend Tool(W) 대화 상자에서(도구 더블 클릭 또는 Enter↵) [Spacing] 항목을 Specified Steps로 지
정하고 문제에 제시된 단계값 17을 입력한 뒤 [OK] 한다. Make(Alt + Ctrl + B)하여 블렌드를 적용하고 어
색한 부분은 ▷Direct Selection Tool(A)로 선택하여 수정한다.

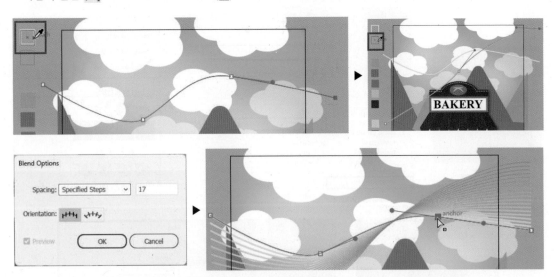

유형 8. 문자 또는 오브젝트에 Envelope Distort 활용하여 형태 변형

1. T Type Tool(T)로 "It's a premium bread." 문자를 입력하고 Arial-Regular, 50pt 서체를 지정한다.
C50M90Y100K40 색상을 지정하고 Ctrl + Enter↵를 눌러 입력을 완료한 다음 옵션바의 Make Envelope 버
튼(🔲)을 클릭한다. ([Object] 〉 [Envelope Distort] 〉 [Make With Warp]) [Style] 항목을 Arc Upper로

지정하고 방향은 [Horizontal]에 체크 한다. 《출력형태》에 맞춰 [Bend] 항목의 값을 조절하고 [OK]한다.

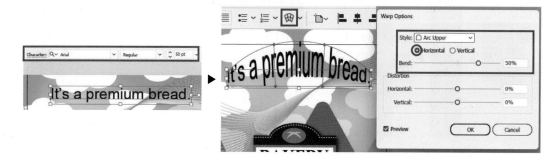

2. "아름다운 경치와 환상의 맛을 느껴보세요!" 문자를 입력하고 굴림, 24pt 서체를 지정한다. C20M70Y90 색상을 지정하고 Make Envelope의 [Style] 항목을 Flag로 지정하고 방향은 [Horizontal]에 체크 한다. 《출력형태》에 맞춰 [Bend] 항목의 값을 조절하고 [OK]한다.

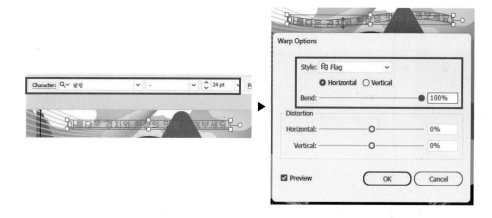

유형 11. 심볼 등록하고 뿌리기

1. 대지의 빈 공간에 ✏️Line Segment Tool(W)로 Shift 누르고 드래그하여 수직선을 그리고 획 속성을 선택한다. 🖌️스포이드(I)로 C60M30Y100K20색상 스와치를 Shift 누르고 클릭하여 획 색상을 지정한 뒤 《출력형태》와 비슷한 두께를 입력한다. 직선 상단에 밀 한 알 크기만큼 타원을 그리고 C20M30Y100 색상을 지정한다. ➘Anchor Point Tool(Shift + C)로 상단과 하단 고정점을 클릭하여 직선으로 변경한다. 밀 상단에 직선을 하나 더 그리고 🖌️스포이드(I)로 먼저 그린 직선을 클릭하여 같은 속성을 적용하고 선 두께를 얇게 (1pt) 변경한 뒤 맨 뒤로(Ctrl + Shift + [) 보낸다. 밀과 새로 그린 얇은 선을 그룹화(Ctrl + G)하고 하단에 복사한다. 회전하여 배치하고 아래로 Alt + Shift 누르고 드래그하여 복사한 뒤 Ctrl + D를 3번 눌러 반복한다. 오른쪽 5개 밀 그룹을 선택하고 ➘Reflect Tool(O)로 Alt 누르고 줄기 부분을 클릭하여 대화상자에서 [Vertical(수직 좌우 반전)]에 체크하고 [Copy]하여 복사한다. 모두 선택하여 그룹화(Ctrl + G)한다.

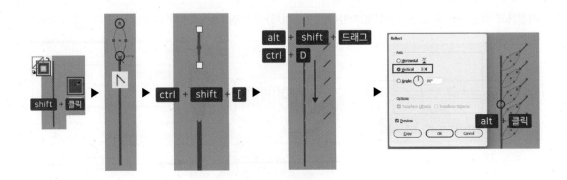

2. 밀 그룹을 하나 더 복사하고 획을 면 속성으로 확장하기 위하여 상단 메뉴바 [Object] 〉 [Expand]를 클릭하고 [OK]한다. 🖊️ 스포이드(Ⅰ)로 M20Y60 색상을 지정한다.

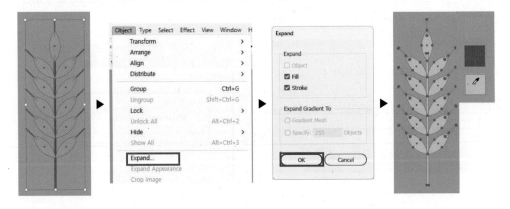

3. 먼저 그렸던 밀 그룹을 선택하고 Alt + Ctrl + Shift + W 를 눌러 ([Object] 〉 [Envelope Distort] 〉 [Make With Warp]) [Style] 항목을 Arc로 지정하고 방향은 [Horizontal]에 체크 한다. 《출력형태》에 맞춰 [Bend] 항목의 값을 조절(-30%)하고 [OK]한다. 나중에 그린 밀 그룹도 [Envelope Distort] 하여 Arc로 지정하고 방향은 [Vertical]에 체크 한다. 《출력형태》에 맞춰 [Bend] 항목의 값을 조절(30%)하고 [OK]한다.

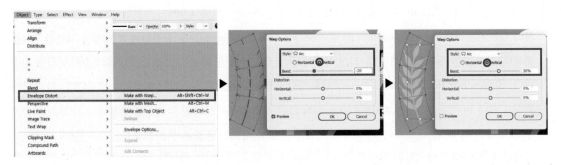

4. 일반 오브젝트로 확장하기 위하여 상단 메뉴바 [Object] 〉 [Expand]를 클릭하고 [OK]한다. 《출력형태》에 맞게 겹치고 회전하여 배치한다. 두 밀 그룹을 선택하고 [Symbols] 패널에서 새 심볼버튼(➕)을 누른다. [Name] 항목에 문제에 제시된 "밀"을 입력하고 [OK]하여 심볼을 등록한다.

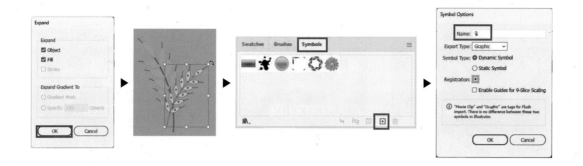

5. 등록된 심볼을 ▶ Selection Tool(V)로 선택하고 작업 중인 화면 중앙 하단에 배치한다. 나머지 부분에도 심볼을 생성하기 위해 Symbol Sprayer Tool(Shift + S)로 필요한 곳에 클릭하여 《출력형태》에 맞게 배치한다. Symbol Sizer Tool로 심볼을 클릭하여 크기를 조절한다. Alt를 누르고 클릭하면 작아진다.

참고 브러시 크기가 심볼보다 작으면 조절이 잘 되지 않습니다. [,]로 브러시 크기를 조절하며 사용합니다.

🔍 **인희 쌤의 빠른 합격 Tip**

심볼 작업을 하는 동안 심볼 도구 세트를 꺼내 놓고 사용하면 편리합니다.

6. Symbol Spinner Tool로 ❶,❷,❸,❹번 심볼을 드래그하여 회전하고, Symbol Stainer Tool로 Fill(칠) 색상을 빨강색으로 선택한 뒤 ❸번 심볼을 클릭하여 색을 변경한다. Fill(칠) 색상을 파란색으로 선택하고 ❹번 심볼을 클릭하여 색을 변경한다. Alt를 누르고 클릭하면 원래의 색으로 돌아온다.

7. Symbol Screener Tool로 ❶, ❷, ❸번 심볼을 클릭하여 투명도를 조절한다. Alt 를 누르고 클릭하면 원래의 투명도로 돌아온다. 위치가 맞지 않는 심볼이 있다면 Symbol shifter Tool로 드래그하여 《출력형태》에 맞게 조절한다.

유형 7. Clipping Mask

1. 전체적인 위치를 《출력형태》와 비교하여 비슷하게 배치하고 작업하지 않은 부분은 없는지 꼼꼼하게 확인한다. 색상 스와치를 모두 선택하여 Delete 눌러 지운다. ▢Rectangle Tool(M)로 작업 화면을 클릭하여 대화상자에 [Width(폭)] 210mm, [Height(높이)] 297mm를 입력하고 [OK] 한다. 대지를 기준으로 수평 중앙, 수직 중앙 정렬한다. 전체 선택(Ctrl + A)하고 Clipping Mask(Ctrl + `7`) 한다. Ctrl + S를 눌러 저장한다. 시험장에서는 저장 후 [KOAS 수험자용] 프로그램의 [답안 전송하기] 버튼을 눌러 감독관 PC로 전송한다.

참고 작업 중 잠근 오브젝트가 있다면 전체 잠금 해제(Alt + Ctrl + 2)하고 전체 선택(Ctrl + A) 한 뒤 Clipping Mask (Ctrl + 7) 합니다.

문제 **1**   BI, CI 디자인 25점

다음의 《조건》에 따라 아래의 《출력형태》와 같이 작업하시오.

조건

파일저장규칙	AI	파일명	문서 GTQ 수험번호-성명-1.ai
		크기	100 x 80mm

1. 작업 방법
   ① 도형, 변형 툴과 Pathfinder 기능을 활용하여 오브젝트를 작성한다.
   ② 그 외 《출력형태》참조

2. 문자 효과
   ① Arboretum (Times New Roman, Bold, 20pt, C40M100Y40K20)

출력형태

C60Y40K40,
C90M70Y80,
M30Y80, K30,
C10M70Y50,
C40M100Y40K20,
M30Y80 → C0M0Y0K0,
(선/획)
C40M60Y90K30, 1pt

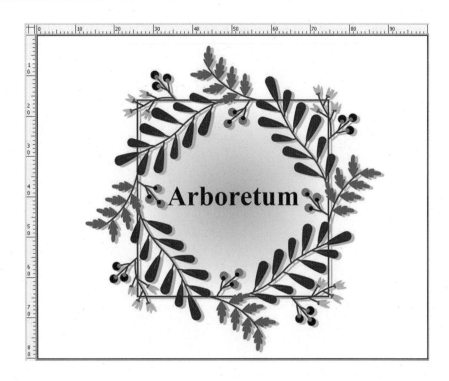

다음의 《조건》에 따라 아래의 《출력형태》와 같이 작업하시오.

조건

파일저장규칙	AI	파일명	문서 GTQ 수험번호–성명–2.ai
		크기	160 x 120mm

1. 작업 방법
① 마스크는 Pattern을 활용하여 작성한다. (패턴 등록 : 장식)
② 입장권은 Clipping Mask를 적용한다.
③ Brush는 《출력형태》를 참고하여 작성한다.
④ Effect는 《출력형태》를 참고하여 작성한다.
⑤ 그 외 《출력형태》참조

2. 문자 효과
① 입장권 Check (돋움, 14pt, C40M100Y40K20)
② Forest Therapy (Times New Roman, Regular, 20pt, C90M70Y80, C40M100Y40K20)

출력형태

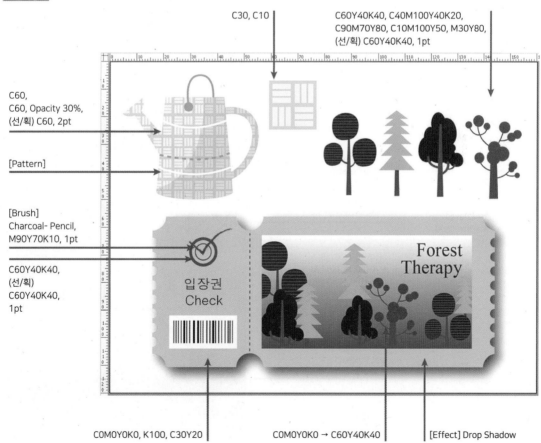

C30, C10

C60Y40K40, C40M100Y40K20,
C90M70Y80, C10M100Y50, M30Y80,
(선/획) C60Y40K40, 1pt

C60,
C60, Opacity 30%,
(선/획) C60, 2pt

[Pattern]

[Brush]
Charcoal- Pencil,
M90Y70K10, 1pt

C60Y40K40,
(선/획)
C60Y40K40,
1pt

C0M0Y0K0, K100, C30Y20

C0M0Y0K0 → C60Y40K40

[Effect] Drop Shadow

다음의 《조건》에 따라 아래의 《출력형태》와 같이 작업하시오.

조건

파일저장규칙	AI	파일명	문서 GTQ 수험번호–성명–3.ai
		크기	210 x 297mm

1. 작업 방법
① 《참고도안》은 직접 제작한 후 Symbol로 활용한다. (심볼 등록 : 나무)
② 'Enjoy the Arboretum', 'Day Ticket' 문자에 Envelope Distort를 적용한다.
③ Brush는 《출력형태》를 참고하여 작성한다.
④ Effect는 《출력형태》를 참고하여 작성한다.
⑤ Clipping Mask를 이용하여 디자인을 정리한다.
⑥ 그 외 《출력형태》참조

2. 문자 효과
① Enjoy the Arboretum (Times New Roman, Bold, 50pt, C50M100K30)
② 수목원 이용권을 손목에 꼭 착용해주세요. (돋움, 18pt, M100Y100)
③ Day Ticket (Arial, Bold, 20pt, C0M0Y0K0)

참고도안

C60M70Y100K30,
C80M30Y90K20,
C30Y60,
C70M30Y100 → C20Y80,
C30Y80 → C80M30Y90K20

출력형태

C0M0Y0K0

210 X 190mm
[Mesh] C50Y30, C10

[Blend] 단계 : 15,
(선/획) C60M10Y30, 3pt
→ Y90, 1pt

[Brush] Vine,
C90M30Y90K30, 1pt

M10Y10, M30Y40,
M70Y90, M100Y100,
C70M100, M30Y80,
[Effect] Drop Shadow

C50Y80,
C80M30Y90K20,
M30Y100K80
→ C0M0Y0K0

[Symbol]

참고 도구나 기능의 자세한 내용은 일러스트레이터 기능 익히기의 각 파트에 자세히 설명하였습니다. 연습 시 문제 풀이 설명과 다르게 적용된다면 일러스트레이터 기능 익히기를 참고하여 각 도구 대화상자의 세부 사항, 옵션바와 패널 등을 먼저 이해하고 적절히 설정하였는지 확인하여 작업합니다.

0. 먼저 작업의 최적화를 위해 가이드 〉 시험장 환경설정을 참고하여 기본 환경설정과 패널 등의 인터페이스를 구성하고 편의에 맞는 작업환경을 설정한다.

> **인희 쌤의 빠른 합격 Tip**
>
> 일러스트레이터 시험은 특정 몇 가지 패널을 굉장히 많이 사용합니다. 자주 사용하는 도구는 단축키를 반드시 외워두고 패널의 위치를 편의에 맞게 구성하여 본인만의 작업환경으로 저장해놓고 작업하는 것이 좋습니다. 마지막 3번 문제의 배점이 가장 크고 시간이 오래 걸리므로 실제 시험에서는 3번 문제부터 작업하여도 무관합니다.

문제 **1** BI, CI 디자인 25점

1. [File] 〉 [New](Ctrl + N)하여 새 문서를 생성한다. 문서 용도는 [Print(인쇄)], 수험번호는 임의로 지정하여 파일명을 12345678−성명−1로 입력하고 [Width(폭)] 100mm, [Height(높이)] 80mm, [Color Mode(색상모드)] CMYK Color, [Resolution Effects(해상도)] 300ppi로 지정한 후 [Create] 한다.

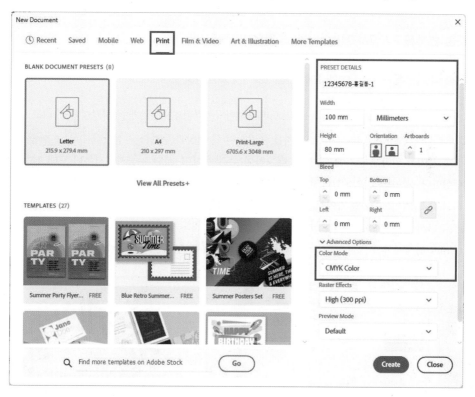

2. [File] 〉 [Save] (Ctrl + S)하여 ai 파일로 저장한다. (실제 시험장에서는 지정된 폴더에 저장) 이후 작업 중 수시로 Ctrl + S를 눌러 저장하며 작업한다.

🔍 민희 쌤의 빠른 합격 Tip

수험번호를 매 문제마다 입력하기 번거롭다면 "수험번호-성명-"까지 메모장에 적어놓고 복사(Ctrl + C) 붙여넣기 (Ctrl + V)하여 사용합니다.

3. 119~120쪽의 색상 스와치 만들기를 참고하여 문제에 제시된 색상들의 스와치를 만든다.

유형 1. 도형, 변형 도구 사용하고 Pathfinder를 활용하여 모양 만들기

유형 2. Pen Tool(펜 도구 P), Pencil Tool(연필 도구 N) 사용하여 모양 그리기

1. ▢Rectangle Tool(M)로 Shift 누르고 드래그하여 《출력형태》에 맞게 정사각형을 그리고 🖊스포이드(I)로 C40M60Y90K30, 1pt 색상 스와치를 클릭하여 획 색상과 두께를 지정한다. Ctrl + R을 눌러 눈금자를 활성화 시키고 왼쪽 눈금자에서부터 드래그하여 수직 가이드, 상단 눈금자에서부터 드래그하여 수평 가이드를 생성한다. 가이드가 잠겨 있다면 Alt + Ctrl + ; ([View] 〉 [Guides] 〉 [Lock Guides])을 눌러 잠금을 해제 하고 수직 가이드, 수평 가이드, 정사각형을 모두 선택하고 대지를 기준으로 수평 중앙 정렬, 수직 중앙 정렬한다. 다시 Alt + Ctrl + ;를 눌러 가이드가 선택되지 않도록 잠금 한다. 문제지에도 눈금자를 참고하여 가로 50mm 위치에서 수직선을 그리고 세로 40mm 위치에서 수평선을 그린다.

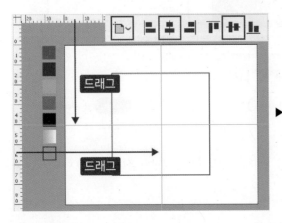

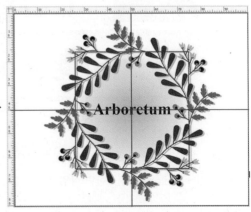

〈문제지〉

2. ✏️Pen Tool(P)로 《출력형태》를 참고하여 ❶번
나뭇가지 모양 곡선을 그리고 🖊️스포이드(I)로
먼저 그린 정사각형을 클릭하여 같은 획 색상과 두
께를 지정한다. ❷번과 ❸번 나뭇가지를 그린다.
⬭Ellispse Tool(L)로 Shift 누르고 드래그하여
열매 크기만큼 정원을 그리고 C10M70Y50 색상을
지정한다. 복사하여 하단에 배치하고 크기를 줄인
다음 C40M100Y40K20 색상을 지정한다.

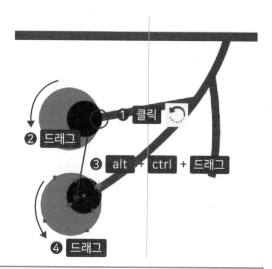

3. 두 정원을 그룹화(Ctrl + G)하고 나뭇가지 끝에 배
치한다. ❶⟳Rotate Tool(R)로 열매 끝부분과
나뭇가지가 만나는 지점을 클릭하여 참조점을 이동
하고 ❷오브젝트를 드래그하여 회전한다. ❸도구
를 변경하지 않고 Ctrl + Alt 누른 상태로 열매 오브
젝트를 드래그하여 다음 나뭇가지 끝으로 이동한
뒤, ❹단축키는 누르지 않고 오브젝트를 드래그하
여 회전한다. 반복하여 3개의 열매를 만든다. 나뭇
가지와 3개 열매 모두 선택하고 그룹화(Ctrl + G)
한다.

⟳Rotate Tool(R)로 이동·복사 하는 법 동영상으로 확인하기

---

4. ✏️Pen Tool(P)로 《출력형태》를 참고하여 나뭇가지 모양 곡선을 그리고 🖊️스포이드(I)로 먼저 그린 나뭇
가지를 클릭하여 같은 획 색상과 두께를 지정한다. 잎을 만들 타원을 그리고 C60Y40K40 색상을 지정한다.
복사하여 하단 양쪽에 배치하고 아래에 정사각형을 그린 뒤 마름모꼴 모양으로 45° 회전한다. ▷Direct
Selection Tool(A)로 마름모꼴 도형의 상단 고정점을 선택하고 Shift 눌러 아래로 드래그하여 이동한다.
⌐Anchor Point Tool(Shift + C)로 왼쪽, 오른쪽 고정점을 Shift 누르고 대각선 방향으로 조금만 드래
그하여 곡선으로 변경한다. 잎 모두 선택하여 그룹화(Ctrl + G)하고 나뭇가지 끝에 배치한다. 3번과 동일하게

작업하여 6개의 잎을 배치한다. 나뭇가지와 7개 잎 모두 선택하고 그룹화(Ctrl + G)한다.

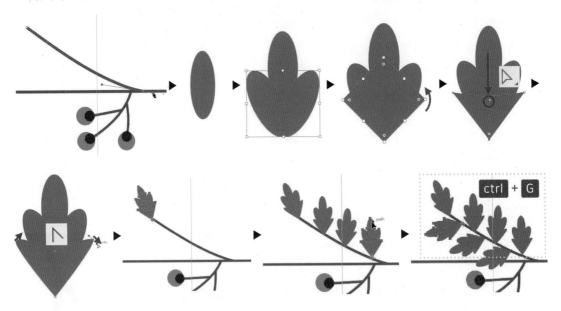

5. ✏️Pen Tool(P)로 《출력형태》를 참고하여 나뭇가지 모양 곡선을 그리고 💧스포이드(I)로 먼저 그린 나뭇가지를 클릭하여 같은 획 색상과 두께를 지정한다. 잎을 만들 정원을 그리고 C90M70Y80 색상을 지정한다. ▷ Direct Selection Tool(A)로 하단 고정점만 선택하고 Shift 눌러 아래로 드래그하여 이동한다. ／Line Segment Tool(W)로 잎 중앙에 Shift 누르고 아래로 드래그하여 수직선을 그리고 💧스포이드(I)로 먼저 그린 나뭇가지를 클릭하여 같은 획 색상과 두께를 지정한다. 잎과 같이 선택하여 그룹화(Ctrl + G)하고 3번과 동일하게 작업하여 나머지 10개의 잎을 배치한다. 《출력형태》에 맞게 각 잎의 크기를 조절하고 모두 선택하여 그룹화(Ctrl + G)한다. 4번에서 작업한 잎 그룹을 맨 앞으로(Ctrl + Shift +]) 가져온다.

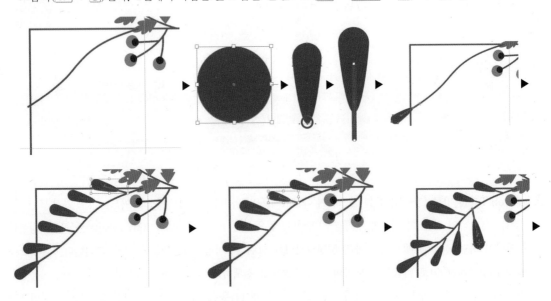

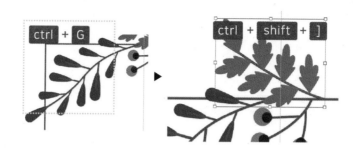

6. 맨 처음 작업한 열매 그룹을 복사하고 Reflect Tool(ⓞ) 대화 상자에서(도구 더블 클릭 또는 Enter↵) [Horizontal(수평 상하 반전)]에 체크하고 [OK] 한다. Direct Selection Tool(Ⓐ)로 나뭇가지의 고정점 을 드래그, 열매를 이동하여 《출력형태》에 맞게 모양을 수정한다. Direct Selection Tool(Ⓐ)로 분홍색 열매를 모두 선택하고 스포이드(ⓘ)로 C40M100Y40K20 색상을 지정한다. 진한 자주색 열매를 모두 선 택하고 C10M70Y50 색상을 지정한다.

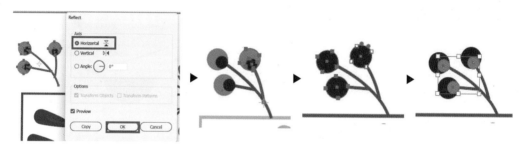

참고 그룹을 더블클릭하거나 우클릭 메뉴의 Isolate 메뉴를 클릭하면 격리모드가 되어 그룹해제를 하지 않고 개별 선택 을 할 수 있고 그룹 이외의 오브젝트는 선택되지 않는 상태가 됩니다. 다시 일반 모드로 돌아오려면 대지의 빈 곳을 더블 클릭합니다.

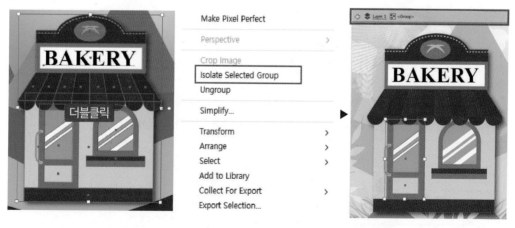

7. Pen Tool(ⓟ)로 《출력형태》를 참고하여 나뭇가지 모양 곡선을 그리고 스포이드(ⓘ)로 먼저 그린 나뭇 가지를 클릭하여 같은 획 색상과 두께를 지정한다. 잎을 만들 정원을 그리고 M30Y80 색상을 지정한다. Direct Selection Tool(Ⓐ)로 상단 고정점을 선택하고 Shift 누르고 아래로 드래그하여 형태를 변형한다.

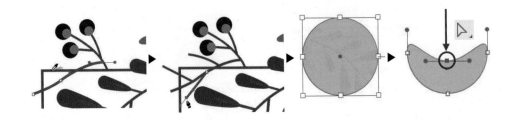

8. ⬆ Selection Tool(Ⓥ)로 선택하고 바운딩 박스를 드래그하여 가로 너비를 좁힌다. ⬆ Anchor Point Tool
(Shift + Ⓒ)로 이동했던 고정점을 클릭하여 직선으로 변경한다. 노란색 꽃잎 하단에 정원을 그리고
C60Y40K40 색상을 지정한다. 꽃잎과 정원 함께 선택하고 꽃잎을 한 번 더 클릭하여(키 오브젝트) 수평 중앙
정렬한다. 정원만 선택하고 ◆ Eraser Tool(Shift + Ⓔ)로 Alt 누르고 드래그하여 불필요한 상단 반원 부분
을 지운다. 꽃잎과 반원을 선택하고 그룹화(Ctrl + Ⓖ)한 다음 3번과 동일하게 작업하여 4개의 꽃을 배치하고
나뭇가지와 함께 모두 선택하여 그룹화(Ctrl + Ⓖ)한다.

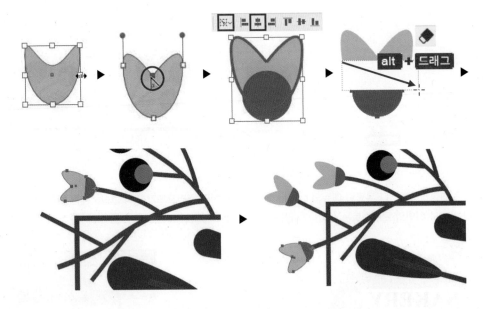

9. 작업하였던 잎과 꽃 그룹을 모두 선택하고 한 번 더 그룹화(Ctrl + Ⓖ)한다. ⟳ Rotate Tool(Ⓡ)로 Alt 누르
고 가이드의 중앙을 클릭한다. 대화상자 [Angle] 항목에 90을 ▶ 입력하고 [Copy]한다. Ctrl + Ⓓ를 2번 눌러
반복 적용한다.

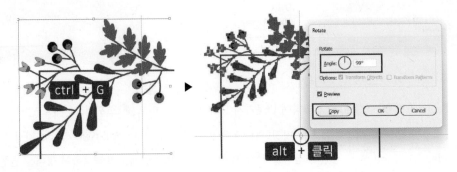

10. Ctrl + A 를 눌러 전체 선택 하고 Ctrl + C 복사, Ctrl + B 하여 같은 자리 아래에 붙인다. 획을 면 속성으로 확장하기 위하여 상단 메뉴바 [Object] 〉 [Expand]를 클릭하고 대화상자에서 [OK]한다. ([Object] 〉 [Path] 〉 [Outline Stroke]를 사용해도 무관하다.) [Pathfinder] 패널에서 ■United 하여 병합한다. [Swatches] 패널에서 K30 색상을 지정하고 키보드 우 방향키 →를 2~3번 눌러 오른쪽으로 이동하고 하 방향키 ↓를 2~3번 눌러 아래로 이동한다. 상단 메뉴바 [View] 〉 [Guides] 〉 [Clear Guides] 하여 가이드를 삭제한다.

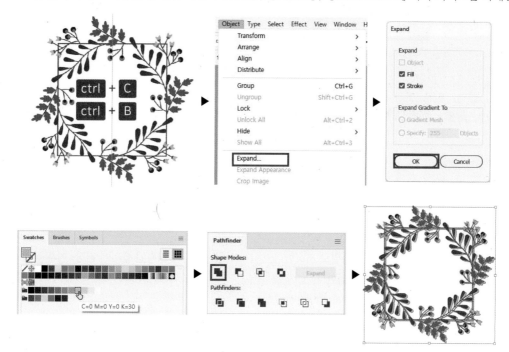

유형 3. 그라디언트로 색 채우기

1. 제일 처음에 그린 정사각형의 크기만큼 정사각형을 그리고 🖊스포이드(Ⅰ)로 M30Y80 → C0M0Y0K0 색상 스와치를 클릭하여 그라디언트를 지정한다. [Gradient] 패널에서 [Type]을 원형(Radial Gradient)으로 변경한다. **T** Type Tool(Ⅰ)로 "Arboretum" 문자를 입력하고 Times New Roman-Bold, 20pt 서체를 지정한다. C40M100Y40K20 색상을 지정하고 대지를 기준으로 수평 중앙, 수직 중앙 정렬한다.

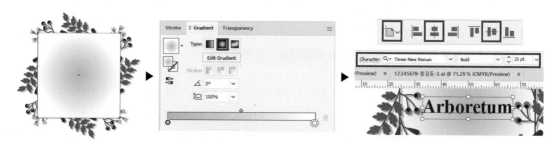

2. 전체적으로 《출력형태》와 비교하여 비슷하게 배치하고 작업하지 않은 부분은 없는지 꼼꼼하게 확인한다. 색상 스와치를 모두 선택하여 Delete 눌러 지운 다음 Ctrl + S 를 눌러 저장한다. 시험장에서는 저장 후 [KOAS 수험자용] 프로그램의 [답안 전송하기] 버튼을 눌러 감독관 PC로 전송한다.

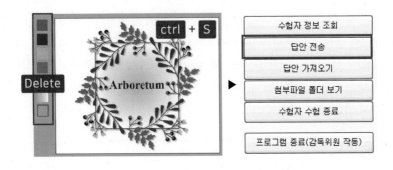

1. [File] 〉 [New]([Ctrl] + [N])하여 새 문서를 생성한다. 문서 용도는 [Print(인쇄)], 수험번호는 임의로 지정하여 파일명을 12345678-성명-2로 입력하고 [Width(폭)] 160mm, [Height(높이)] 120mm, [Color Mode(색상 모드)] CMYK Color, [Resolution Effects(해상도)] 300ppi로 지정한 후 [Create] 한다.

2. [File] 〉 [Save] ([Ctrl] + [S])하여 ai 파일로 저장한다. (실제 시험장에서는 지정된 폴더에 저장) 이후 작업 중 수시로 [Ctrl] + [S]를 눌러 저장하며 작업한다.

3. 119~120쪽의 색상 스와치 만들기를 참고하여 문제에 제시된 색상들의 스와치를 만든다.

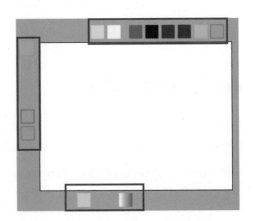

유형 1. 도형, 변형 도구 사용하고 Pathfinder를 활용하여 모양 만들기

1. 세로로 긴 직사각형을 그리고 C10 색상을 지정한다. ▶Selection Tool([V])로 [Alt] + [Shift] 눌러 드래그하여 복사하고 [Ctrl] + [D] 눌러 한 번 더 반복하여 3개를 만들고 3개의 직사각형을 모두 선택한다. 옵션바 Transform 항목의 W(가로) 값과 H(세로) 값을 동일하게 입력한다. 그룹화([Ctrl] + [G])한 다음 복사하여 90° 회전한다. 두 그룹을 그대로 아래로 복사한 다음 ▷◁Reflect Tool([O]) 대화 상자에서(도구 더블 클릭 또는 [Enter↵]) [Vertical(수직 좌우 반전)]에 체크하고 [OK] 한다. 네 그룹을 모두 선택하고 한 번 더 그룹화([Ctrl] + [G])한다. 정사각형을 그리고 C30 색상을 지정한 뒤 맨 뒤로([Ctrl] + [Shift] + [[]) 보낸다. C30 모두 선택하여 수평 중앙, 수직 중앙 정렬한다. 모두 선택하여 그룹화([Ctrl] + [G])한다.

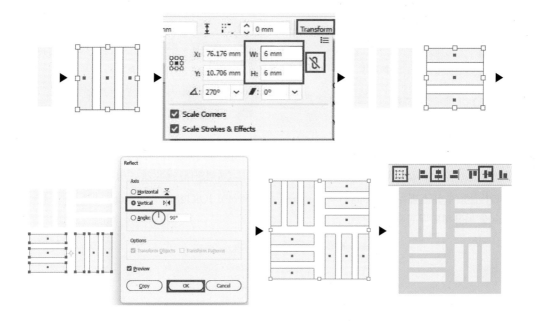

유형 6. 패턴 만들고 등록한 뒤, 채우기

1. 패턴으로 등록하기 위해 상단 메뉴바 [Object] 〉 [Path] 〉 [Pattern]을 클릭한다. 알림창이 뜨면 [Don't Show again]에 체크하고 [OK]한다. 패턴 편집 화면으로 변경되면 ❶[Name] 항목에 문제에 제시된 패턴 이름 "장식"을 입력하고 ❷[Tile Type]을 Grid로 지정한다. ❸[Done]을 클릭하여 패턴을 등록하고 [Swatches] 패널에서 확인한다.

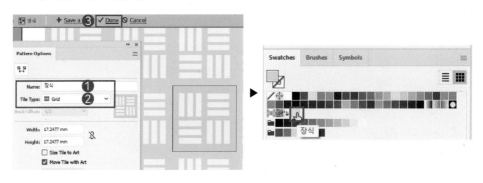

유형 1. 도형, 변형 도구 사용하고 Pathfinder를 활용하여 모양 만들기

유형 2. Pen Tool(펜 도구 ⓟ), Pencil Tool(연필 도구 ⓝ) 사용하여 모양 그리기

1. ▢Rectangle Tool(Ⓜ)로 물조리개 크기만큼 직사각형을 그리고 ▷ Direct Selection Tool(Ⓐ)로 하단 왼쪽, 오른쪽 고정점만 선택한 다음 ⊡Scale Tool(Ⓢ)로 도구를 변경한다. 바깥쪽으로 드래그하여 사다리꼴 모양으로 변형한다. 하단 너비에 맞게 타원을 그려 배치한다. 먼저 그린 사다리꼴을 복사하고 바운딩 박스를 조절하여 가로 너비를 좁힌다. 상단에 정원을 그린 다음 ◆Eraser Tool(Shift + Ⓔ)로 Alt 누르고 드래그하여 불필요한 상단 반원 부분을 지운다. 수평 중앙 정렬하고 《출력형태》에 맞게 배치한다.

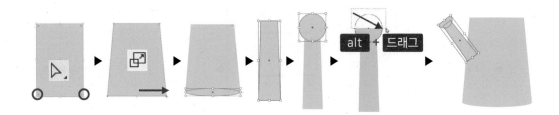

2. ✒Pen Tool(P)로 손잡이 모양의 곡선을 그리고 획 두께를 《출력형태》에 맞게 지정한다. 획을 면 속성으로 확장하기 위하여 상단 메뉴바 [Object] 〉 [Expand]를 클릭하고 [OK]한다. ([Object] 〉 [Path] 〉 [Outline Stroke]를 사용해도 무관하다.)

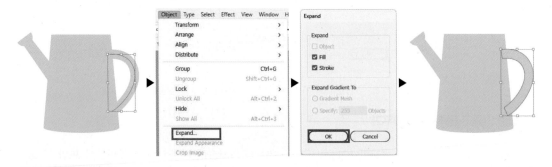

Q 민희 쌤의 빠른 합격 Tip

도형 도구 사용 시 도형의 가운데 부분에 마우스를 위치하고 Alt를 눌러 드래그하면 중앙을 고정하고 도형을 그릴 수 있습니다. 처음부터 가운데를 맞춰 그리기 때문에 가운데 정렬을 하지 않아도 됩니다.

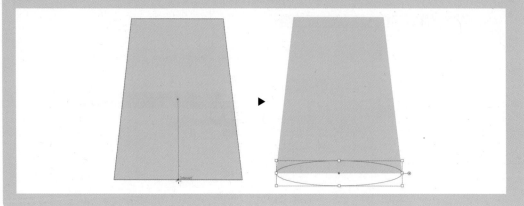

유형 6. 패턴 만들고 등록한 뒤, 채우기

1. 물조리개에 해당하는 모든 오브젝트를 선택하고 [Pathfinder] 패널에서 ■United 하여 병합한다. [Swatches] 패널에서 "장식" 패턴을 클릭하여 적용한다. ⊞Scale Tool(S) 대화상자에서(도구 더블클릭 또는 Enter↵) [Transform object] 항목은 체크 해제하고 [Transform Pattern] 항목에만 체크한다. [Uniform] 항목의 값을 조절하여 《출력형태》와 비슷한 크기로 지정한다.

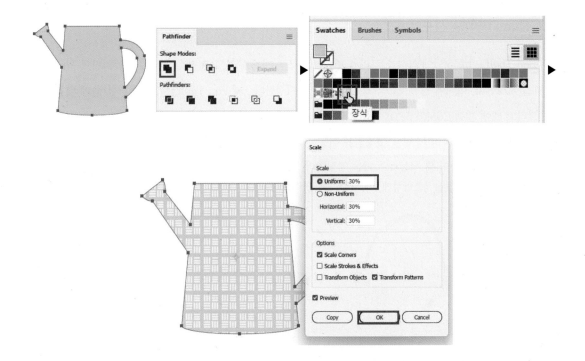

값을 입력하는 모든 항목은 커서가 깜박이며 활성화되어있는 상태에서
마우스 스크롤을 위, 아래로 굴리면 입력값이 조정됩니다. 문제에 지정
되어있지 않은 값은 《출력형태》를 보고 마우스를 굴려 비슷해 보이는
수치로 빠르게 조정하고 Enter↵를 눌러 적용합니다.

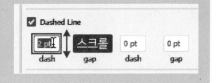

유형 10. Opacity(불투명도) 변경

1. 물조리개 오브젝트를 Ctrl + C 복사, Ctrl + F 하여 같은 자리 위에 붙이고 C60 색상을 지정한다. 옵션바에서
[Opacity]를 30%로 입력한다. ✏️ Knife Tool로 《출력형태》에 맞게 드래그하여 분리하고 필요 없는 조각은
선택하여 삭제한다.

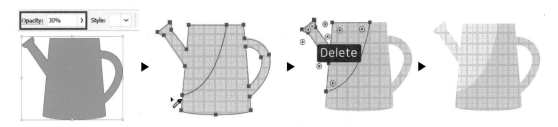

유형 4. Stroke 패널에서 선 모양 변경

1. ✏️Pen Tool(P)로 상단에 곡선을 그리고 🖋️스포이드(I)로 C60, 2pt 색상 스와치를 클릭하여 획 색상과 두께를 지정한다. 아래에 정원을 그리고 C60 색상을 지정한다. ✏️Pen Tool(P)로 《출력형태》에 맞는 곡선을 그리고 획에 흰색(C0M0Y0K0) 색상과 적당한 두께를 지정한다. 하단에 복사하여 ▷Direct Selection Tool(A)로 물조리개 너비에 맞게 고정점을 이동한다. 위로 하나 더 복사하고 🖋️스포이드(I)로 C60, 2pt 색상 스와치를 클릭하여 획 색상과 두께를 지정한다. [Stroke] 패널에서 [Dashed Line] 항목에 체크하고 첫 번째 [dash] 항목의 값을 《출력형태》와 비슷하게 입력한다.

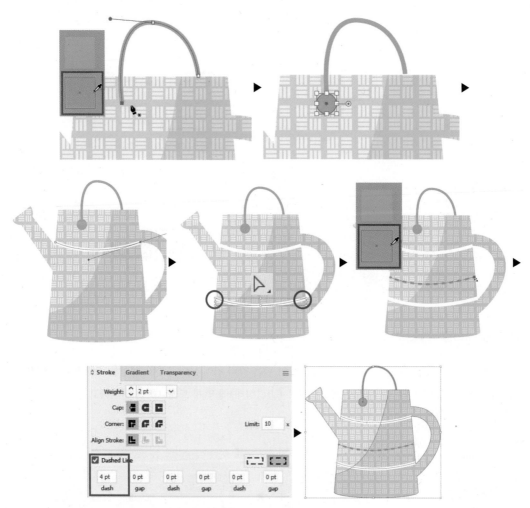

유형 1. 도형, 변형 도구 사용하고 Pathfinder를 활용하여 모양 만들기

유형 2. Pen Tool(펜 도구 P), Pencil Tool(연필 도구 N) 사용하여 모양 그리기

1. 나무 기둥 크기만큼 직사각형을 그리고 C60Y40K40 색상을 지정한다. ⊟Free Transform Tool(E)의 위젯에서 ⊟Perspective Distort를 선택하고 하단 코너를 드래그하여 사다리꼴로 변형한다. ✏️Pen Tool

(P)로 나뭇가지 모양의 곡선을 그리고 ✒️스포이드(I)로 C60Y40K40, 1pt 색상 스와치를 클릭하여 획 색상을 지정한다. 《출력형태》에 맞게 두께를 조절한다.

✏️Pencil Tool(N)로 드래그하여 둥그런 나무 모양을 만들고 C90M70Y80 색상을 지정한다. 나머지 부분에도 ✏️Pencil Tool(N)로 나무 모양을 그린다.

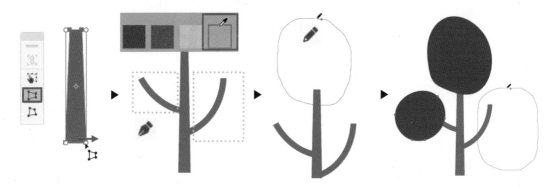

🔥 버전 안내

🔲Free Transform Tool(E)의 위젯이 없는 버전은 69~70쪽을 참고하여 사용하고자 하는 기능의 단축키를 먼저 누르고 있는 상태에서 원하는 방향으로 바운딩 박스를 드래그합니다.

2. 어색한 부분은 ✏️Smooth Tool로 드래그하여 부드럽게 변형하고 나무 오브젝트 위에 ╱Line Segment Tool(W)로 Shift 누르고 드래그하여 수평선을 그리고 ✒️스포이드(I)로 C60Y40K40, 1pt 색상 스와치를 클릭하여 획 색상을 지정한다. ▶Selection Tool(V)로 Alt + Shift 누르고 아래로 드래그하여 복사한 뒤 Ctrl + D를 눌러 반복한다. 수평선을 모두 선택하고 그룹화(Ctrl + G)한다.

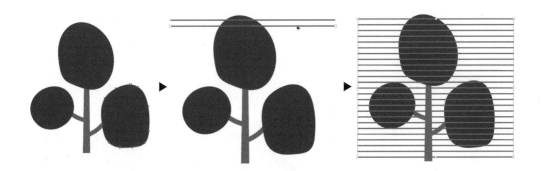

3. 동그란 3개의 나무 오브젝트를 선택하고 Ctrl + C 복사, Ctrl + F하여 같은 자리 위에 붙이고 맨 앞으로(Ctrl + Shift +]) 가져온다. 우클릭 메뉴에서 Make Compound Path(Ctrl + ⁸8)한다. 먼저 그린 수평선 그룹과 함께 선택하고 우클릭 메뉴에서 Clipping Mask(Ctrl + ⁷7) 한다.

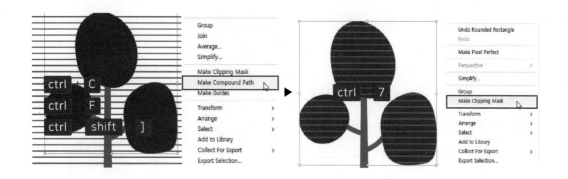

4. 먼저 그렸던 나무 기둥 오브젝트를 복사한다. 위에 ⬡Polygon Tool로 드래그하는 도중 키보드 상, 하 방향키 ⬆, ⬇를 눌러 삼각형을 만들고 Shift 를 눌러 반듯하게 그린다. M30Y80 색상을 지정하고 바운딩 박스를 드래그하여 세로 폭을 좁힌다. ▶Selection Tool(Ⅴ)로 위로 드래그하며 Alt + Shift 눌러 복사하고 Ctrl + Ⅾ를 한번 눌러 반복한다. 3개의 삼각형을 선택하고 위로 드래그하며 Alt + Shift 눌러 복사하고 Alt 를 눌러 중앙을 고정한 상태에서 바운딩 박스를 조절하여 크기를 작게 조절한다.

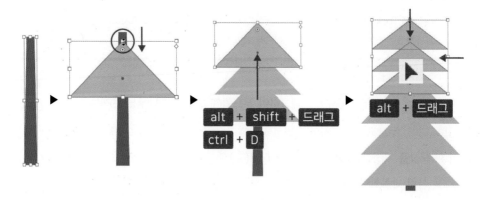

5. 먼저 그렸던 나무 기둥 오브젝트를 복사하고 바운딩 박스를 드래그하여 세로 폭을 길게 조절한다. ✒Pen Tool(Ⓟ)로 나뭇가지 모양의 곡선을 그리고 ✒스포이드(Ⅰ)로 C60Y40K40, 1pt 색상 스와치를 클릭하여 획 색상을 지정한다. 《출력형태》에 맞게 두께를 조절한다. 타원을 그리고 C40M100Y40K20 색상을 지정한다. 《출력형태》에 맞게 복사하여 배치하고 모두 그룹화(Ctrl + Ⓖ)한 뒤 맨 뒤로(Ctrl + Shift + Ⅰ) 보낸다.

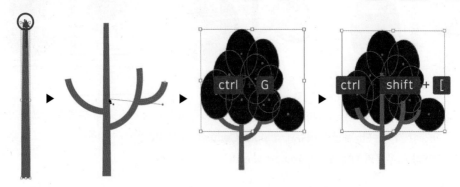

6. 먼저 그렸던 나무 기둥 오브젝트를 복사하고 바운딩 박스를 드래그하여 가로 너비를 넓게 조절한다. 정원 그리고 C10M100Y50 색상을 지정한다. 《출력형태》에 맞게 복사하여 배치하고 모두 그룹화(Ctrl + G)한다. ✐ Pen Tool(P)로 나뭇가지 모양의 곡선을 그리고 ✐스포이드(I)로 C60Y40K40, 1pt 색상 스와치를 클릭하여 획 색상을 지정한다. 자주색 원 그룹을 선택하고 맨 앞으로(Ctrl + Shift +]) 가져온다.

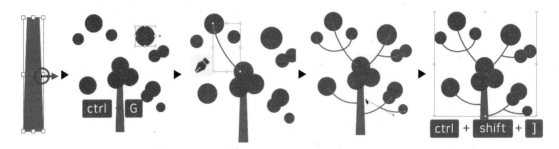

7. 작업한 나무를 선택하여 각각 그룹화(Ctrl + G)한다.

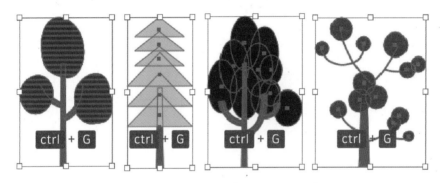

유형 1. 도형, 변형 도구 사용하고 Pathfinder를 활용하여 모양 만들기

1. ▢Rectangle Tool(M)로 티켓 크기만큼 직사각형을 그리고 C30Y20 색상을 지정한다. ◯Ellispse Tool(L)를 선택하고 직사각형의 모서리 부분에 마우스를 위치한 다음 Alt + Shift 눌러서 정원을 그린다. 복사하여 점선으로 나눠지는 부분, 반대편 모서리에 배치한다. ▶Selection Tool(V)로 3개의 정원을 선택하고 Alt + Shift 누르고 아래로 드래그하여 하단에도 배치한다.

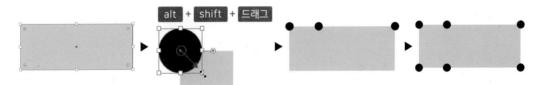

2. 모서리에 있는 정원 아래에 장은 정원을 그리고 티켓의 직사각형과 반이 겹치게 배치한다. ▶Selection Tool(V)로 Alt + Shift 누르고 아래로 드래그하여 복사한 뒤 Ctrl + D를 눌러 반복하여 8개를 만든다. 8개의 작은 정원을 그룹화(Ctrl + G)하고 직사각형과 함께 선택한 뒤 직사각형을 한 번 더 클릭하여(키 오브젝트) 수직 중앙 정렬한다. 반대편에도 복사하여 배치한다. 직사각형과 원 오브젝트 모두 선택하고 [Pathfinder] 패널에서 ▣Minus Front 하여 맨 아래 오브젝트를 제외한 모든 오브젝트를 삭제한다.

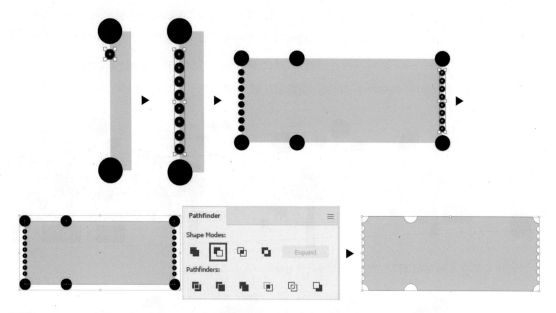

참고 윤곽선 보기(Ctrl + Y)를 하면 오브젝트의 중심과 형태를 정확히 파악할 수 있습니다.

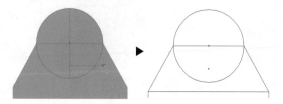

유형 4. Stroke 패널에서 선 모양 변경

1. ✏ Line Segment Tool(W)로 Shift 누르고 드래그하여 수직선을 그리고 ✒ 스포이드(I)로 C60Y40K40, 1pt 색상 스와치를 클릭하여 획 색상을 지정한다. [Stroke] 패널에서 [Dashed Line] 항목에 체크하고 첫 번째 [dash] 항목의 값을 《출력형태》와 비슷하게 입력한다. 정원을 그리고 [Dashed Line] 항목에 체크 해제한 뒤 《출력형태》에 맞게 두께를 조절한다. Ctrl + C 복사, Ctrl + F 하여 같은 자리 위에 붙인 다음 Alt + Shift 를 눌러 중앙을 고정한 상태에서 바운딩 박스를 조절하여 크기를 작게 조절한다. 획 두께를 1pt로 변경한다.

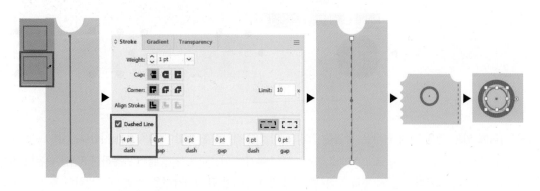

유형 5. 브러시 적용

1. ✏ Pen Tool(P)로 체크모양의 선을 그리고 🖋 스포이드(I)로 M90Y70K10, 1pt 색상 스와치를 클릭하여 획 색상과 두께를 지정한다. [Brush] 패널에서 라이브러리 버튼(🗏)을 누르고 [Artistic] 〉 [Artistic_ChalkCharcoalPencil]의 견본 창에서 Charcoal—Pencil 브러시를 클릭한다.

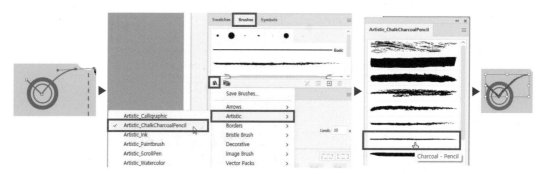

참고 브러시 견본 창의 메뉴 버튼을 누르고 [List View]를 클릭하면 브러시 모양의 미리보기가 아닌 브러시 이름이 보이는 목록으로 변경됩니다.

2. T Type Tool(T)로 "입장권 Check" 문자를 입력하고 돋움, 14pt 서체를 지정한다. C40M100Y40K20 색상을 지정하고 문단은 가운데 정렬한다.

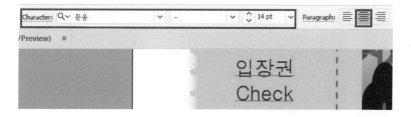

3. 바코드 크기만큼 직사각형을 그리고 흰색(C0M0Y0K0)지정한다. 바코드 한 줄 크기만큼 직사각형을 그리고 검정색(K100)을 지정한다. ▶ Selection Tool(V)로 Alt + Shift 누르고 드래그하여 복사한 뒤 Ctrl + D를 눌러 반복하여 여러 개를 만든다. 검정색 직사각형만 모두 선택하고 우클릭 메뉴에서 [Transform] 〉 [Transform Each] 메뉴를 클릭한다. 대화상자에서 하단 [Random] 항목에 체크한다. [Scale] 항목의 메뉴의 비율 고정 버튼을 눌러 해제 하고 Horizontal 값을 20~30%로 조절하여 가로 너비만 랜덤하게 변형한다. [OK] 하여 적용하고 그룹화(Ctrl + G)한다.

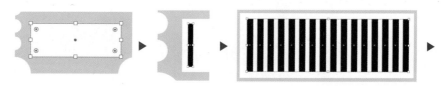

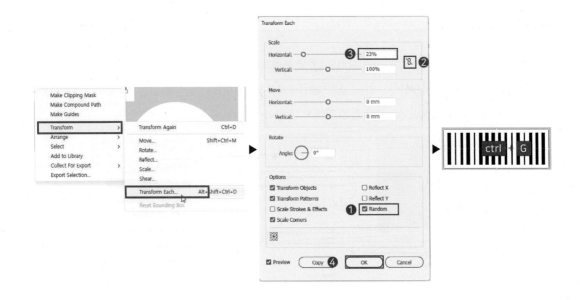

참고 Transform Each는 여러 개의 오브젝트를 선택하였을 경우, 하나의 고정점이 아닌 각 오브젝트의 중심을 기준으로 개별 변형하는 기능입니다.

유형 3. 그라디언트로 색 채우기

유형 7. Clipping Mask

1. 티켓의 오른쪽 영역에 직사각형을 그리고 스포이드(Ⅱ)로 C0M0Y0K0 → C60Y40K40 색상 스와치를 클릭하여 그라디언트를 지정한다. [Gradient] 패널에서 《출력형태》에 맞게 방향(각도 −90°)을 변경한다.

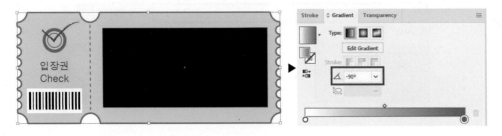

2. 먼저 작업하였던 나무들을 복사(Ctrl + C, Ctrl + V)하여 《출력형태》에 맞게 배치하고 모든 나무들을 선택하여 그룹화(Ctrl + G)한다. 그라디언트 도형을 선택하고 Ctrl + C 복사, Ctrl + F하여 같은 자리 위에 붙이고 맨 앞으로(Ctrl + Shift +]) 가져온다. 나무 그룹과 함께 선택한 뒤 우클릭 메뉴에서 Clipping Mask(Ctrl + &7) 한다.

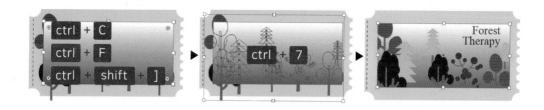

3. **T** Type Tool(T)로 "Forest Therapy" 문자를 입력하고 Times New Roman-Regular, 20pt 서체를 지정한다. "Forest" 문자에 블록을 씌우고 C90M70Y80 색상, "Therapy" 문자에 C40M100Y40K20 색상을 지정한다. 문단은 오른쪽 정렬하고 《출력형태》에 맞게 배치한다.

유형 9. Effect-Drop Shadow 적용

1. 티켓에 해당하는 모든 오브젝트를 선택하고 그룹화(Ctrl + G)한다. 상단 메뉴바 [Effect] 〉 [Stylize] 〉 [Drop Shadow]를 클릭하여 《출력형태》와 비슷하게 그림자 효과를 적용한다.

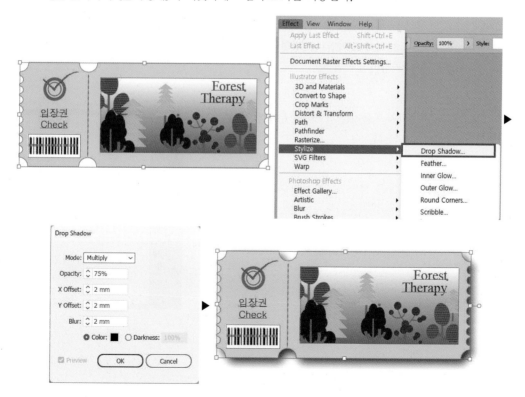

2. 전체적으로 《출력형태》와 비교하여 비슷하게 배치하고 작업하지 않은 부분은 없는지 꼼꼼하게 확인한다. 색상 스와치를 모두 선택하여 Delete 눌러 지운 다음 Ctrl + S를 눌러 저장한다. 시험장에서는 저장 후 [KOAS 수험자용] 프로그램의 [답안 전송하기] 버튼을 눌러 감독관 PC로 전송한다.

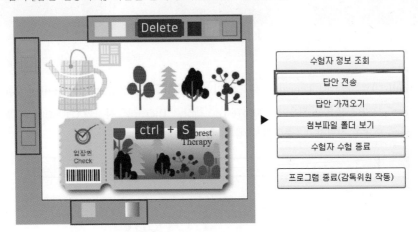

1. [File] 〉 [New](Ctrl + N)하여 새 문서를 생성한다. 문서 용도는 [Print(인쇄)], 수험번호는 임의로 지정하여 파일명을 12345678-성명-3으로 입력하고 [Width(폭)] 210mm, [Height(높이)] 297mm, [Color Mode(색상 모드)] CMYK Color, [Resolution Effects(해상도)] 300ppi로 지정한 후 [Create] 한다.

2. [File] 〉 [Save] (Ctrl + S)하여 ai 파일로 저장한다. (실제 시험장에서는 지정된 폴더에 저장) 이후 작업 중 수시로 Ctrl + S를 눌러 저장하며 작업 한다.

3. 119~120쪽의 색상 스와치 만들기를 참고하여 문제에 제시 된 색상들의 스와치를 만든다.

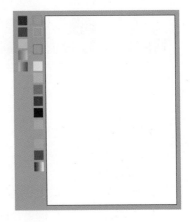

유형 13. Mesh Tool 사용하여 배경 칠하기

1. ■Rectangle Tool(M)로 작업 화면을 클릭하여 대화상자에 [Width(폭)] 210mm, [Height(높이)] 190mm 를 입력하고 [OK] 한다. C50Y30 색상을 지정하고 대지를 기준으로 위쪽 가장자리, 수평 중앙 정렬한다. ▨ Mesh Tool(U)로 《출력형태》와 비교하여 색이 바뀌는 부분을 클릭하고 [Swatches] 패널에서 C10 색상 값을 입력한다. 두 번째 지점도 클릭한다.

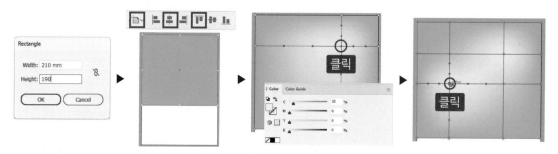

유형 2. Pen Tool(펜 도구 P), Pencil Tool(연필 도구 N) 사용하여 모양 그리기

유형 3. 그라디언트로 색 채우기

1. ✎Pen Tool(P)로 《출력형태》에 맞게 언덕 모양을 그린 다음 ✎ 스포이드(I)로 C50Y80 색상 스와치를 클릭하여 색을 지정한다.

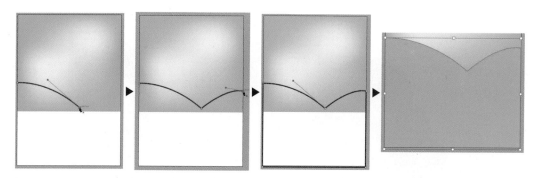

참고 겹쳐져 있는 오브젝트가 선택되어 불편하다면 Lock(Ctrl + ²)을 하여 잠금하고 필요할 때 전체 잠금 해제(Alt + Ctrl + ²) 합니다.

2. ✎Pen Tool(P)로 《출력형태》에 맞게 길 모양을 그린다. ✎ 스포이드(I)로 M30Y100K80 → C0M0Y0K0 색상 스와치를 클릭하여 그라디언트를 지정한다. [Gradient] 패널에서 《출력형태》에 맞는 방향(각도 90˚)으로 변경한다. 언덕과 길 오브젝트를 선택하고 그룹화(Ctrl + G)한다.

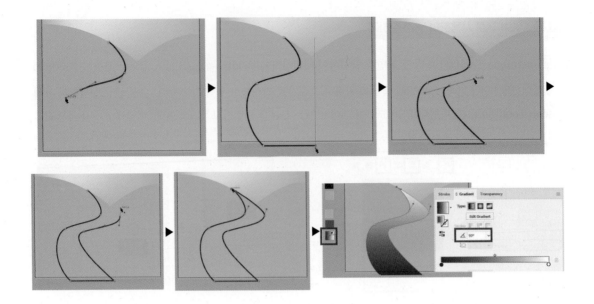

유형 1. 도형, 변형 도구 사용하고 Pathfinder를 활용하여 모양 만들기

유형 2. Pen Tool(펜 도구 P), Pencil Tool(연필 도구 N) 사용하여 모양 그리기

1. ⬭Ellispse Tool(L)로 타원을 그리고 C80M30Y90K20 색상을 지정한다. 복사하여 《출력형태》에 맞게 크기를 조절하고 배치한다. 모두 선택하여 그룹화(Ctrl + G)한다. 언덕과 길 그룹을 맨 앞으로(Ctrl + Shift +]) 가져온다.

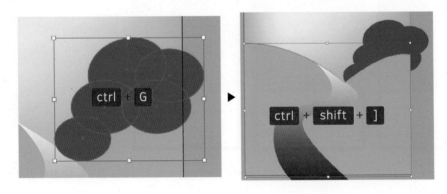

2. ⬭Ellispse Tool(L)로 Shift 누르고 드래그하여 나비 날개 크기만큼 정원을 2개 그린다. ▷◁Reflect Tool (O)로 Alt 누르고 아래 사진에 표시된 부분을 클릭하여 대화상자에서 [Vertical(수직 좌우 반전)]에 체크하고 [Copy]하여 복사한다. ✐Pen Tool(P)로 더듬이 모양의 곡선을 그리고 Shift + X를 눌러 획 색상과 칠 색상을 교체한다. ▷◁Reflect Tool(O)로 반전하여 복사하고 더듬이 오브젝트만 선택한 뒤 획을 면 속성으로 확장하기 위하여 상단 메뉴바 [Object] > [Expand]를 클릭하고 [OK]한다. ([Object] > [Path] > [Outline Stroke]를 사용해도 무관하다.)

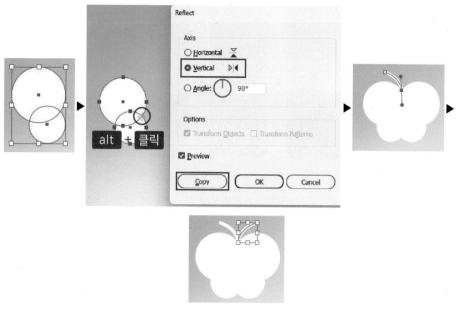

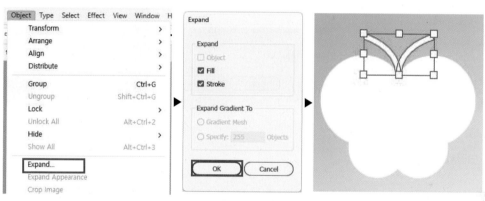

3. 날개와 함께 모두 선택하여 그룹화(Ctrl + G)한다.
   ▶ Selection Tool(V)로 Alt 누르고 드래그하여
   복사하고 《출력형태》에 맞게 크기와 각도를 조절하
   여 배치한다.

유형 12. Blend Tool 사용하여 중간 단계 만들기

1. ✏️ Pencil Tool(N)로 《출력형태》에 맞게 드래그하여 곡선을 그리고 💧 스포이드(I)로 C60M10Y30, 3pt
   색상 스와치를 클릭하여 획 색상과 두께를 지정한다. 한 번 더 드래그하여 곡선을 그리고 💧 스포이드(I)로
   Y90, 1pt 색상 스와치를 클릭하여 획 색상과 두께를 지정한다.

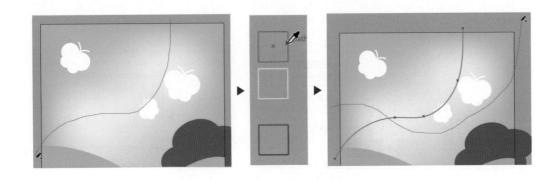

2. 두 선을 함께 선택하고 📇Blend Tool(Ⓦ)을 더블클릭하여 대화상자를 연다. [Spacing] 항목을 Specified Steps로 지정하고 문제에 제시된 단계값 15를 입력한 뒤 [OK] 한다. Make(Ⓐlt + Ⓒtrl + Ⓑ)하여 적용한다. 어색한 부분은 ▷ Direct Selection Tool(Ⓐ)로 선택하여 수정하거나 ◢◢◢ Smooth Tool로 패스를 드래그하여 부드럽게 변경한다.

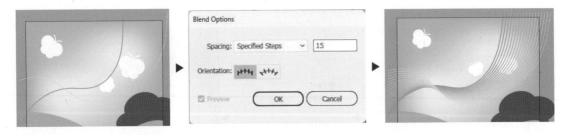

유형 5. 브러시 적용

1. ✏️Pencil Tool(Ⓝ)로 《출력형태》에 맞게 드래그하여 곡선을 그린 다음 ✒️스포이드(Ⓘ)로 C90M30Y90K30, 1pt 색상 스와치를 클릭하여 획 색상과 두께를 지정한다. [Brush] 패널에서 라이브러리 버튼(🔖)을 누르고 [Decorative] > [Elegant Curl & Floral Brush Set] 견본 창에서 "Vine" 브러시를 클릭하여 적용한다.

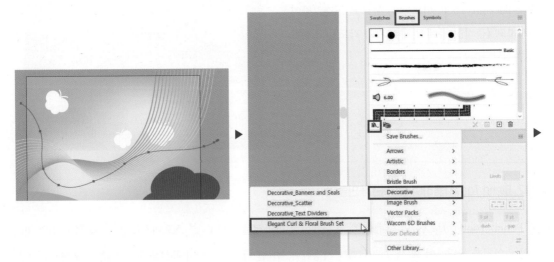

유형 8. 문자 또는 오브젝트에 Envelope Distort 활용하여 형태 변형

1. **T** Type Tool(T)로 "Enjoy the Arboretum" 문자를 입력하고 Times New Roman-Bold, 50pt 서체를 지정한다. C50M100K30 색상을 지정하고 Ctrl + Enter↵를 눌러 입력을 완료한 다음 옵션바의 Make Envelope 버튼(⊞)을 클릭한다. ([Object] 〉 [Envelope Distort] 〉 [Make With Warp]) [Style] 항목을 Arc Upper로 지정하고 방향은 [Horizontal]에 체크 한다. 《출력형태》에 맞춰 [Bend] 항목의 값(50%)을 조절하고 [OK]한다. "수목원 이용권을 손목에 꼭 착용해주세요." 문자를 입력하고 돋움, 18pt 서체를 지정한다. 빨간색(M100Y100)을 지정한다. 두 글자 모두 대지를 기준으로 수평 중앙 정렬한다.

유형 1. 도형, 변형 도구 사용하고 Pathfinder를 활용하여 모양 만들기

유형 2. Pen Tool(펜 도구 P), Pencil Tool(연필 도구 N) 사용하여 모양 그리기

1. 대지의 빈 곳에 손목 너비만큼 직사각형을 그리고 M30Y40 색상을 지정한 다음 《출력형태》에 맞게 회전한다.
   🍃 Pen Tool(P)로 손등 형태를 따라 오각형을 그린다. 손가락 하나 크기만큼 직사각형을 그리고 N Anchor

Point Tool(Shift + C)로 오른쪽 상단 고정점을 드래그하여 곡선으로 변경한다. ▶ Direct Selection Tool
(A)로 손가락 모양에 맞게 고정점을 이동한다.

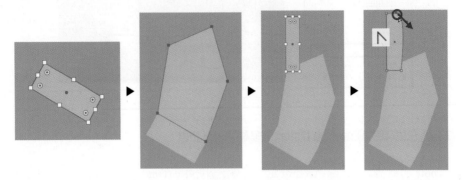

2. 새끼손가락 위치에 배치하고 《출력형태》에 맞게 회전한다. ▶ Selection Tool(V)로 Alt 누르고 드래그하여
복사한 다음 ▶ Direct Selection Tool(A)로 고정점을 이동하여 모양을 수정한다.

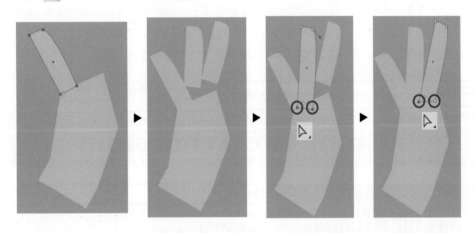

3. ✐ Pen Tool(P)로 검지손가락 모양에 맞게 클릭하여 직선 도형을 그린다. ▶ Direct Selection Tool(A)로
둥글게 변형되어야 하는 고정점을 선택하고 ◉ 라이브 코너 위젯을 드래그하여 둥글게 변형한다.

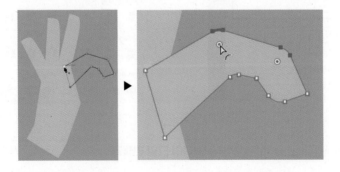

🔺 버전 안내

◉ 라이브 코너 위젯이 없는 버전은 ✐ Pen Tool(P)로 연결하여 그릴 때부터 드래그하여 곡선으로 그립니다.

참고 작업 중 수시로 Ctrl + S를 눌러 저장합니다.

4. 🖊 Pen Tool(P)로 엄지손가락 모양에 맞게 클릭하여 직선 도형을 그린다. ▷ Direct Selection Tool(A)로 둥글게 변형되어야 하는 고정점을 선택하고 ◉ 라이브 코너 위젯을 드래그하여 둥글게 변형한다.

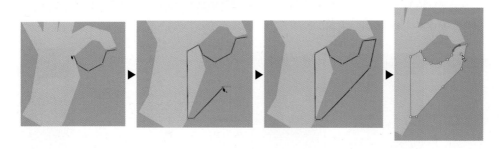

5. 손에 해당하는 모든 오브젝트를 선택하고 [Pathfinder] 패널에서 ■ United 하여 병합한다.

6. ▢ Rounded Rectangle Tool로 드래그하는 도중 좌 방향키 ←를 한번 누른 다음 상 방향키 ↑를 눌러 둥글 기를 조절하여 손톱 크기만큼 둥근 사각형을 그리고 각 손가락 끝에 배치한다. 손 오브젝트를 선택하고 Ctrl + C 복사, Ctrl + F 하여 같은 자리 위에 붙이고 맨 앞으로(Ctrl + Shift +]) 가져온다. 모든 오브젝트를 선 택하고 우클릭 메뉴에서 Clipping Mask(Ctrl + 7) 한다.

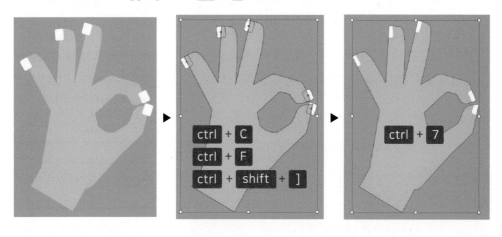

7. 옷 크기만큼 직사각형을 그리고 C70M100 색상을 지정한다. 그 위에 🖊 Pen Tool(P)로 둥근 곡선을 그린다. ▷ Selection Tool(V)로 Alt + Shift 눌러 아래로 드래그하여 복사하고 Ctrl + D를 여러 번 눌러 반복하여

배치한다. 모두 선택하고 [Pathfinder] 패널에서 ▦Divide 하여 전부 분리한다. 그룹 해제(Ctrl + Shift + G) 한 뒤 맨 위의 조각을 선택하여 삭제한다. ▶Selection Tool(V)로 부분 선택하여 M30Y80 색상을 지정한다. 옷 오브젝트를 모두 선택하고 그룹화(Ctrl + G)한 다음 《출력형태》에 맞게 회전하여 배치한다. 손 그룹과 옷 그룹을 선택하여 한 번 더 그룹화(Ctrl + G)한다.

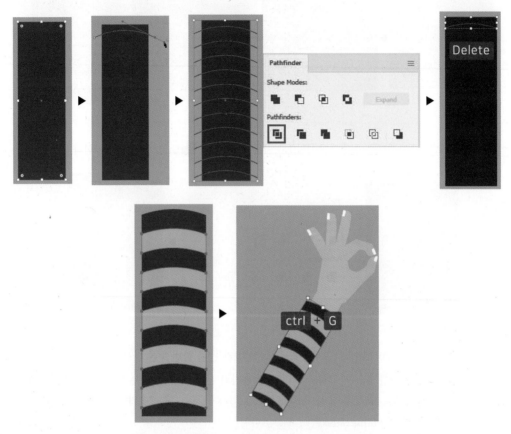

8. 이용권 크기만큼 직사각형을 그리고 M70Y90 색상을 지정한다. Alt + Ctrl + Shift + W를 눌러([Object] 〉 [Envelope Distort] 〉 [Make With Warp]) [Style] 항목을 Arch로 지정하고 방향은 [Horizontal]에 체크한다. 이용권 모양에 맞춰 [Bend] 항목의 값(30%)을 조절하고 [OK]한다. 일반 오브젝트로 확장하기 위하여 상단 메뉴바 [Object] 〉 [Expand]를 클릭하고 [OK] 한다. ([Object] 〉 [Envelope Distort] 〉 [Expand] 하여도 무관하다.)

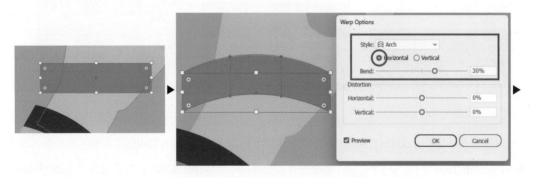

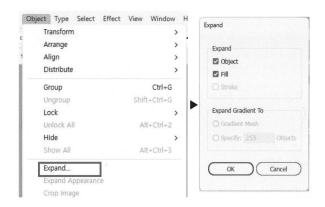

9. ▷◀Reflect Tool(◯) 대화 상자에서(도구 더블 클릭 또는 Enter↵) [Horizontal(수평 상하 반전)]에 체크하고 [Copy]하여 복사한다. 키보드 하 방향키 ↓를 눌러 양끝 위치를 맞춘 다음 빨간색(M100Y100)을 지정한다. 먼저 그린 주황색 오브젝트를 선택하고 맨 앞으로(Ctrl + Shift +]) 가져온다. Ctrl + C 복사, Ctrl + F 하여 같은 자리 위에 붙인다. ◆Eraser Tool(Shift + E)로 Alt 누르고 왼쪽 반 영역을 드래그하여 지운다.

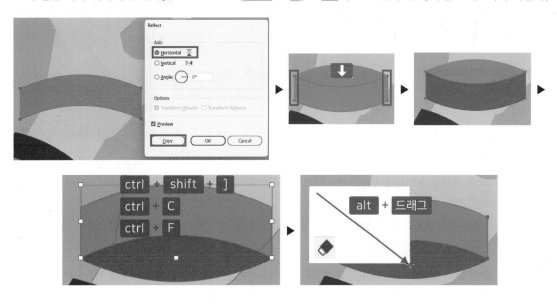

10. ⬚Free Transform Tool(E)의 위젯에서 ✥Free Transform을 선택하고 바운딩 박스 왼쪽 변을 ❶오른쪽으로 드래그한 다음 바운딩 박스의 ❷왼쪽 변을 위로 드래그하여 위쪽으로 기울이고 빨간색(M100Y100)을 지정한다. 이용권에 해당하는 모든 오브젝트를 손목 방향에 맞게 회전하여 배치한다. 맨 아래에 있는 빨간색 이용권 오브젝트를 선택하고 맨 뒤로(Ctrl + Shift + [) 보낸다.

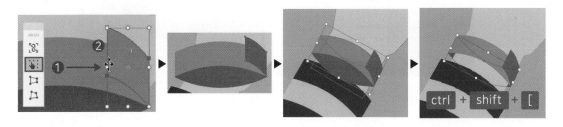

민희 쌤의 빠른 합격 Tip

좌우나 상하가 대칭인 오브젝트를 그릴 때에는 먼저 수평, 또는 수직으로 작업하고 나중에 회전합니다.

손 그리는 법 동영상으로 확인하기

유형 9. Effect-Drop Shadow 적용

1. 손 그룹, 옷 그룹, 이용권 오브젝트를 모두 선택하고 그룹화(Ctrl + G)한다. 《출력형태》에 맞는 위치로 이동하고 상단 메뉴바 [Effect] 〉 [Stylize] 〉 [Drop Shadow]를 클릭하여 《출력형태》와 비슷하게 그림자 효과를 적용한다.

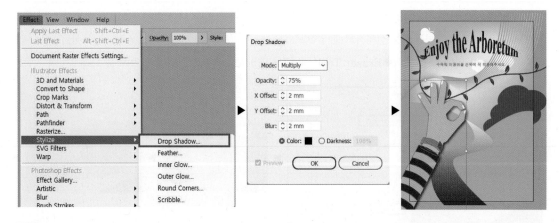

참고 여러 개의 오브젝트에 하나의 그림자 효과만 적용할 때에는 오브젝트를 모두 선택한 후 그룹(Ctrl + G)으로 만든 뒤 그림자 효과를 적용합니다. 그룹이 아닌 경우 각각 그림자가 할당됩니다.

2. 손 그룹을 선택하고 Reflect Tool(O)로 Alt 누르고 아래 사진에 표시된 부분을 클릭하여 대화상자에서 [Vertical(수직 좌우 반전)]에 체크하고 [Copy]하여 복사한다. 《출력형태》에 맞는 위치로 이동하고 Direct Selection Tool(A)로 복사 된 손 그룹의 주황색 이용권 오브젝트를 선택하여 맨 앞으로(Ctrl + Shift +]) 가져온다.

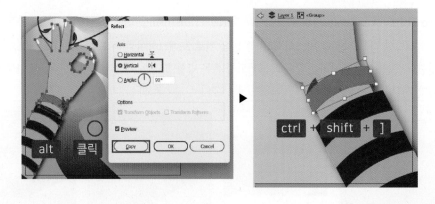

유형 8. 문자 또는 오브젝트에 Envelope Distort 활용하여 형태 변형

1. **T** Type Tool(□)로 "Day Ticket" 문자를 입력하고 Arial-Bold, 20pt 서체를 지정한다. 흰색(C0M0Y0K0)
을 지정하고 Ctrl + Enter↵를 눌러 입력을 완료한 다음 옵션바의 Make Envelope 버튼(⊞)을 클릭한다.
([Object] 〉 [Envelope Distort] 〉 [Make With Warp]) [Style] 항목을 Arch로 지정하고 방향은
[Horizontal]에 체크 한다. 《출력형태》에 맞춰 [Bend] 항목의 값(30%)을 조절하고 [OK]한다. 이용권 위에 회
전하여 배치한다.

유형 11. 심볼 등록하고 뿌리기

1. 대지의 빈 곳에 심볼의 나무 크기만큼 타원을 2개 그리고 수평 중앙 정렬한 다음 [Pathfinder] 패널에서 ▣
United 하여 병합한다. ✎스포이드(□)로 C70M30Y100 → C20Y80 색상 스와치를 클릭하여 그라디언트
를 지정하고 [Gradient] 패널에서 《출력형태》에 맞는 방향(각도 90°)으로 변경한다.

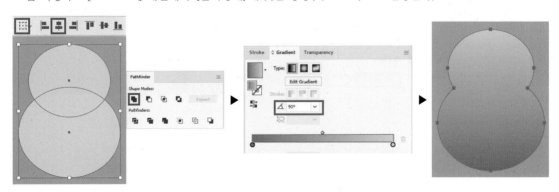

2. 나무 기둥 크기만큼 직사각형을 그리고 C60M70Y100K30 색상을 지정한다. △ Direct Selection Tool(A)
로 하단 왼쪽, 오른쪽 고정점만 선택한 다음 ☐ Scale Tool(S)로 도구를 변경한다. 바깥쪽으로 드래그하여
사다리꼴 모양으로 변형한다. ✎ Pen Tool(P)로 나뭇가지 모양의 곡선을 그리고 Shift + X 눌러 칠 색상
과 획 색상을 교체한다. 획 두께를 적절히 조절하고 ☜ Width Tool(Shift + W)로 패스 끝 부분에서 드래그
하여 두께를 변형한다.

3. 나뭇가지 오브젝트를 선택하고 ▷◁ Reflect Tool(O)로 Alt 누르고 나무 기둥의 중앙 부분을 클릭하여 대화상
자에서 [Vertical(수직 좌우 반전)]에 체크하고 [Copy]하여 복사한다. 《출력형태》에 맞는 위치로 이동하고 작
은 정원을 그린 다음 C80M30Y90K20 색상을 지정한다. 《출력형태》에 맞게 복사하고 크기를 조절하여 배치
한다. 나무에 해당하는 모든 오브젝트를 선택하여 그룹화(Ctrl + G)한다.

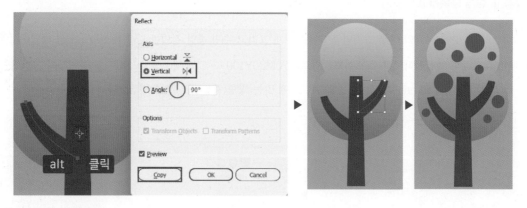

4. ▶ Selection Tool(V)로 나무 그룹을 Alt 누르고 드래그하여 복사한다. 《출력형태》에 맞게 배치하고 △
Direct Selection Tool(A)로 둥근 나무 오브젝트를 선택한다. ✐ 스포이드(I)로 C30Y80 →
C80M30Y90K20 색상 스와치를 클릭하여 그라디언트를 변경한다. [Gradient] 패널에서 《출력형태》에 맞는
방향(각도 −90˚)으로 변경한다.

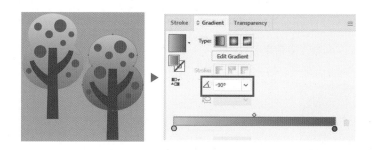

5. ❶복사한 나무 그룹을 ▶ Selection Tool(Ⅴ)로 더블클릭하여 격리 모드로 변환한다. ❷ 🪄 Magic Wand Tool(Ⅴ)을 더블 클릭하여 대화상자를 열고 [Fill] 항목에 체크한다. [Tolerance] 값을 0으로 입력한 뒤 ❸초록색 정원 오브젝트를 클릭하여 같은 색상의 모든 오브젝트를 한 번에 선택한다. ❹C30Y60 색상을 지정하고 ❺대지의 빈 곳을 더블클릭하여 격리 모드를 해제한다.

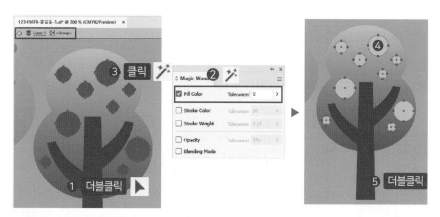

참고 그룹을 더블클릭하거나 우클릭 메뉴의 Isolate 메뉴를 클릭하면 격리모드가 되어 그룹해제를 하지 않고 개별 선택을 할 수 있고 그룹 이외의 오브젝트는 선택되지 않는 상태가 됩니다. 다시 일반 모드로 돌아오려면 대지의 빈 곳을 더블클릭합니다.

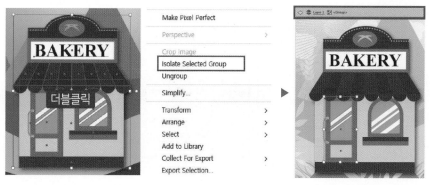

6. 두 나무 그룹을 선택하고 [Symbols] 패널에서 새 심볼버튼(⊞)을 누른다. [Name] 항목에 문제에 제시된 "나무"를 입력하고 [OK]하여 심볼을 등록한다.

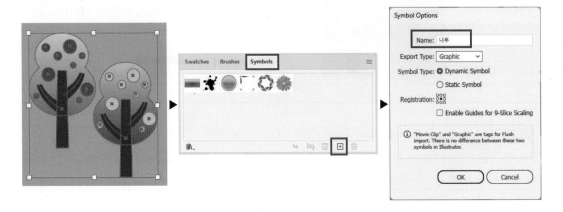

7. 등록된 심볼을 ▶Selection Tool(Ⓥ)로 선택하고 하단 길 위에 배치한다. 나머지 부분에도 심볼을 생성하기 위해 📷Symbol Sprayer Tool(Shift + Ⓢ)로 필요한 곳에 클릭하여 《출력형태》에 맞게 배치한다. 🔄 Symbol Sizer Tool로 심볼을 클릭하여 크기를 조절한다. Alt를 누르고 클릭하면 작아진다.

참고 브러시 크기가 심볼보다 작으면 조절이 잘 되지 않습니다. [,]로 브러시 크기를 조절하며 사용합니다.

🔍 의희 쌤의 빠른 합격 Tip

심볼 작업을 하는 동안 심볼 도구 세트를 꺼내 놓고 사용하면 편리합니다.

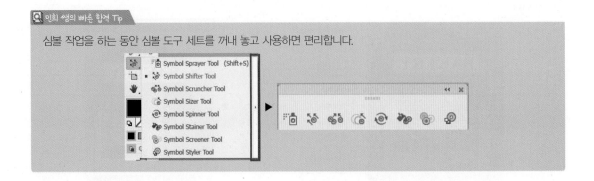

8. Symbol Spinner Tool로 ❶,❷,❸,❹번 심볼을 드래그하여 회전하고, Symbol Stainer Tool로 Fill(칠) 색상을 주황색으로 선택한 뒤 ❷번 심볼을 클릭하여 색을 변경한다. Fill(칠) 색상을 하늘색으로 선택하고 ❸번 심볼을 클릭하여 색을 변경한다. Alt 를 누르고 클릭하면 원래의 색으로 돌아온다.

9. Symbol Screener Tool로 ❶, ❹번 심볼을 클릭하여 투명도를 조절한다. Alt 를 누르고 클릭하면 원래의 투명도로 돌아온다. 위치가 맞지 않는 심볼이 있다면 Symbol shifter Tool로 드래그하여 《출력형태》에 맞게 조절한다. 손 그룹을 선택하여 맨 앞으로(Ctrl + Shift +]) 가져온다.

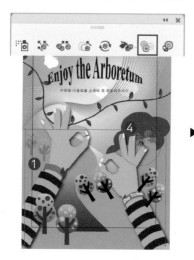

유형 7. Clipping Mask

1. 전체적인 위치를 《출력형태》와 비교하여 비슷하게 배치하고 작업하지 않은 부분은 없는지 꼼꼼하게 확인한다. 색상 스와치를 모두 선택하여 Delete 눌러 지운다. ▢Rectangle Tool(M)로 작업 화면을 클릭하여 대화상자에 [Width(폭)] 210mm, [Height(높이)] 297mm를 입력하고 [OK] 한다. 대지를 기준으로 수평 중앙, 수직 중앙 정렬한다. 전체 선택(Ctrl + A)하고 Clipping Mask(Ctrl + &7) 한다. Ctrl + S를 눌러 저장한다. 시험장에서는 저장 후 [KOAS 수험자용] 프로그램의 [답안 전송하기] 버튼을 눌러 감독관 PC로 전송한다.

참고 작업 중 잠근 오브젝트가 있다면 전체 잠금 해제([Alt] + [Ctrl] + [2])하고 전체 선택([Ctrl] + [A]) 한 뒤 Clipping Mask ([Ctrl] + [7]) 합니다.

최신 기출유형 5회

05

문제 1 BI, CI 디자인 25점

다음의 《조건》에 따라 아래의 《출력형태》와 같이 작업하시오.

조건

파일저장규칙	AI	파일명	문서 GTQ 수험번호-성명-1.ai
		크기	100 x 80mm

1. 작업 방법
   ① 도형, 변형 툴과 Pathfinder 기능을 활용하여 오브젝트를 작성한다.
   ② 그 외 《출력형태》참조

2. 문자 효과
   ① SUMMER HOLIDAYS (Arial, Regular, 14pt, 21pt, C0M0Y0K0, C40M70Y100K50)

출력형태

C30Y70,
C10M40Y60,
M60Y60,
K100, M30Y30,
C0M0Y0K0,
C50M80Y100K30,
Y100 → M90Y90,
(선/획) C30Y70, 2pt,
C30M60Y80K20, 1pt

다음의 《조건》에 따라 아래의 《출력형태》와 같이 작업하시오.

조건

파일저장규칙	AI	파일명	문서 GTQ 수험번호–성명–2.ai
		크기	160 x 120mm

1. 작업 방법
   ① 야자 음료는 Pattern 기능을 활용하여 작성한다. (패턴 등록 : 야자 캔디)
   ② 튜브에는 Clipping Mask를 적용한다.
   ③ Brush는 《출력형태》를 참고하여 작성한다.
   ④ Effect는 《출력형태》를 참고하여 작성한다.
   ⑤ 그 외 《출력형태》참조

2. 문자 효과
   ① COCONUT CANDY (Times New Roman, Bold, 15pt, 21pt, C0M0Y0K0, C80M50)
   ② Cool Summer (Times New Roman, Bold Italic, 22pt, C0M0Y0K0, Opacity 50%)

출력형태

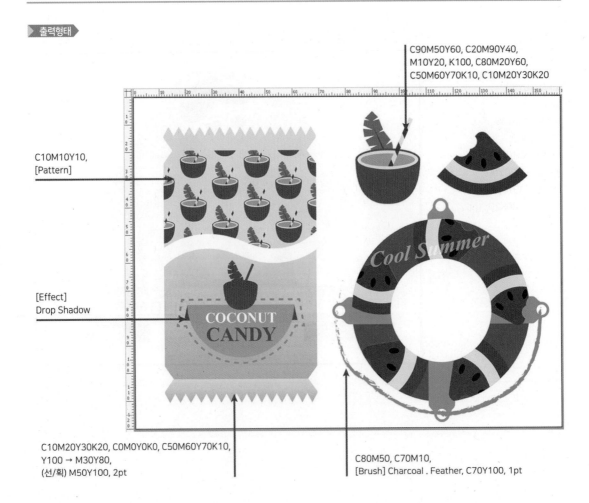

C90M50Y60, C20M90Y40,
M10Y20, K100, C80M20Y60,
C50M60Y70K10, C10M20Y30K20

C10M10Y10,
[Pattern]

[Effect]
Drop Shadow

C10M20Y30K20, C0M0Y0K0, C50M60Y70K10,
Y100 → M30Y80,
(선/획) M50Y100, 2pt

C80M50, C70M10,
[Brush] Charcoal . Feather, C70Y100, 1pt

다음의 《조건》에 따라 아래의 《출력형태》와 같이 작업하시오.

조건

파일저장규칙	AI	파일명	문서 GTQ 수험번호-성명-3.ai
		크기	210 x 297mm

1. 작업 방법
① 《참고도안》은 직접 제작한 후 Symbol로 활용한다. (심볼 등록 : 갈매기)
② 'WELCOME', 'HAPPY ISLAND' 문자에 Envelope Distort 기능을 적용한다.
③ Brush는 《출력형태》를 참고하여 작성한다.
④ Effect는 《출력형태》를 참고하여 작성한다.
⑤ Clipping Mask를 이용하여 디자인을 정리한다.
⑥ 그 외 《출력형태》참조

2. 문자 효과
① WELCOME (Arial, Bold, 70pt, C100M100)
② HAPPY ISLAND (Times New Roman, Regular, 45pt, C0M0Y0K0)
③ 해녀회 (궁서, 25pt, K100)

참고도안

출력형태

C0M0Y0K0,
K40,
K70, K100,
C10M40Y60

210 X 110mm
[Mesh] C60, C0M0Y0K0

[Brush] Bubbles, 2pt

[Blend] 단계 : 15,
(선/획) C100, 1pt
→ C100M100, 1pt

C100M100,
C0M0Y0K0,
C70M70Y70,
C40M40Y40,
C30M20Y20,
C80M20 → C40M30

[Symbol]

K100, C0M0Y0K0,
C90M70Y70K40,
C20M90Y70,
M30Y30, M50,
M40Y30, C100,
C10M50Y50,
M20Y40,
C30M40Y50,
C70M70Y70,
C70M30Y70,
C100, Opacity 40%,
(선/획)
C30M70Y50, 3pt

[Effect]
Drop Shadow

참고 도구나 기능의 자세한 내용은 일러스트레이터 기능 익히기의 각 파트에 자세히 설명하였습니다. 연습 시 문제 풀이 설명과 다르게 적용된다면 일러스트레이터 기능 익히기를 참고하여 각 도구 대화상자의 세부 사항, 옵션바와 패널 등을 먼저 이해하고 적절히 설정하였는지 확인하여 작업합니다.

0. 먼저 작업의 최적화를 위해 가이드 〉 시험장 환경설정을 참고하여 기본 환경설정과 패널 등의 인터페이스를 구성하고 편의에 맞는 작업환경을 설정한다.

> **인희 쌤의 빠른 합격 Tip**
>
> 일러스트레이터 시험은 특정 몇 가지 패널을 굉장히 많이 사용합니다. 자주 사용하는 도구는 단축키를 반드시 외워두고 패널의 위치를 편의에 맞게 구성하여 본인만의 작업환경으로 저장해놓고 작업하는 것이 좋습니다.

문제 1 BI, CI 디자인 **25점**

1. [File] 〉 [New](Ctrl + N)하여 새 문서를 생성한다. 문서 용도는 [Print(인쇄)], 수험번호는 임의로 지정하여 파일명을 12345678-성명-1로 입력하고 [Width(폭)] 100mm, [Height(높이)] 80mm, [Color Mode(색상모드)] CMYK Color, [Resolution Effects(해상도)] 300ppi로 지정한 후 [Create] 한다.

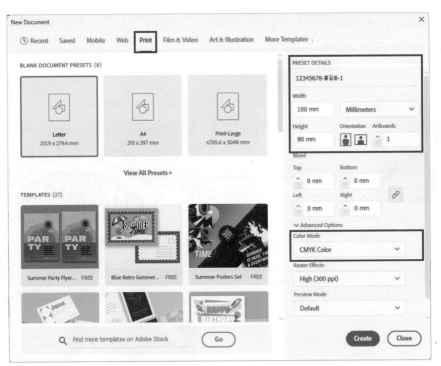

2. [File] 〉 [Save] (Ctrl + S)하여 ai 파일로 저장한다. (실제 시험장에서는 지정된 폴더에 저장) 이후 작업 중 수시로 Ctrl + S를 눌러 저장하며 작업한다.

> **🔔 버전 안내**
>
> CC 버전의 경우 [Save on your computer or to cloud documents] 창이나 버튼이 표시되면 클라우드가 아닌 컴퓨터에 저장하기 위해 [Save on your computer]를 클릭합니다.

3. 119~120쪽의 색상 스와치 만들기를 참고하여 문제에 제시된 색상들의 스와치를 만든다.

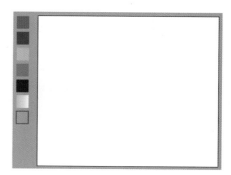

유형 1. 도형, 변형 도구 사용하고 Pathfinder를 활용하여 모양 만들기

유형 2. Pen Tool(펜 도구 P), Pencil Tool(연필 도구 N) 사용하여 모양 그리기

1. ◯Ellispse Tool(L)로 얼굴이 될 타원을 그리고 각도를 맞춘다. 🖋스포이드(I)로 문제에 제시된 얼굴 색상의 스와치(M30Y30)를 찾아 클릭하여 색을 지정한다. 작은 원을 하나 더 만들어 귀를 만들고 두 원을 모두 선택 후 [Pathfinder] 패널에서 ▪️United 하여 병합한다. 피커에서 Stroke(획) 속성을 선택하고 🖋스포이드(I)로 (선/획) C30M60Y80K20, 1pt 색상 스와치를 Shift 누르고 클릭하여 획 색상만 추출한다.

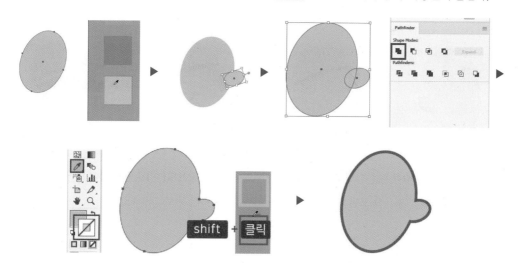

2. 모자를 만들기 위해 정원을 그리고 🖋스포이드(I)로 색상 스와치의 C10M40Y60 색을 지정한다. ◆ Eraser Tool(Shift + E)로 아래쪽 반을 Alt 누르고 드래그하여 지운다. Ctrl + C 복사, Ctrl + F하여 같은 자리 위에 붙여 넣은 다음 바운딩박스의 높이를 아래로 드래그하여 세로 폭을 좁히고 C50M80Y100K30 색상을 지정한다. 타원으로 모자의 챙 부분을 그린 뒤 모두 선택하여 그룹화(Ctrl + G)하고 얼굴 위에 적당한 각

도로 배치한다.

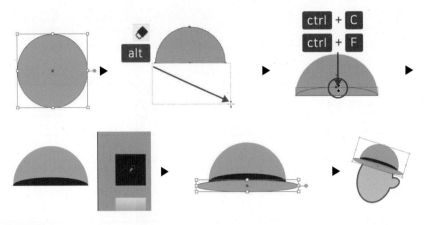

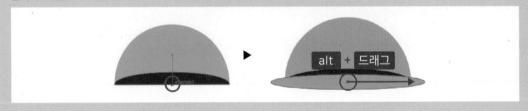
3. ✏️Pen Tool(P)로 머리카락 부분을 그리고 검정색(K100)을 지정한다.

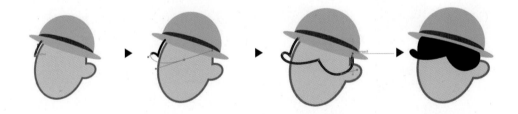

4. ✏️Pen Tool(P)로 목 부분을 그린 다음, 얼굴 오브젝트를 💧스포이드(I)로 클릭하여 같은 색을 지정한다. 맨 뒤로(Ctrl + Shift + [ ) 보낸 후, 검은색 원을 하나 그리고 맨 뒤로(Ctrl + Shift + [ ) 보낸다.

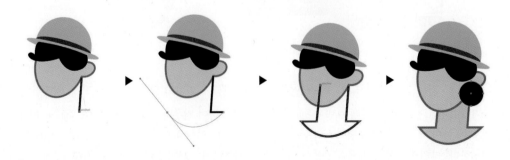

5. ✏️Pen Tool(P)로 상의 부분을 그린 다음 ✒️스포이드(I)로 색상 스와치에서 C50M80Y100K30 색을 지정하고 맨 뒤로(Ctrl + Shift + [ ) 보낸다.

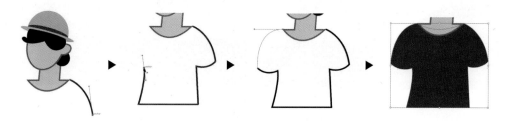

6. ✏️Pen Tool(P)로 팔 부분을 그린 다음 손목 부분은 연결하지 않고 Enter↵를 눌러서 끊는다. ✒️스포이드(I)로 얼굴 오브젝트를 클릭하여 똑같은 색상을 지정한다. 엄지손가락의 위치를 확인하고 위쪽부터 그리면서 손목에서 연결한다.

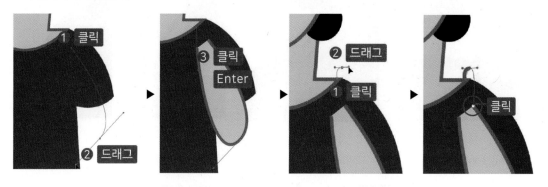

7. 검지손가락 부분도 위치를 확인하여 비슷한 방법으로 그려 엄지손가락 시작 부분에 연결한다. 모서리 부분의 각이 뾰족하게 표현되면 [Stroke] 패널에서 [Conner] 항목을 [Round Join]으로 선택한다.

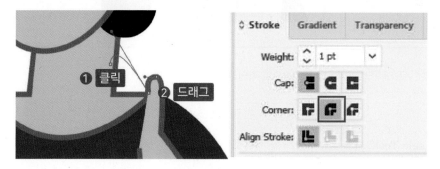

8. ✏️Pen Tool(P)로 검지손가락 시작 부분을 클릭하여 연결하고 나머지 세 손가락의 끝 둥근 부분을 볼록하게 그린다. 마지막 새끼손가락 부분은 전체적인 손 모양을 생각하여 그리면서 손목 부분까지 그려준다. 손목에서 연결하지 않고 살짝 겹치게 그린 후 Enter↵를 눌러서 끊는다.

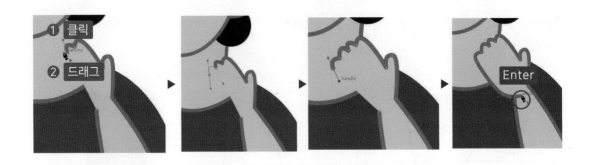

9. 🖊Pen Tool(P)로 검지와 약지 사이를 직선으로 그리고 Enter↵를 눌러 끊는다. 나머지 손가락 사이도 같은 방법으로 그린 후 ▷ Direct Selection Tool(A)로 어색한 부분을 수정한다. 오른쪽 손에 해당하는 오브젝트를 모두 선택 후 그룹화(Ctrl + G)한다.

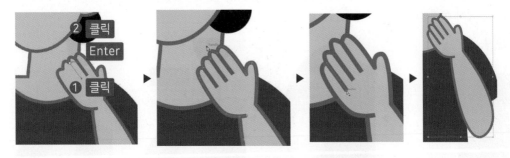

10. 🖊Pen Tool(P)로 반대쪽 팔을 그리고 맨 뒤로(Ctrl + Shift + [)) 보낸다.

🖊Pen Tool(P)로 캐릭터 그리는 법 동영상으로 확인하기

---

11. ▢Rectangle Tool(M)로 선글라스가 될 사각형을 그리고 D를 눌러 색상 값을 기본으로 초기화 한 다음 Shift + X를 눌러 칠과 획 색상을 서로 교체한다. ◉라이브 코너 위젯을 드래그하여 둥근 사각형으로 만들고 ▣Free Transform Tool(E)의 위젯에서 ▷Perspective Distort를 선택하고 사각형의 아래 코너를 드래그하여 사다리꼴로 변형한다. ▶Selection Tool(V)로 Alt 누르고 드래그하여 오른쪽에 복사하고 🖊Pen Tool(P)로 두 안경알 사이의 연결 부분을 그린 다음 Fill(칠) 색상을 적용하지 않는다. 안경알과 연결 부분을 모두 잡고 각도를 조절하고 귀 방향으로 직선을 하나 더 그린다. 머리카락과 맞닿는 부분이 어색하면 머리카락 오브젝트를 선택하고 맨 앞으로(Ctrl + Shift +])) 가져온다.

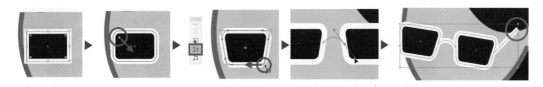

⚠ 버전 안내

🗖Free Transform Tool(E)의 위젯이 없는 버전은 69~70쪽을 참고하여 사용하고자 하는 기능의 단축키를 먼저 누르고, 원하는 방향으로 바운딩 박스를 드래그합니다.

◉ 라이브 코너 위젯이 없는 버전은 ▢Rounded Rectangle Tool로 사각형을 그리는 도중 키보드 상, 하 방향키(↑), (↓)를 눌러 라운드 수치를 조절합니다.

12. 🖊Pen Tool(P)로 눈썹의 곡선을 그린 다음 획에 검정(K100) 색을 지정하고 옵션바에서 획 프로필을 [Width Profile 1]로 변경한다. 🖌Width Tool(Shift + W)로 패스의 왼쪽 끝에서 조금 떨어진 곳에 마우스를 대고 드래그하여 폭을 조절한다.

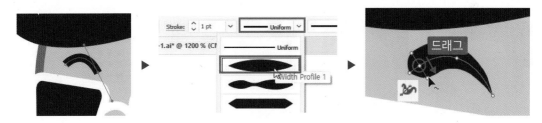

13. 눈썹을 선택하고 ▶◀Reflect Tool(O)로 Alt를 누르고 두 눈썹의 가운데 미간 부분을 클릭하고 반전 도구 대화상자에서 [Vertical(수직 좌우 반전)]에 체크하고 [Copy]하여 복사한다. 반대쪽에 복사된 눈썹의 위치를 조절한다.

14. 🖊Pen Tool(P)로 코 부분의 곡선을 그린 다음 획 속성을 선택하고 🖋스포이드(I)로 Shift를 누르고 M60Y60 색상 스와치를 클릭하여 획 색상으로 지정한다. 옵션바에서 획 프로필을 [Width Profile 1]로 변경하고 《출력형태》에 따라 획 두께를 적절히 조절한다. 🖊Pen Tool(P)로 입 모양을 그리고 칠 색상에 흰색(C0M0Y0K0)을 지정한다.

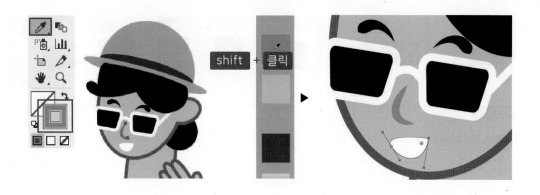

유형 4. Stroke 패널에서 선 모양 변경

1. 원을 그리고 C10M40Y60 색상을 지정한 다음 ⊞Scale Tool(Ⓢ)로 바깥쪽에서부터 중심을 향해 드래그를 먼저 하면서 Ⓐlt를 눌러 원을 하나 더 복사한다. ✐스포이드(Ⓘ)로 (선/획) C30Y70, 2pt 색상 스와치를 클릭하여 색을 지정하고 [Stroke] 패널에서 [Dashed Line] 항목에 체크하고 첫 번째 [dash] 항목의 값을 《출력형태》와 비슷하게 입력한다.

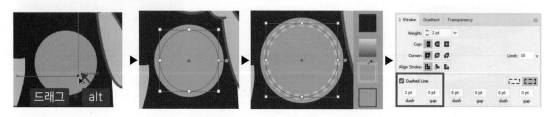

🔍 민희 쌤의 빠른 합격 Tip

값을 입력하는 칸에 커서가 깜박이며 활성화되어있는 상태에서 마우스 스크롤을 위, 아래로 굴리면 입력값이 조정됩니다. 문제에 지정되어있지 않은 값은 《출력형태》를 보고 마우스를 굴려 비슷해 보이는 수치로 빠르게 조정하고 Enter↵를 눌러 적용합니다.

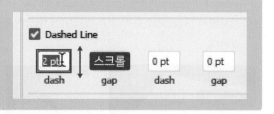

유형 1. 도형, 변형 도구 사용하고 Pathfinder를 활용하여 모양 만들기

유형 2. Pen Tool(펜 도구 Ⓟ), Pencil Tool(연필 도구 Ⓝ) 사용하여 모양 그리기

1. 꽃잎을 만들기 위해 ◯Ellispse Tool(Ⓛ)로 타원을 그리고 ⌇Anchor Point Tool(Shift + Ⓒ)로 위와 아래의 고정점을 클릭하여 핸들을 삭제한 다음 C50M80Y100K30 색상을 지정한다. 꽃잎과 원을 함께 선택하고 원을 한 번 더 클릭하여 키 오브젝트로 고정하고 수평 중앙 정렬 한다. 원의 중심과 꽃잎의 아래 고정점이 일치하도록 위치를 맞춘다.

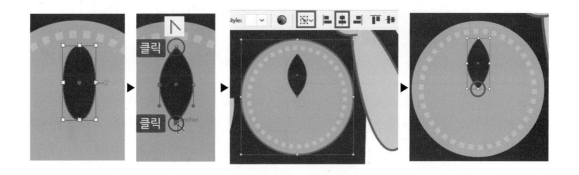

2. ✏️Pencil Tool(N)로 곡선 형태를 드래그하여 그리고 ✒️스포이드(I)로 (선/획) C30M60Y80K20, 1pt 색상 스와치를 클릭하여 지정한다.

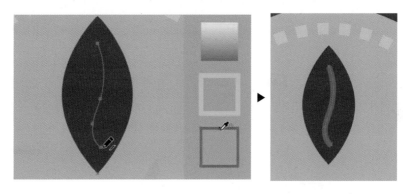

3. 꽃잎을 선택하고 ↻Rotate Tool(R)로 Alt 누르고 원의 중심을 클릭한다. 회전 대화상자 [Angle] 항목에 360/5를 입력하고 [Copy]한다. Ctrl + D를 눌러 반복 적용한다. 오브젝트 전체를 드래그하여 선택 후 팔 그룹만 다시 한 번 클릭하여 선택 해제하고 나머지 오브젝트들만 그룹화(Ctrl + G)하여 맨 뒤로(Ctrl + Shift + [) 보낸다.

4. 라벨을 만들기 위해 사각형을 그리고 ✒️스포이드(I)로 팔 부분을 클릭하여 같은 색을 지정한다. ✒️Pen Tool(P)로 리본이 접힌 부분의 삼각형을 그리고 C50M80Y100K30 색상을 지정한다. 사각형을 삼각형 도형의 아래 꼭짓점에서부터 맞춰 드래그하여 그리고 C10M40Y60 색상을 지정한다. ✒️Add Anchor Point Tool(+)로 왼쪽 변의 중앙 부분에 클릭하여 고정점을 추가한 후 Shift 를 누르고 우 방향키 →를 두세 번 눌러 적당한 거리만큼 오른쪽으로 이동한다. 맨 뒤로(Ctrl + Shift + [) 보낸다.

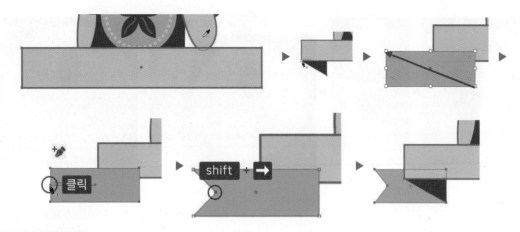

키보드 방향키로 오브젝트 이동 시 Shift 와 방향키를 함께 누르면 방향키를 10번 누르는 것과 같습니다.

5. ❶번과 ❷번 도형을 같이 선택하고 ▷◁Reflect Tool(O)로 Alt 를 누르고 긴 사각형의 중앙을 클릭한다. 반전 도구 대화상자에서 [Vertical(수직 좌우 반전)]에 체크하고 [Copy]하여 복사한다. 복사 된 오브젝트를 맨 뒤로 (Ctrl + Shift + [)보낸다. 라벨에 해당하는 모든 오브젝트를 선택하고 그룹화(Ctrl + G)한다.

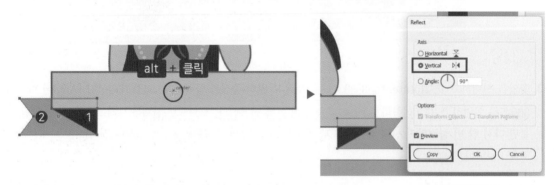

참고 Smart Guides(Ctrl + U)가 활성화 되어있으면 오브젝트의 중심이 표시됩니다.

6. T Type Tool(T)로 "SUMMER HOLIDAYS"를 입력하고 Arial-Regular 서체를 지정한다. "SUMMER" 문 자에 블록을 씌우고 21pt, C0M0Y0K0 색상, "HOLIDAYS" 문자는 14pt, C40M70Y100K50 색상을 지정한 다. 라벨 오브젝트 그룹을 글자 크기에 맞게 조정한 후 글자 오브젝트와 같이 선택하고 그룹화(Ctrl + G)한다.

7. 라벨 그룹을 대지 기준으로 수직 중앙 정렬한다. 오른쪽 팔 그룹을 선택하여 라벨 앞으로 올 수 있도록 맨 앞으로([Ctrl] + [Shift] + []]) 가져온다.

유형 3. 그라디언트로 색 채우기

1. ⬡Polygon Tool로 드래그하며 [Shift]를 눌러 수평의 육각형을 만든다. (육각이 아닐 경우 드래그하며 키보드 상, 하 방향키 [↑], [↓]로 조절) 🖊 스포이드([I])로 그라디언트 Y100 → M90Y90의 색상 스와치를 클릭하여 지정하고 그라디언트 방향(각도)을《출력형태》와 같게 조정한다.

   🖊 Knife Tool로 곡선을 그리듯 드래그하여 분리한다. 분리된 육각형 도형을 모두 선택하고 그룹화([Ctrl] + [G])하여 맨 뒤로([Ctrl] + [Shift] + [[]]) 보낸다.

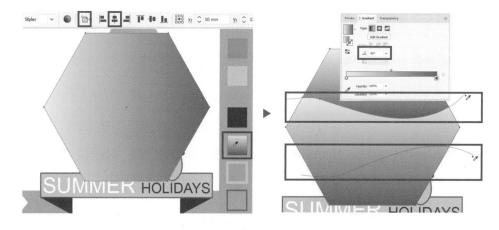

2. 전체적으로《출력형태》와 비교하여 비슷하게 조정하고 작업하지 않은 부분은 없는지 꼼꼼하게 확인한다. 색상 스와치를 모두 선택하여 [Delete] 눌러 지운 다음 [Ctrl] + [S]를 눌러 저장한다. 시험장에서는 저장 후 [KOAS 수험자용] 프로그램의 [답안 전송하기] 버튼을 눌러 감독관 PC로 전송한다.

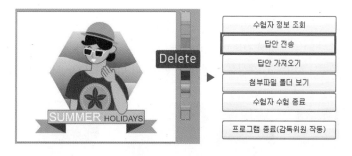

1. [File] 〉 [New]([Ctrl] + [N])하여 새 문서를 생성한다. 문서 용도는 [Print(인쇄)], 수험번호는 임의로 지정하여 파일명을 12345678-성명-2로 입력하고 [Width(폭)] 160mm, [Height(높이)] 120mm, [Color Mode(색상 모드)] CMYK Color, [Resolution Effects(해상도)] 300ppi로 지정한 후 [Create] 한다.

2. [File] 〉 [Save] ([Ctrl] + [S])하여 ai 파일로 저장한다. (실제 시험장에서는 지정된 폴더에 저장) 이후 작업 중 수시로 [Ctrl] + [S]를 눌러 저장하며 작업한다.

3. 119~120쪽의 색상 스와치 만들기를 참고하여 문제에 제시된 색상들의 스와치를 만든다.

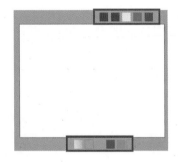

유형 1. 도형, 변형 도구 사용하고 Pathfinder를 활용하여 모양 만들기

유형 2. Pen Tool(펜 도구 [P]), Pencil Tool(연필 도구 [N]) 사용하여 모양 그리기

1. ⬤Ellispse Tool([L])로 타원을 그리고 ◆Eraser Tool([Shift] + [E])로 위 쪽 반원의 영역을 [Alt] 누르고 드래그하여 지운다. 아래쪽의 고정점을 ⬊Anchor Point Tool([Shift] + [C])로 드래그하여 모양을 넓적하게 수정하고 🖊스포이드([I])로 C50M60Y70K10 색상 스와치를 클릭하여 색을 지정한다. ⬤Ellispse Tool ([L])로 오브젝트의 상단 중앙에서부터 [Alt] 누르고 드래그하여 타원을 맞춰 그린다.

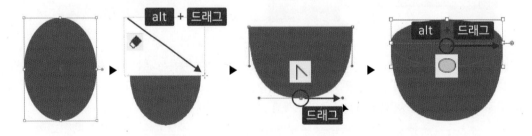

2. 타원을 [Ctrl] + [C] 복사, [Ctrl] + [F]하여 같은 자리 위에 붙인다. 바운딩박스를 [Alt] 누른 상태로 중심을 향해 살짝 드래그하여 크기를 줄이고 M10Y20 색상을 지정한다. 한 번 더 반복하고 C10M20Y30K20 색상을 지정한다.

3. 빨대를 만들 사각형을 그리고 M10Y20 색상을 지정한다. ✏️Line Segment Tool(W)로 사선을 그리고 아래로 드래그하며 Alt + Shift 눌러서 복사한 후 Ctrl + D를 눌러서 반복한다. 모두 선택하고 [Pathfinder] 패널에서 ⬛Divide 하여 전부 분리한다. 분리된 조각을 하나 걸러 하나씩 선택하고 C20M90Y40 색상을 지정한다. 그룹화(Ctrl + G)하고 코코넛 위로 이동한 다음 회전하여 크기와 위치를 맞춘다. 코코넛 위쪽의 제일 작은 타원과 빨대 그룹을 같이 선택하고 👆Shape Builder Tool(Shift + M)로 불필요한 빨대 부분을 Alt 누르고 클릭하여 삭제한다.

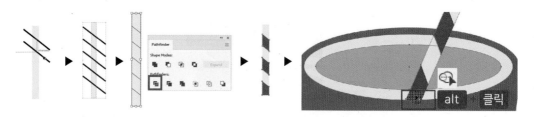

> **🔥 버전 안내**
>
> 👆Shape Builder Tool(Shift + M)이 없는 버전은 [Pathfinder] 패널에서 ⬛Divide 하여 분리한 후 필요 없는 부분을 선택하여 지웁니다.

4. ✏️Pen Tool(P)로 코코넛 잎의 외곽을 그리고 C80M20Y60 색상을 지정한다.

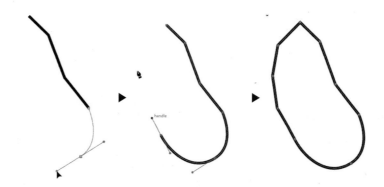

5. ✏️Pen Tool(P)로 뾰족한 삼각형을 그리고 ▶Selection Tool(V)로 Alt를 눌러 드래그하여 잎의 갈라진 부분마다 복사하여 배치한다. 모두 선택하고 [Pathfinder] 패널에서 ⬛Minus Front 하여 맨 아래 오브젝트를 제외한 모든 오브젝트를 삭제한다.

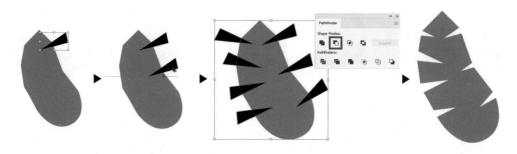

6. ✏️ Line Segment Tool(W)로 잎 가운데 직선을 그리고 획 속성을 선택한 후 ✏️ 스포이드(I)로 Shift 누르고 C90M50Y60 색상 스와치를 클릭하여 획 색상으로 지정한다. 옵션바의 획 프로필을 [Width Profile 4]로 변경하고 《출력형태》에 따라 획 두께를 적절히 조절한다. 획 모양의 방향을 바꾸려면 [Stroke] 패널에서 방향 반전 버튼(▷◁)을 누른다. 잎 오브젝트를 코코넛 뒤에 배치하고 모든 오브젝트를 선택하여 그룹화(Ctrl + G)한다.

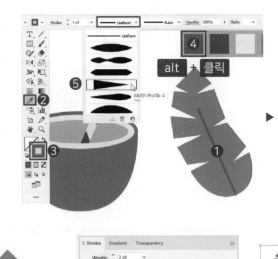

7. 수박 조각을 만들기 위해 정원을 그리고 C90M50Y60 색상을 지정하고 Ctrl + C 복사, Ctrl + F하여 같은 자리 위에 붙인다. Alt + Shift 누르고 바운딩 박스를 드래그하여 크기를 줄이고 M10Y20 색상을 지정한다. 한 번 더 반복하여 C20M90Y40 색상을 지정한다. 세 개의 원을 모두 선택하고 ✏️ Knife Tool로 원의 중심 상단에서부터 Alt + Shift를 먼저 누르고 수직 아래로 드래그하여 1/2로 나누고, 중심 왼쪽에서부터 Alt + Shift 눌러 수평 가로로 드래그하여 1/4로 나눈다.

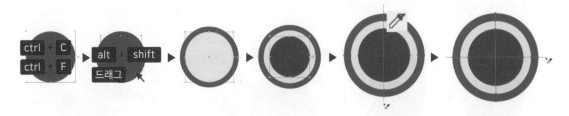

8. 분리된 1/4 조각의 오브젝트만 남기고 나머지는 삭제한다. 45° 회전하고 ▷ Direct Selection Tool(Ⓐ)로 상단 고정점 영역을 드래그하여 전부 선택한 뒤 ◉라이브 코너 위젯을 드래그하여 둥글게 변형한다.

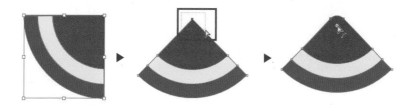

9. 베어 먹은 부분을 표현하기 위해 원 두 개를 그리고 원과 수박 오브젝트를 전체 선택한 뒤 ⟨⟩Shape Builder Tool(Shift + Ⓜ)로 두 개의 원 영역을 Alt 누르고 드래그하여 삭제한다. 씨앗이 될 검정색(K100)의 타원을 그리고 《출력형태》에 맞는 위치에 복사하여 배치한다. 모두 선택하고 그룹화(Ctrl + Ⓖ)한다.

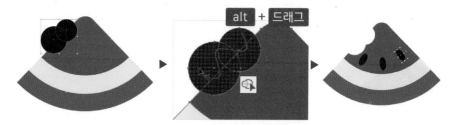

유형 3. 그라디언트로 색 채우기

유형 6. 패턴 만들고 등록한 뒤, 채우기

1. 야자 캔디 패키지를 만들기 위해 사각형을 그리고 C10M10Y10 색상을 지정한다. 사각형 상단에 ⬡Polygon Tool로 드래그하는 도중 키보드 상, 하 방향키 ↑, ↓를 눌러 삼각형을 만들고 ▶Selection Tool(Ⅴ)로 Alt + Shift 누르며 오른쪽으로 드래그하여 복사한다. Ctrl + Ⓓ를 눌러 반복하여 사각형 상단 끝까지 복사한다. 복사한 삼각형을 모두 선택하고 사각형의 너비에 맞게 크기를 조절한다.

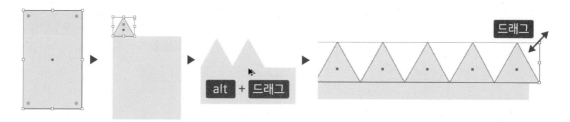

2. 삼각형이 모두 선택되어있는 상태에서 ▷◁Reflect Tool(⒪)로 사각형의 중앙을 Alt 누르고 클릭하여 반전 도구 대화상자에서 [Horizontal(수평 상하 반전)]에 체크하고 [Copy]하여 복사한다. 모든 오브젝트를 선택하고 [Pathfinder] 패널에서 █▊United 하여 병합한다.

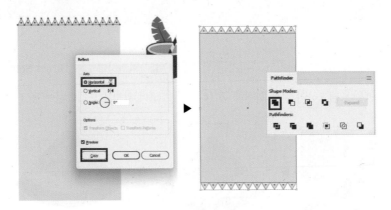

3. 삼각형을 그린 다음 바운딩박스를 아래로 드래그하여 삼각형의 높이를 조절한다. 패키지의 상단 좌우 하단 좌우에 배치한다. 오브젝트를 모두 선택하고 [Pathfinder] 패널에서 █▢Minus Front 하여 맨 아래 오브젝트를 제외한 모든 오브젝트를 삭제한다.

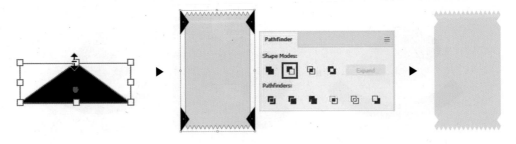

4. ✏Pen Tool(℗)로 패키지 오브젝트 중간에 곡선을 그리고 획에 흰색(C0M0Y0K0)을 지정한다.《출력형태》와 비교하여 비슷한 두께로 지정한다. 획을 면 속성으로 확장하기 위하여 상단 메뉴바 [Object] 〉 [Expand]를 클릭하고 [OK]한다. ([Object] 〉 [Path] 〉 [Outline Stroke]를 사용해도 무관하다.) 모든 오브젝트를 선택하고 [Pathfinder] 패널에서 ▦Divide 하여 분리하고 Ctrl + Shift + G를 눌러 그룹해제 한다. 필요 없는 오브젝트를 선택하고 지운다.

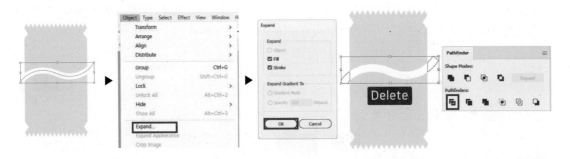

5. 패턴을 등록하기 위해 코코넛 오브젝트를 선택하고 상단 메뉴바 [Object] 〉 [Path] 〉 [Pattern]을 클릭한다. 알림창이 뜨면 [Don't Show again]에 체크하고 [OK]한다. 패턴 편집 화면으로 변경되면 [Name] 항목에 문제에 제시된 패턴 이름 "야자 캔디"를 입력하고 [Tile Type]을 Brick by column으로 지정한다. ❸Pattern Tile Tool을 클릭하고 파란색 타일 박스를 드래그하여 《출력형태》에 맞게 패턴 간격을 조절한다. 상단 ❺ [Done]을 클릭하여 패턴을 등록한다. 등록된 패턴은 [Swatches] 패널에서 확인한다.

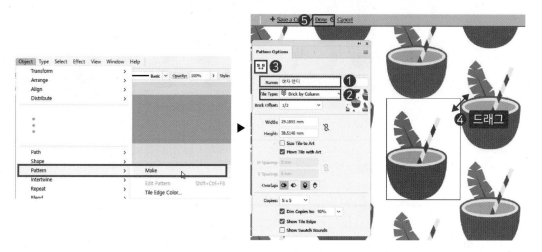

6. 패키지 오브젝트의 상단 조각을 Ctrl + C 복사, Ctrl + F하여 같은 자리 위에 붙인다. [Swatches] 패널에서 등록된 패턴을 클릭하여 적용한다. ⬚Scale Tool(S) 선택 후 Enter↵를 눌러 대화상자를 열고 [Transform object] 항목은 체크 해제하고 [Transform Pattern] 항목에만 체크한다. [Uniform] 항목의 값을 조절하여 《출력형태》와 비슷한 크기로 지정한다.

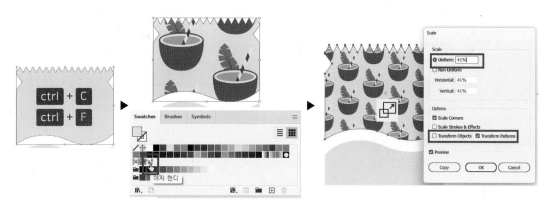

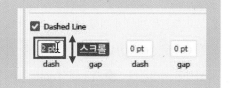

7. ◆Eraser Tool([Shift] + [E])로 [Alt] 누르고 드래그하여 필요 없는 부분을 지운다.

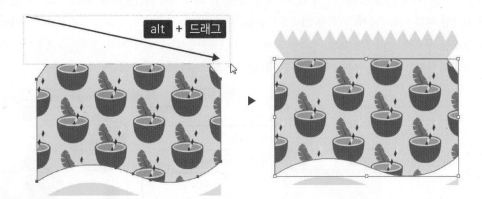

🔖 버전 안내

[Object] 〉 [Pattern] 〉 [Make] 메뉴가 없는 버전은 패턴으로 등록할 오브젝트 뒤에 칠(Fill)과 획(Stroke) 색상이 없는 투명한 사각형 오브젝트를 만들어 [Pattern Tile Tool] 기능을 활용할 수 있습니다.

8. 패키지 오브젝트의 하단 조각을 선택하고 🖋️스포이드([I])로 Y100 → M30Y80의 그라디언트 색상 스와치를 클릭하여 지정한다. 《출력형태》와 맞는 방향으로 각도를 조절하고 🖊️Knife Tool로 [Alt] + [Shift]를 먼저 누르고 수평으로 드래그하여 분리한다. 패키지에 해당하는 모든 오브젝트를 선택하고 그룹화([Ctrl] + [G])한다.

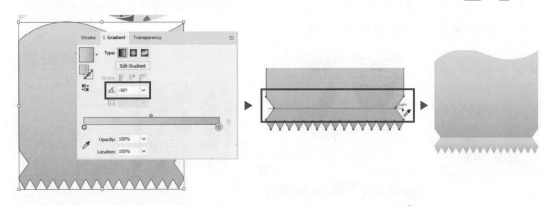

유형 4. Stroke 패널에서 선 모양 변경

유형 9. Effect-Drop Shadow 적용

1. 로고 부분을 만들기 위해 코코넛 오브젝트 그룹을 하나 복사하고 [Pathfinder] 패널에서 ◼️United 하여 모두 병합한 뒤 C50M60Y70K10 색상을 지정한다. ⬭Ellispse Tool([L])로 타원을 그리고 C10M20Y30K20 색상을 지정한다. ◆Eraser Tool([Shift] + [E])로 [Alt] 누르고 드래그하여 위의 반원 영역을 지운다.

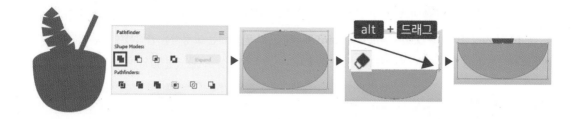

2. 반원의 너비에 맞게 사각형을 그리고 C50M60Y70K10 색상을 지정한다. ▷ Direct Selection Tool(Ⓐ)로 하단 왼쪽, 오른쪽 고정점만 선택하고 ⊞ Scale Tool(Ⓢ)로 도구를 변경한 뒤 오른쪽으로 드래그하여 아래쪽 변의 크기만 변형한다. 반원 오브젝트를 선택하고 맨 앞으로(Ctrl + Shift +]) 가져온다.

3. T Type Tool(Ⓣ)로 "COCONUT CANDY" 문자를 입력하고 Times New Roman-Bold 서체를 지정한다. "COCONUT" 문자에 블록을 씌우고 15pt, C0M0Y0K0 색상, "CANDY" 문자는 21pt, C80M50 색상을 지정하고 문단을 가운데 정렬한다. 글자 크기에 맞춰 먼저 그린 반원과 사다리꼴 오브젝트의 크기를 조절한다.

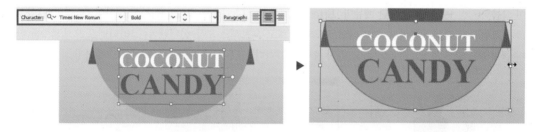

4. 점선의 아웃라인을 만들기 위해 반원과 사다리꼴 오브젝트만 선택하고 상단 메뉴바 [Object] 〉 [Path] 〉 [Offset Path]를 클릭한다. 《출력형태》와 비교하여 적당한 거리만큼 [Offset] 값을 지정하고 [OK] 한다.

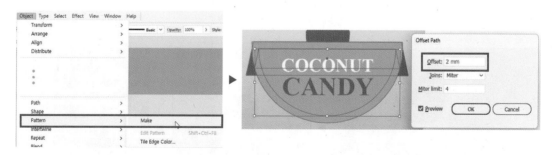

참고 Offset Path(고정점 이동) 기능은 선택한 오브젝트의 고정점을 입력한 거리(Offset) 만큼 이동하여 새 오브젝트를 생성하는 기능입니다. 일정한 간격의 오브젝트가 필요할 때 자주 사용하는 기능입니다. 음수(-)값을 입력하면 패스 안쪽으로 이동합니다.

5. [Pathfinder] 패널에서 ▰United 하여 병합하고 ✐스포이드(①)로 (선/획) M50Y100, 2pt의 색상 스와치를 클릭하여 지정한다. ✐Delete Anchor Point Tool(⊟)로 필요 없는 고정점을 클릭하여 지운다. [Stroke] 패널에서 [Dashed Line] 항목에 체크하고 첫 번째 [dash] 항목의 값을 《출력형태》와 비슷하게 입력한다.

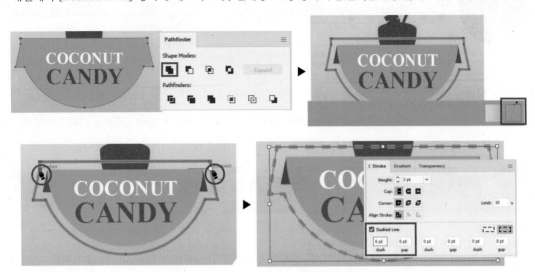

6. 코코넛 오브젝트를 선택하고 맨 앞으로(Ctrl + Shift +])) 가져온다. 점선 오브젝트만 제외하고 모두 선택하여 그룹화(Ctrl + G)한다. 상단 메뉴바 [Effect] 〉 [Stylize] 〉 [Drop Shadow]를 클릭하여 《출력형태》와 비슷하게 그림자 효과를 적용한다. 그라디언트 도형과 로고 오브젝트 모두 선택한 뒤 그라디언트 오브젝트를 한 번 더 클릭하여 키 오브젝트로 고정하고 수직 중앙 정렬한다. 모든 오브젝트를 선택하고 그룹화 (Ctrl + G)한다.

참고 그룹화 하지 않으면 각각 개별로 효과가 적용됩니다.

유형 5. 브러시 적용

유형 7. Clipping Mask

1. 튜브를 만들기 위해 원을 그리고 C80M50 색상을 지정한다. [Ctrl] + [C] 복사, [Ctrl] + [F]하여 같은 자리 위에 붙인 다음 [Alt] + [Shift] 누르고 드래그하여 크기를 줄이고 검정색(K100)을 지정한다. 고리 모양 오브젝트를 만들기 위해 직사각형을 그리고 C70Y10 색상을 지정한다.   바로 상단에 사각형을 하나 더 그린다. ▶️Free Transform Tool([E])의 위젯에서 ▶️Perspective Distort를 선택하고 상단 코너를 드래그하여 사다리꼴로 변형한다.

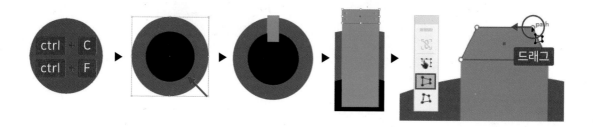

2. 사다리꼴 상단 중앙에 마우스를 대고 ⬭Ellispse Tool([L])로 [Alt] + [Shift] 누르고 드래그하여 정원을 그린다. 정원을 [Ctrl] + [C] 복사, [Ctrl] + [F]하여 같은 자리 위에 붙인 다음 [Alt] + [Shift] 누르고 드래그하여 크기를 줄이고 검정색(K100)을 지정한다. 모든 오브젝트를 선택하고 [Pathfinder] 패널에서 ▮Merge 하여 병합한다. 같은 색상끼리 병합된다.

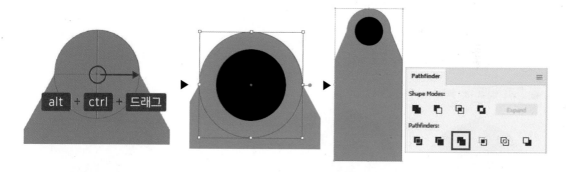

3. ⌐Anchor Point Tool([Shift] + [C])로 ❶번 고정점을 [Shift] 누르고 아래로 드래그하여 곡선으로 변경한다. ❷번 고정점도 [Shift] 누르고 아래로 드래그하여 곡선으로 변경한다. ❸번 고정점은 [Shift] 누르고 위로 드래그하여 곡선으로 변경한다. ❹번 고정점도 [Shift] 누르고 위로 드래그하여 곡선으로 변경하고 검정색(K100) 원을 삭제한다.

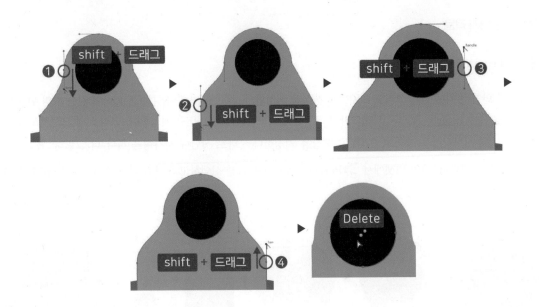

참고 Smart Guides(Ctrl + U)가 활성화 되어있으면 오브젝트의 중심이 표시됩니다.

참고 윤곽선 보기(Ctrl + Y)를 하면 오브젝트의 중심과 형태를 정확히 파악할 수 있습니다.

4. 모든 오브젝트를 선택하고 원을 한 번 더 클릭하여 키 오브젝트로 고정하고 수평 중앙 정렬 한다. 고리 모양 오브젝트를 선택하고 ⟳Rotate Tool(R)로 Alt 누르고 원의 중심을 클릭한다. 회전 대화상자 [Angle] 항목에 360/4를 입력하고 [Copy]한다. Ctrl + D를 눌러 반복 적용한다. 모든 오브젝트를 선택하고 ⟳Shape Builder Tool(Shift + M)로 불필요한 튜브 안쪽 영역을 Alt 누르고 드래그하여 삭제한다.

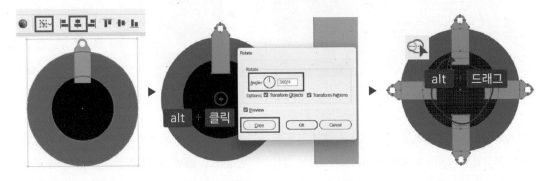

5. ▶Selection Tool(V)로 C80M50 색상의 원을 선택하고 Alt 누르며 드래그하여 빈 공간으로 복사한다. 복사한 원 오브젝트 위에 수박 오브젝트를 90° 회전하여 배치한 다음 ⟳Rotate Tool(R)로 Alt 누르고 원의 중심을 클릭한다. 회전 대화상자 [Angle] 항목에 360/5를 입력하고 [Copy]한다. Ctrl + D를 눌러 반복 적용한다. ❶번, ❷번, ❸번 오브젝트의 크기가 살짝 더 크므로 선택하고 우클릭하여 [Transform] 〉 [Transform

Each] 메뉴를 클릭한다. 대화상자에서 비율 고정 버튼을 누르고 《출력형태》와 비교하여 비슷하게 크기를 조절한다.

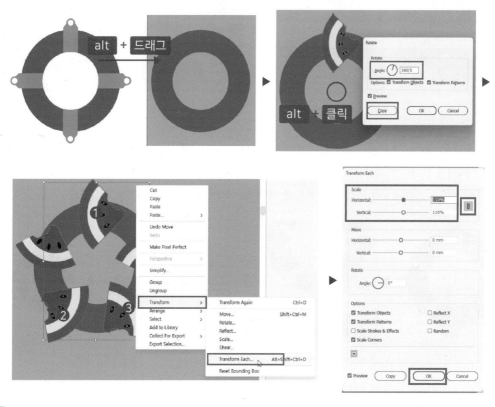

참고 Transform Each는 여러 개의 오브젝트를 선택하였을 경우, 하나의 고정점이 아닌 각 오브젝트의 중심을 기준으로 개별 변형하는 기능입니다.

6. **T** Type Tool(T)로 "Cool Summer" 문자를 입력하고 Times New Roman–Bold Italic 서체, C0M0Y0K0 색상, 22pt를 지정한다. Free Transform Tool(E)의 위젯에서 Free Transform을 선택하고 텍스트 박스의 오른쪽 중앙 포인트를 위로 드래그하여 글자를 기울인다. 옵션바에서 [Opacity]를 50%로 입력한다.

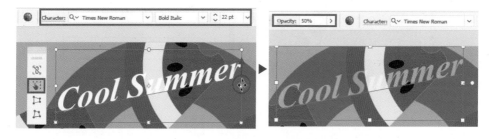

7. 원 오브젝트를 선택하고 맨 앞으로(Ctrl + Shift +]) 가져온 다음 수박과 문자 오브젝트까지 모두 선택 후 Clipping Mask(Ctrl + 7)한다. 작업중이던 튜브 오브젝트 위로 이동하고 C80M50 색상의 원 오브젝트와 Clipping Mask한 오브젝트를 함께 선택하고 원을 한 번 더 클릭하여 키 오브젝트로 고정한 뒤 수평 중앙 정렬, 수직 중앙 정렬한다.

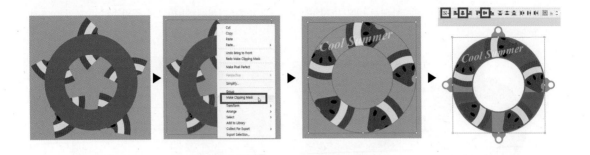

8. Pencil Tool(N)로 드래그하여 튜브에 연결된 선을 그린다. 스포이드(I)로 (선/획) C70Y100, 1pt 색상 스와치를 클릭하여 지정하고 [Brush] 패널에서 Charcoal-Feather 브러시를 클릭하여 적용한다. 선을 맨 뒤로(Ctrl + Shift + [) 보낸다. 튜브에 해당하는 모든 오브젝트를 선택하고 그룹화(Ctrl + G)한다.

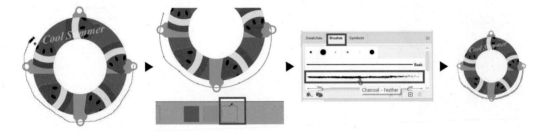

9. 전체적으로 《출력형태》와 비교하여 비슷하게 조정하고 작업하지 않은 부분은 없는지 꼼꼼하게 확인한다. 색상 스와치를 모두 선택하여 Delete 눌러 지운 다음 Ctrl + S를 눌러 저장한다. 시험장에서는 저장 후 [KOAS 수험자용] 프로그램의 [답안 전송하기] 버튼을 눌러 감독관 PC로 전송한다.

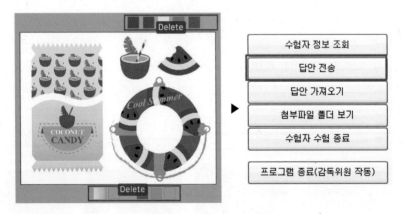

1. [File] 〉 [New](Ctrl + N)하여 새 문서를 생성한다. 문서 용도는 [Print(인쇄)], 수험번호는 임의로 지정하여 파일명을 12345678-성명-3으로 입력하고 [Width(폭)] 210mm, [Height(높이)] 297mm, [Color Mode(색상 모드)] CMYK Color, [Resolution Effects(해상도)] 300ppi로 지정한 후 [Create] 한다.

2. [File] 〉 [Save] (Ctrl + S)하여 ai 파일로 저장한다. (실제 시험장에서는 지정된 폴더에 저장) 이후 작업 중 수시로 Ctrl + S를 눌러 저장하며 작업 한다.

3. 119~120쪽의 색상 스와치 만들기를 참고하여 문제에 제시된 색상들의 스와치를 만든다.

유형 13. Mesh Tool 사용하여 배경 칠하기

1. ▢Rectangle Tool(M)로 작업 화면을 클릭하여 대화상자에 [Width(폭)] 210mm, [Height(높이)] 297mm 를 입력하고 [OK] 한다. C60 색상을 지정하고 대지를 기준으로 수평 중앙, 수직 중앙 정렬한다. 🔲Mesh Tool(U)로 《출력형태》와 비교하여 색이 바뀌는 부분을 클릭하고 흰색(C0M0Y0K0)을 지정한다.

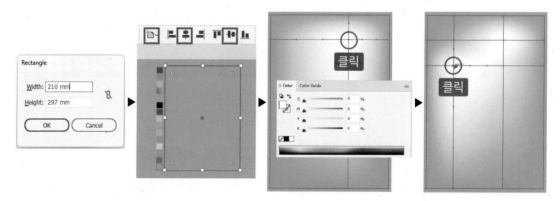

유형 3. 그라디언트로 색 채우기

1. ▢Rectangle Tool(M)로 드래그하여 대지의 2/3 영역 크기로 사각형을 그린다. ✏스포이드(I)로 C80M20 → C40M30 색상의 그라디언트 색상 스와치를 클릭하여 지정한다. 《출력형태》와 같은 방향으로 각

도를 조절하고 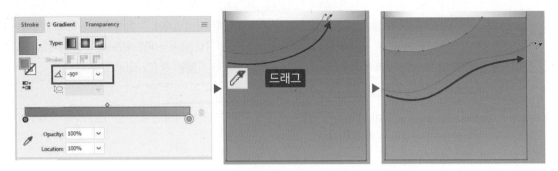Knife Tool로 곡선 모양으로 드래그하여 분리한다. 세 조각을 모두 선택하고 그룹화(Ctrl + G)한다.

유형 1. 도형, 변형 도구 사용하고 Pathfinder를 활용하여 모양 만들기

유형 2. Pen Tool(펜 도구 P), Pencil Tool(연필 도구 N) 사용하여 모양 그리기

1. ✏️Pen Tool(P)로 바위 모양을 그리고 C40M40Y40 색상을 지정한다. ▶Selection Tool(V)로 Alt + Shift 누르고 드래그하여 복사하고 크기를 조절한 뒤 C70M70Y70 색상을 지정한다. 반복하여 《출력형태》와 비슷하게 작업하고 앞에 있어야 할 바위 오브젝트만 선택하여 맨 앞으로(Ctrl + Shift +]) 가져온다.

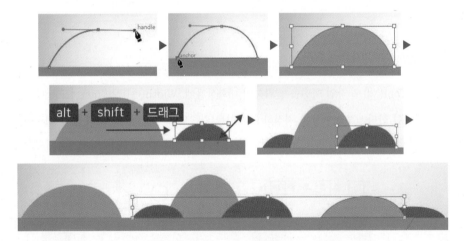

2. ✏️Pen Tool(P)로 하단 섬 모양을 그리고 C30M20Y20 색상을 지정한다.

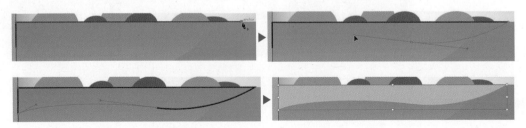

3. ◯Ellispse Tool(Ⓛ)로 대지 하단에 흰색(C0M0Y0K0)의 정원을 그리고 ▶ Selection Tool(Ⓥ)로 Ⓐⓛⓣ 누르고 복사한 뒤 크기를 조절한다. 반복하여 《출력형태》와 비슷하게 작업 한다. 모두 선택하고 그룹화(Ⓒⓣⓡⓛ + Ⓖ)한다.

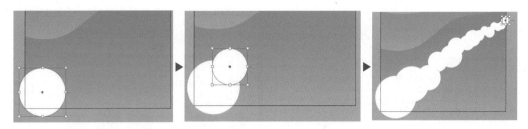

4. ✏Pen Tool(Ⓟ)로 모래사장 영역을 그린다. M20Y40 색상을 지정한다. 흰색 원 그룹을 선택하고 맨 앞으로 (Ⓒⓣⓡⓛ + Ⓢⓗⓘⓕⓣ + Ⓘ)) 가져온다.

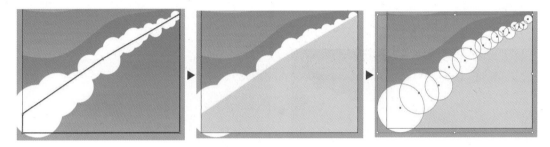

유형 5. 브러시 적용

1. ✏️ Paintbrush Tool(ⓑ)를 선택하고 [Brush] 패널의 라이브러리 버튼(📖)을 눌러 [Decorative] 〉 [Decorative_Scatter]를 클릭한다. 견본에서 [Bubbles] 브러시를 선택하고 작업 화면에서 드래그하여 그린다. 선 두께를 2pt로 지정한다. 흰색 원 그룹을 선택하고 맨 앞으로(Ctrl + Shift +]) 가져온다.

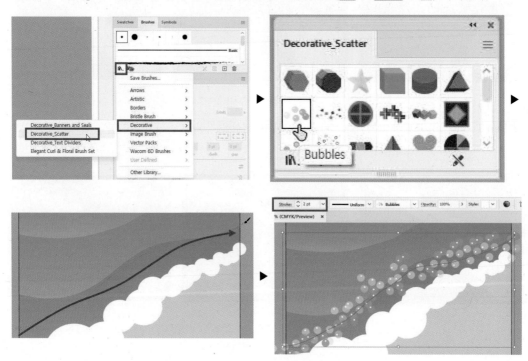

유형 1. 도형, 변형 도구 사용하고 Pathfinder를 활용하여 모양 만들기

유형 2. Pen Tool(펜 도구 ⓟ), Pencil Tool(연필 도구 ⓝ) 사용하여 모양 그리기

1. 해녀를 만들기 위해 ⬭Ellispse Tool(ⓛ)로 머리 크기의 타원을 그리고 C70M70Y70 색상을 지정한다. 🖊️ Pen Tool(ⓟ)로 머리에 연결된 목 부분을 그리고 C70M70Y70 색상을 지정한 후 타원과 함께 선택하고 [Pathfinder] 패널에서 ▪️United 하여 병합한다.

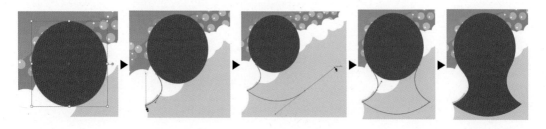

2. 몸 크기만큼 원을 그리고 C90M70Y70K40 색상을 지정한다. 필요 없는 부분은 ◆Eraser Tool(Shift + ⓔ)로 Alt 누르고 드래그하여 지운다. 머리 오브젝트를 선택하고 맨 앞으로(Ctrl + Shift +]) 가져온다.

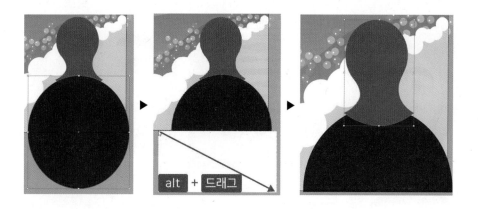

3. 얼굴 크기만큼 정원을 그리고 M30Y30 색상을 지정한다. 눈동자 크기만큼 검정색(K100)으로 정원을 그리고
반대편에 복사한다. 눈썹을 만들기 위해 눈동자 위에 검정색(K100)으로 타원을 그리고 Alt + Ctrl + Shift +
W를 눌러([Object] 〉 [Envelope Distort] 〉 [Make With Warp]) [Style] 항목을 Arc로 지정하고 방향은
[Horizontal]에 체크한다. 눈썹 모양에 맞춰 [Bend] 항목의 값을 조절하고 [OK]한다. ▷◀ Reflect Tool(◯)
로 Alt 를 누르고 두 눈썹의 가운데 부분을 클릭한다. 반전 도구 대화상자에서 [Vertical(수직 좌우 반전)]에
체크하고 [Copy]하여 복사한다.

4. ✏️ Pen Tool(P)로 코 모양의 곡선을 그리고 획에 검정색(K100)을 지정한다. 옵션바에서 획 프로필을
[Width Profile 1]로 변경하고 《출력형태》에 따라 획 두께를 적절히 조절한다. 입 모양의 곡선을 그리고 획 속
성을 선택한 뒤, ✏️스포이드(I)로 C30M40Y50 색상 스와치를 Shift 누르고 클릭하여 획 색상으로 지정한
다. 옵션바에서 획 프로필을 [Width Profile 1]로 변경하고 《출력형태》에 따라 획 두께를 적절히 조절한다. 볼
부분에 정원을 그리고 M50 색상을 지정한 뒤 반대편에 복사하여 배치한다. 얼굴에 해당하는 모든 오브젝트를
선택하고 그룹화(Ctrl + G)한다.

유형 10. Opacity(불투명도) 변경

1. 수경 크기만큼 둥근 사각형을 그리고 [Swatches] 패널에서 C100 색상을 지정한다. 옵션바의 [Opacity] 항목을 40%로 변경한다. 둥근 사각형을 Ctrl + C 복사, Ctrl + F하여 같은 자리 위에 붙인다. Fill(칠) 속성은 색 없음, 획 속성을 선택하고 🖊️스포이드(I)로 C20M90Y70 색상 스와치를 Shift 누르고 클릭하여 획 색상으로 지정한다. 《출력형태》에 따라 획 두께를 적절히 조절한다. 해녀에 해당하는 모든 오브젝트를 선택하고 그룹화(Ctrl + G)한다.

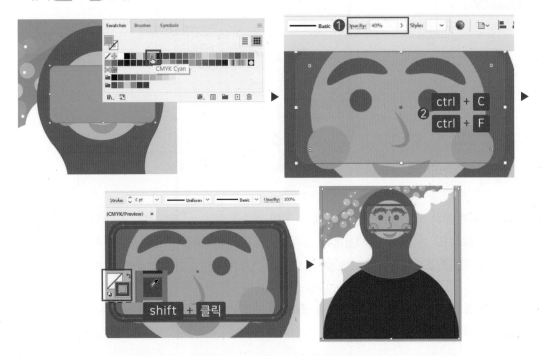

참고 [Transparency], [Appearance] 패널에서도 Opacity 값을 조절할 수 있습니다.

2. 오른쪽 팔의 크기만큼 타원을 그리고 각도를 조절한 뒤 C70M70Y70 색상을 지정한다. 불필요한 부분은 Eraser Tool(Shift + E)로 Alt 누르고 드래그하여 지운다. 손 크기만큼 타원을 그리고 각도를 조절한 뒤 M30Y30 색상을 지정한다. 한 단계 뒤로(Ctrl + [) 보낸다. 손과 팔만 선택하여 그룹화(Ctrl + G)한다.

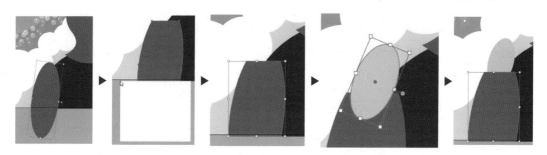

유형 9. Effect-Drop Shadow 적용

1. Pencil Tool(N)로 드래그하여 선을 그림 다음 획 속성을 선택하고 스포이드(I)로 C70M30Y70 색상 스와치를 Shift 누르고 클릭하여 획 색상으로 지정한다. 나머지 그물 형태에 따라 선을 그리고 그룹화(Ctrl + G)한다. 상단 메뉴바 [Effect] > [Stylize] > [Drop Shadow]를 클릭하여 《출력형태》와 비슷하게 그림자 효과를 적용한다.

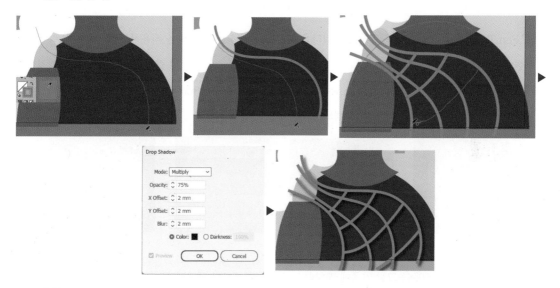

참고 Pen Tool(P) 사용 시 먼저 그린 패스에 연결될 때는 전체 선택 해제(Ctrl + Shift + A)를 하고 아무 오브젝트도 선택되지 않은 상태에서 다시 그립니다.

> 인희 쌤의 빠른 합격 Tip
>
> 같은 Stroke(선/획) 색상 또는 같은 Fill(칠) 색상의 오브젝트를 한꺼번에 선택할 때는 Magic Wand Tool(Y)을 더블클릭하여 대화상자를 열어 선택할 속성에 체크 하고 Tolerance(허용치) 값을 조절한 다음 오브젝트를 클릭하여 선택합니다. Tolerance가 100에 가까울수록 허용 범위가 넓어집니다. 0을 입력하면 똑같은 색상의 오브젝트만 선택할 수 있습니다.

유형 1. 도형, 변형 도구 사용하고 Pathfinder를 활용하여 모양 만들기

유형 2. Pen Tool(펜 도구 P), Pencil Tool(연필 도구 N) 사용하여 모양 그리기

1. 대지의 빈 곳에 ☆Star Tool로 드래그하는 도중 Ctrl을 눌러 각의 반지름 길이를 조절하여 별을 그리고 M50 색상을 지정한다. ▷Direct Selection Tool(A)로 도형 안쪽을 클릭하여 전체 고정점을 선택했다가 안쪽 5개 고정점의 영역을 Shift 누르고 드래그하여 선택 해제한다. 옵션바에서 Convert 버튼(⌐)을 눌러 패스를 곡선화 한다. ⌐Blob Brush Tool(Shift + B)로 Fill(칠): 색 없음, Stroke(획): 흰색(C0M0Y0K0)을 지정하고 [,] 키로 브러시 크기를 조절하며 드래그하여 불가사리의 얼룩을 그린다. 불가사리에 해당하는 모든 오브젝트를 선택하고 그룹화(Ctrl + G)한다.

2. ✐Pen Tool(P)로 고둥의 윤곽형태를 그린다음 Fill(칠)은 M40Y30 색상을 적용하고 Stroke(획) 속성을 선택한다. ✐스포이드(I)로 C30M70Y50, 3pt 색상 스와치를 Shift 누르고 클릭하여 획 색상으로 지정한다. ◎Spiral Tool로 나선을 그리고 ✐스포이드(I)로 C30M70Y50, 3pt 색상 스와치를 클릭하여 지정한다. 검정색(K100) 타원을 그리고 모든 오브젝트를 선택하여 그룹화(Ctrl + G)한다.

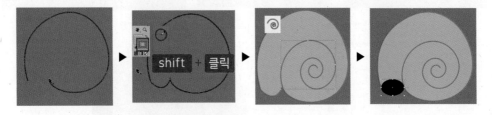

3. 불가사리와 고둥 오브젝트를 그물 안쪽에 배치하고 그물 오브젝트를 맨 앞으로(Ctrl + Shift +]) 가져온다. 오른쪽 팔 오브젝트를 선택하고 맨 앞으로(Ctrl + Shift +]) 가져온다. 세로로 직사각형을 그리고 ✐스포이드(I)로 C30M40Y50 색상 스와치를 클릭하여 지정한다. 복사하여 가로로 90° 회전하고, 복사하여 45° 회전한 다음 모두 선택하고 그룹화(Ctrl + G)한다. 복사하여 《출력형태》에 맞게 배치한다.

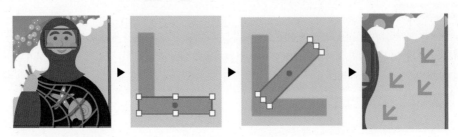

GTQi 시험은 짧은 시간에 작업해야 할 것이 많으므로 형태의 정확도에 집착하여 똑같이 그리려고 하기보다는 조금 단순하게 그리더라도 전체적으로 빨리 완성하는 것이 좋습니다.

유형 12. Blend Tool 사용하여 중간 단계 만들기

1. Pen Tool(P)로 곡선을 그리고 획에 C100 색상, 1pt를 지정한다. 복사한 뒤 회전하여 배치하고 획 색상을 C100M100으로 변경한다. 두 선을 같이 선택한 뒤 Blend Tool(W)을 더블클릭하여 대화상자를 열고 [Spacing] 항목을 Specified Steps로 지정하고 문제에 제시된 단계값 15를 입력한 뒤 [OK] 한다. Make(Alt + Ctrl + B)하여 적용한다. 어색한 부분은 Direct Selection Tool(A)로 선택하여 수정한다.

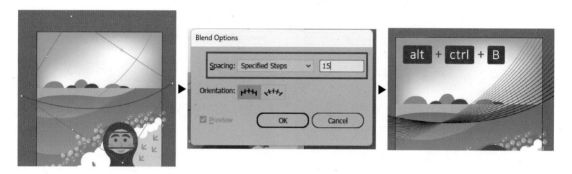

유형 11. 심볼 등록하고 뿌리기

1. 대지의 빈 공간에 Ellispse Tool(L)로 갈매기의 머리와 몸통 크기만큼 타원을 그리고 흰색(C0M0Y0K0)을 지정한다. 꼬리 부분에 사각형을 그리고 Direct Selection Tool(A)로 하단 왼쪽, 오른쪽 고정점만 선택한 뒤 Scale Tool(S)로 바깥쪽을 향해 드래그하여 사다리꼴을 만든다. Pen Tool(P)로 날개 모양을 그린 뒤 Reflect Tool(O)로 Alt 누르고 몸통의 가운데 부분을 클릭한다. 반전 도구 대화상자에서 [Vertical(수직 좌우 반전)]에 체크하고 [Copy]하여 복사한다.

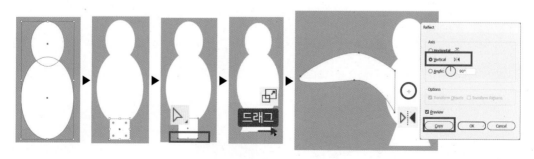

2. 모든 오브젝트를 선택하고 [Pathfinder] 패널에서 United 하여 병합한다. Pen Tool(P)로 삼각형을 그리고 하나 더 복사하여 꼬리 아래 부분에 배치한다. 모든 오브젝트를 선택하고 [Pathfinder] 패널에서 Minus Front 하여 맨 아래 오브젝트를 제외한 모든 오브젝트를 삭제한다.

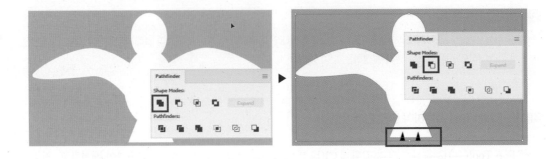

3. ▷ Direct Selection Tool(Ⓐ)로 아래 사진에 표시되어있는 영역만큼 드래그하여 몸통과 꼬리 부분에 해당하는 고정점만 선택하고 옵션바에서 Convert 버튼( )을 눌러 패스를 곡선화 한다. ❶번과 ❷번 고정점만 선택하고 옵션바에서 Convert 버튼( )을 눌러 패스를 직선화 한다.

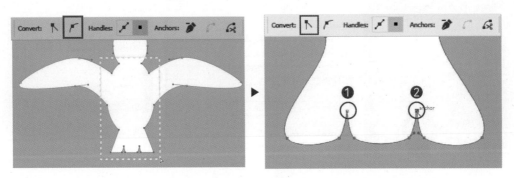

4. 갈매기 오브젝트를 Ctrl + C 복사, Ctrl + F하여 같은 자리 위에 붙인다. Knife Tool로 날개와 몸통 사이, 꼬리 부분을 드래그하여 분리하고 불필요한 조각을 선택하여 삭제한다. 날개 부분을 선택하고 Knife Tool로 드래그하여 분리하고 불필요한 조각을 선택하여 삭제한다.

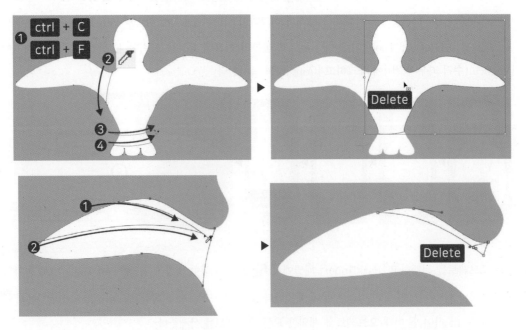

5. 위쪽 날개 조각을 선택하고 [Swatches] 패널에서 K70 색상을 지정하고, 아래 날개 조각에 검정색(K100)을 지정한다. 두 날개 조각만 선택한 뒤 ▶◀Reflect Tool(◯)로 ⒜ 누르고 갈매기의 몸통 부분을 클릭하여 반전 도구 대화상자에서 [Vertical(수직 좌우 반전)]에 체크하고 [Copy]하여 복사한다.

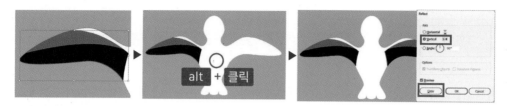

6. 꼬리 부분의 아래 조각에 검정색(K100), 위의 조각에 K70 색상을 지정한다. ▷.Direct Selection Tool(Ⓐ)로 아래 사진에 표시된 부분을 드래그하여 모양을 수정하고 ╱Line Segment Tool(Ⓦ)로 직선을 그린 다음 획에 K40 색상을 지정한다. 복사하여 《출력형태》에 동일하게 배치한다.

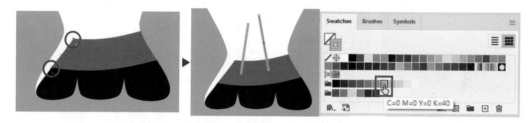

7. 모든 오브젝트를 선택하고 《출력형태》와 비슷한 각도로 회전한다. 눈 크기만큼 정원을 그리고 검정색(K100)을 지정한다. ✒Pen Tool(Ⓟ)로 부리 모양을 그리고 ✒스포이드(Ⓘ)로 C10M40Y60 색상 스와치를 클릭하여 지정한다. 갈매기에 해당하는 모든 오브젝트를 선택하고 그룹화(Ctrl + Ⓖ)한다. 갈매기 오브젝트를 선택하고 [Symbols] 패널에서 새 심볼버튼(⊞)을 누른다. [Name] 항목에 문제에 제시된 "갈매기"를 입력하고 [OK]하여 심볼을 등록한다.

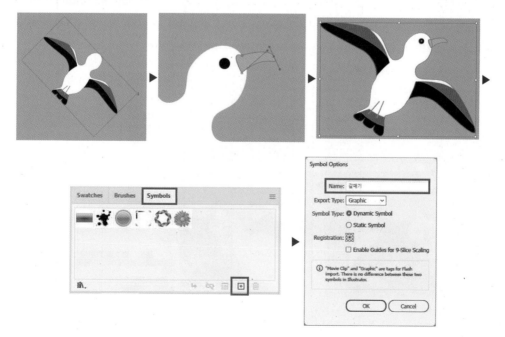

✏ Pen Tool(P)로 심볼 그리는 법 동영상으로 확인하기

민희 쌤의 빠른 합격 Tip

좌우나 상하가 대칭인 오브젝트를 그릴 때에는 먼저 수평, 또는 수직으로 작업하고 나중에 회전합니다.

8. 등록된 심볼을 ▶Selection Tool(Ⓥ)로 선택하고 작업 중인 화면 중앙에 배치한다. 나머지 부분에도 심볼을 생성하기 위해 🔲Symbol Sprayer Tool(Shift + Ⓢ)로 필요한 곳에 클릭하여 《출력형태》에 맞게 배치한다. ◉Symbol Sizer Tool로 심볼을 클릭하여 크기를 조절한다. Alt 를 누르고 클릭하면 작아진다.

참고 브러시 크기가 심볼보다 작으면 조절이 잘 되지 않습니다. [,]로 브러시 크기를 조절하며 사용합니다.

9. ◉Symbol Spinner Tool로 ❶번과 ❷번 심볼을 드래그하여 회전하고, 🖌Symbol Stainer Tool로 Fill (칠) 색상을 빨강색으로 선택하고 ❸번 심볼을 클릭하여 색을 변경한다. Fill(칠) 색상을 초록색으로 선택하고 ❹번 심볼을 클릭하여 색을 변경한다. Alt 를 누르고 클릭하면 원래의 색으로 돌아온다.

10. Symbol Screener Tool로 ❶번과 ❷번 심볼을 클릭하여 투명도를 조절한다. Alt를 누르고 클릭하면 원래의 투명도로 돌아온다. 위치가 맞지 않는 심볼이 있다면 Symbol shifter Tool로 드래그하여 《출력형태》에 맞게 조절한다.

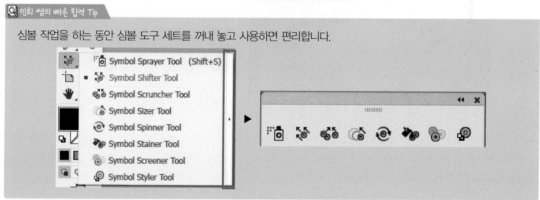

인희 쌤의 빠른 합격 Tip

심볼 작업을 하는 동안 심볼 도구 세트를 꺼내 놓고 사용하면 편리합니다.

유형 8. 문자 또는 오브젝트에 Envelope Distort 활용하여 형태 변형

1. **T** Type Tool(T)로 "WELCOME" 문자를 입력하고 Arial-Bold, 70pt 서체를 지정한다. [Swatches] 패널에서 C100M100 색상을 지정하고 Ctrl + Enter↵를 눌러 입력을 완료한 다음 옵션바의 Make Envelope 버튼(🕸)을 클릭한다. ([Object] 〉 [Envelope Distort] 〉 [Make With Warp]) [Style] 항목을 Arc로 지정하고 방향은 [Horizontal]에 체크 한다. 《출력형태》에 맞춰 [Bend] 항목의 값을 조절하고 [OK]한다.

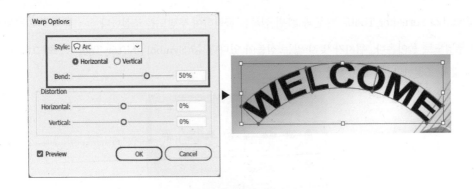

2. **T** Type Tool(T)로 "HAPPY ISLAND" 문자를 입력하고 Times New Roman-Regular, 45pt, 흰색
   (C0M0Y0K0)을 지정한다. Ctrl + Enter↵를 눌러 입력을 완료한 다음 옵션바의 Make Envelope 버튼( )을
   클릭한다. [Style] 항목을 Arc Upper로 지정하고 방향은 [Horizontal]에 체크 한다. 《출력형태》에 맞춰
   [Bend] 항목의 값을 조절하고 [OK]한다.

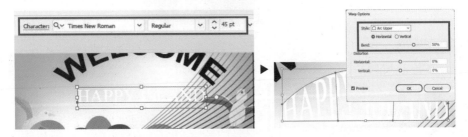

3. 사각형을 그리고 [Swatches] 패널에서 C100M100 색상을 지정한다. Alt + Ctrl + Shift + W를 눌러
   ([Object] 〉 [Envelope Distort] 〉 [Make With Warp]) [Style] 항목을 Arc Upper로 지정하고 방향은
   [Horizontal]에 체크 한다. 《출력형태》에 맞춰 [Bend] 항목의 값을 조절하고 [OK]한다. 한 단계 뒤로(Ctrl +
   []) 보내 "HAPPY ISLAND" 문자 오브젝트 뒤로 배치한다.

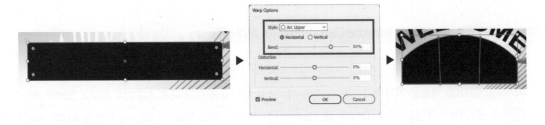

4. 변형한 사각형과 "WELCOME" 문자, "HAPPY ISLAND" 문자 오브젝트를 선택하고 대지 기준으로 수평 중
   앙 정렬 한다. ☆ Star Tool로 Alt + Shift 누르고 드래그하여 반듯한 오각형 별을 그리고 [Swatches] 패널
   에서 C100M100 색상을 지정한다. 반대쪽에 복사하여 배치한다.

5. **T** Type Tool(Ⓣ)로 "해녀회" 문자를 입력하고 궁서, 25pt, K100 색상을 지정한다. 흰색(C0M0Y0K0)의 타원을 그리고 "해녀회" 문자 뒤로 보낸다. 전체적인 위치를 《출력형태》와 비교하여 비슷하게 조정하고 작업하지 않은 부분은 없는지 꼼꼼하게 확인한다. 색상 스와치를 모두 선택하여 Delete 눌러 지운다.

유형 7. Clipping Mask

1. ▢Rectangle Tool(Ⓜ)로 작업 화면을 클릭하여 대화상자에 [Width(폭)] 210mm, [Height(높이)] 297mm를 입력하고 [OK] 한다. 대지를 기준으로 수평 중앙, 수직 중앙 정렬한다. 전체 선택(Ctrl + Ⓐ)하고 Clipping Mask(Ctrl + ⁷7) 한다. Ctrl + Ⓢ를 눌러 저장한다. 시험장에서는 저장 후 [KOAS 수험자용] 프로그램의 [답안 전송하기] 버튼을 눌러 감독관 PC로 전송한다.

참고 작업 중 잠근 오브젝트가 있다면 전체 잠금 해제(Alt + Ctrl + ²2)하고 전체 선택(Ctrl + Ⓐ) 한 뒤 Clipping Mask (Ctrl + ⁷7) 합니다.

내일은 GTQi 일러스트

CHAPTER

04

자율 학습 문제

다음의 《조건》에 따라 아래의 《출력형태》와 같이 작업하시오.

조건

파일저장규칙	AI	파일명	문서 GTQ 수험번호−성명−1.ai
		크기	100 × 80mm

1. 작업 방법
   ① 도형, 변형 툴과 Pathfinder 기능을 활용하여 오브젝트를 작성한다.
   ② 그 외 《출력형태》참조

2. 문자 효과
   ① BEST NATURE WALKS, N, S, W, E (Times New Roman, Bold, 16pt, C0M0Y0K0, C90M40Y80K40)

출력형태

C0M0Y0K0, K30,
C60M10Y50,
C90M40Y80K40,
C50M50Y70K20,
C20M60Y100K10,
C20M50Y100,
M50Y100,
C60M10Y50 →
C60M10Y50K40,
(선/획)
C90M40Y80K40, 1pt

다음의 《조건》에 따라 아래의 《출력형태》와 같이 작업하시오.

조건

파일저장규칙	AI	파일명	문서 GTQ 수험번호-성명-2.ai
		크기	160 × 120mm

1. 작업 방법
   ① 모자는 Pattern을 활용하여 작성한다. (패턴 등록 : 잎)
   ② 지갑에는 Clipping Mask를 적용한다.
   ③ Brush는 아래를 참고하여 작업한다.
      – Artistic 〉 Artistic_ChalkCharcoalPencil 〉 Charcoal – Pencil
   ④ Effect는 아래를 참고하여 작업한다.
      – Illustrator Effects 〉 Stylize 〉 Drop Shadow
   ⑤ 그 외 《출력형태》참조

2. 문자 효과
   ① outdoors (Times New Roman, Italic, 12pt, C0M0Y0K0)
   ② coin purse (Arial, Regular, 13pt, C30M20Y100)

출력형태

M50Y80, C10M70Y90,
C40M60Y70K20,
C40M70Y70K40

C50M30Y100,
C60M40Y100K20,
C60M40Y100K40

C0M0Y0K0,
C40M60Y70K30,
C40M70Y70K60,
C20M20Y20,
C60M10Y50 →
C60M10Y50K60,
[Pattern]

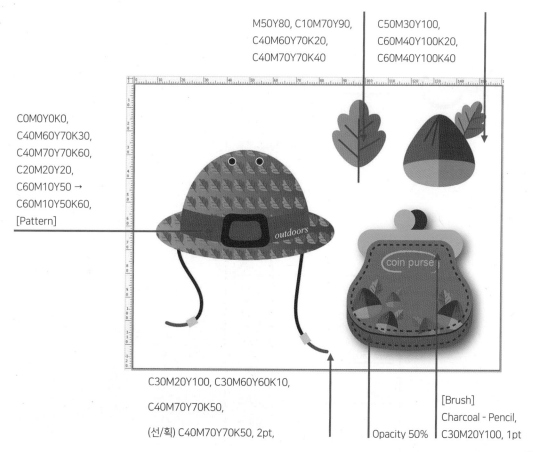

C30M20Y100, C30M60Y60K10,

C40M70Y70K50,

(선/획) C40M70Y70K50, 2pt,

Opacity 50%

[Brush]
Charcoal - Pencil,
C30M20Y100, 1pt

다음의 《조건》에 따라 아래의 《출력형태》와 같이 작업하시오.

조건

파일저장규칙	AI	파일명	문서 GTQ 수험번호-성명-3.ai
		크기	210 x 297mm

1. 작업 방법
   ① 《참고도안》을 직접 제작한 후 Symbol로 활용한다. (심볼 등록 : 자전거)
   ② 'BICYCLE TOURING', 'WE'LL FIND EVERYTHING' 문자에 Envelope Distort를 적용한다.
   ③ Brush는 아래를 참고하여 작업한다.
      – Decorative 〉 Elegant Curl & Floral Brush Set 〉 City
   ④ Effect는 아래를 참고하여 작업한다.
      – Illustrator Effects 〉 Stylize 〉 Drop Shadow
   ⑤ Clipping Mask를 이용하여 디자인을 정리한다.
   ⑥ 그 외 《출력형태》참조

2. 문자 효과
   ① BICYCLE TOURING (Times New Roman, Bold, 53pt, C30M80)
   ② WE'LL FIND EVERYTHING (Arial, Regular, 15pt, C80M100Y20K10)
   ③ THE ADVENTURES CONTINUE (Arial, Bold Italic, 21pt, M40Y20)

참고도안

C90M50Y50K30,
C90M20Y100K10,
C50Y90,
C30Y10

출력형태

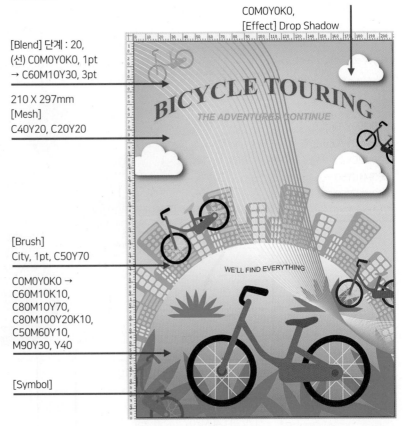

C0M0Y0K0,
[Effect] Drop Shadow

[Blend] 단계 : 20,
(선) C0M0Y0K0, 1pt
→ C60M10Y30, 3pt

210 X 297mm
[Mesh]
C40Y20, C20Y20

[Brush]
City, 1pt, C50Y70

C0M0Y0K0 →
C60M10K10,
C80M10Y70,
C80M100Y20K10,
C50M60Y10,
M90Y30, Y40

[Symbol]

문제 ①   BI, CI 디자인   25점

다음의 《조건》에 따라 아래의 《출력형태》와 같이 작업하시오.

조건

파일저장규칙	AI	파일명	문서 GTQ 수험번호—성명—1.ai
		크기	100 x 80mm

1. 작업 방법
　① 도형, 변형 툴과 Pathfinder 기능을 활용하여 오브젝트를 작성한다.
　② 그 외 《출력형태》참조

2. 문자 효과
　① A Nice Cup of Tea (Times New Roman, Bold, 18pt, C30Y100, C0M0Y0K0)

출력형태

C30Y100,
C0M0Y0K0,
K30, M20Y80,
C70M20,
C90M40Y20,
C100M90Y40,
C50M80Y100,
C30 → C90M40Y20,
(선/획)
C0M0Y0K0, 1pt

다음의 《조건》에 따라 아래의 《출력형태》와 같이 작업하시오.

조건

파일저장규칙	AI	파일명	문서 GTQ 수험번호–성명–2.ai
		크기	160 x 120mm

1. 작업 방법
① 티백은 Pattern을 활용하여 작성한다. (패턴 등록 : 말린과일)
② 텀블러는 Clipping Mask를 적용한다.
③ Brush는 《출력형태》를 참고하여 작성한다.
④ Effect는 《출력형태》를 참고하여 작성한다.
⑤ 그 외 《출력형태》 참조

2. 문자 효과
① HAPPY TIME (Times New Roman, Bold, 16pt, C90M70Y40K30)
② HIGH QUALITY (Arial, Bold, 13pt, C80M20Y100K10)

출력형태

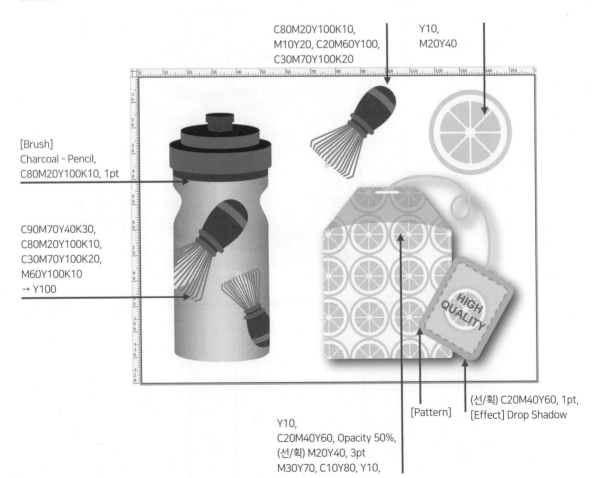

C80M20Y100K10,
M10Y20, C20M60Y100,
C30M70Y100K20

Y10,
M20Y40

[Brush]
Charcoal - Pencil,
C80M20Y100K10, 1pt

C90M70Y40K30,
C80M20Y100K10,
C30M70Y100K20,
M60Y100K10
→ Y100

Y10,
C20M40Y60, Opacity 50%,
(선/획) M20Y40, 3pt
M30Y70, C10Y80, Y10,

[Pattern]

(선/획) C20M40Y60, 1pt,
[Effect] Drop Shadow

다음의 《조건》에 따라 아래의 《출력형태》와 같이 작업하시오.

조건

파일저장규칙	AI	파일명	문서 GTQ 수험번호—성명—3.ai
		크기	210 x 297mm

1. 작성 방법

① 《참고도안》은 직접 제작한 후 Symbol로 활용한다. (심볼 등록 : 국화)
② 'CLASSIC TEA', 'Tea time is the best time~' 문자에 Envelope Distort를 적용한다.
③ Brush는 《출력형태》를 참고하여 작성한다.
④ Effect는 《출력형태》를 참고하여 작성한다.
⑤ Clipping Mask를 이용하여 디자인을 정리한다.
⑥ 그 외 《출력형태》참조

2. 문자 효과

① CLASSIC TEA (Arial, Bold, 60pt, C20M80K30)
② SMOOTH AND FLAVORFUL (Arial, Bold, 17pt, C90M70Y20)
③ Tea time is the best time~ (Times New Roman, Regular, 23pt, M20Y80)

참고도안   출력형태

C60M90Y30K20,
C0M0Y0K0,
C10M40Y100,
(선/획)
M40Y100, 1pt

COM0Y0K0   [Brush]
                  4pt. Star, 1pt

210 X 210mm
[Mesh]
M20Y80, M10Y10

[Blend] 단계 : 15,
(선/획) C0M0Y0K0, 1pt
→ C50M10Y20, 3pt

C90M20,
C90M90Y30K50,
C0M0Y0K0,
C100M80Y30
→ C40Y40,
[Effect] Drop Shadow

C20, C50Y100,
C50Y100K30,
C70M30Y100K20

[Symbol]

CLASSIC TEA
SMOOTH AND FLAVORFUL

Tea time is the best time~

자율 학습 문제 3회

문제 1 BI, CI 디자인 25점

다음의 《조건》에 따라 아래의 《출력형태》와 같이 작업하시오.

조건

파일저장규칙	AI	파일명	문서 GTQ 수험번호—성명—1.ai
		크기	100 x 80mm

1. 작업 방법
   ① 도형, 변형 툴과 Pathfinder 기능을 활용하여 오브젝트를 작성한다.
   ② 그 외 《출력형태》참조

2. 문자 효과
   ① LET'S CLEAN UP (Times New Roman, Bold, 17pt, C0M0Y0K0, C80M60Y20)

출력형태

C30Y30,
C60Y80,
C0M0Y0K0,
C20,
M90Y80 → M50Y100,
M70Y100,
M50Y100,
M20Y80,
C80M60Y20,
C40M60Y90,
(선/획)
C0M0Y0K0, 1pt

다음의《조건》에 따라 아래의《출력형태》와 같이 작업하시오.

조건

파일저장규칙	AI	파일명	문서 GTQ 수험번호–성명–2.ai
		크기	160 x 120mm

1. 작업 방법
   ① 가루비누는 Pattern을 활용하여 작성한다. (패턴 등록 : 열매)
   ② 세제용기는 Clipping Mask를 적용한다.
   ③ Brush는《출력형태》를 참고하여 작성한다.
   ④ Effect는《출력형태》를 참고하여 작성한다.
   ⑤ 그 외《출력형태》참조

2. 문자 효과
   ① CLEAN & FRESH (Arial, Bold, 21pt, C40M70Y90K40)
   ② Soap POWDER (Times New Roman, Bold, 29pt, 13pt, Y100)

출력형태

C40M60Y90K10,
Y40

C20K10, C0M0Y0K0,
C60M10Y10

C20Y20,
C70M10Y50,
C80M20Y60K10,
K10 → K50,
Y50, Opacity 60%

[Brush]
Charcoal . Feather,
C40M60Y90K10, 1pt

CLEAN & FRESH

Soap POWDER

[Effect] Drop Shadow

C20K10, C40K10, C80M40, C50,
C60M20, C20Y100, C0M0Y0K0,
(선/획) C40K10, 1pt, C0M0Y0K0, 1pt

[Pattern]

다음의 《조건》에 따라 아래의 《출력형태》와 같이 작업하시오.

조건

파일저장규칙	AI	파일명	문서 GTQ 수험번호–성명–3.ai
		크기	210 x 297mm

1. 작업 방법
① 티셔츠 모양은 《참고도안》을 직접 제작한 후 Symbol로 활용한다. (심볼 등록 : 티셔츠)
② 'CLEANING', 'We are in charge of laundry.' 문자에 Envelope Distort를 적용한다.
③ Brush는 《출력형태》를 참고하여 작성한다.
④ Effect는 《출력형태》를 참고하여 작성한다.
⑤ Clipping Mask를 이용하여 디자인을 정리한다.
⑥ 그 외 《출력형태》참조

2. 문자 효
① Laundry (Times New Roman, Bold Italic, 95pt, M80Y10)
② CLEANING (Arial, Bold, 36pt, C80M50)
③ We are in charge of laundry. (Arial, Regular, 21pt, M60Y100)

참고도안

출력형태

M40Y100,
Y100, K50,
C60M10Y100,
C40Y80,
C20Y40 → C60M10Y100,
M10Y40 → M40Y100

COMOYOKO

[Blend] 단계 : 15,
(선/획) COMOYOKO, 1pt → Y100, 3pt

210 X 297mm
[Mesh]
C50M10, C20

[Brush]
Bubbles, 2pt

(선/획) K70, 2pt

[Symbol]

C80M60Y40K20,
C80M20Y50,
COMOYOKO, C20, C40,
C60M10, C70M30K10,
C30M20K10,
COMOYOKO →
C30M20K10

[Effect]
Drop Shadow

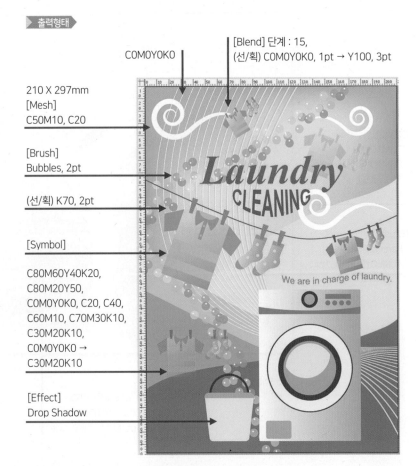

부록

편집 작업

실행 취소	Ctrl + Z
재실행	Shift + Ctrl + Z
잘라내기	Ctrl + X
복사	Ctrl + C
붙이기	Ctrl + V
앞에 붙이기	Ctrl + F
뒤에 붙이기	Ctrl + B

문서 작업

문서 만들기	Ctrl + N
문서 열기	Ctrl + O
문서 닫기	Ctrl + W
다른 이름으로 저장	Shift + Ctrl + S

보기

바운딩박스 활성화/비활성화	Shift + Ctrl + B
눈금자	Ctrl + R
투명도 활성화/비활성화	Shift + Ctrl + D
윤곽선 활성화/비활성화	Ctrl + Y
가이드 활성화/비활성화	Ctrl + ;
가이드 잠그기	Alt + Ctrl + ;
원근감 격자 활성화/비활성화	Ctrl + Shift + I
그리드 활성화/비활성화	Ctrl + '
도구 박스 숨기기	Tap
확대하기	Ctrl +(더하기)
축소하기	Ctrl −(빼기)
화면에 대지 맞추기	Ctrl + 0
100%로 보기	Ctrl + 1
전체화면 보기 모드 변경	F

선택

모두 선택	Ctrl + A
모두 선택 해제	Shift + Ctrl + A
그룹	Ctrl + G
그룹 해제	Shift + Ctrl + G
잠그기	Ctrl + 2
잠금 해제	Alt + Ctrl + 2
오브젝트 배열 한 단계 위로 이동	Ctrl +]
오브젝트 배열 한 단계 아래로 이동	Ctrl + [
오브젝트 배열 제일 위로 이동	Ctrl + Shift +]
오브젝트 배열 제일 아래로 이동	Ctrl + Shift + [

그리기

패스 연결	Ctrl + J
칠과 획 간 반복 교체	X
칠과 획을 초기 값으로 설정	D
칠과 획 교체	Shift + X
색상 칠	. (쉼표)
그레이디언트 칠	. (마침표)
색 없음	/(슬래시)
그라디언트 annotator	Alt + Ctrl + G
브러시 크기 줄이기	[
브러시 크기 늘리기	]

개체 작업

개체 변형 반복	Ctrl + D
클리핑 마스크 만들기	Ctrl + 7
컴파운드 패스 만들기	Ctrl + 8
둘러싸기 왜곡	alt + ctrl + shift + W
블렌드 적용	alt + ctrl + B

문자

문자 크기 줄이기	Ctrl + Shift + ,(쉼표)
문자 크기 키우기	Ctrl + Shift + .(마침표)
자간	Alt + 방향키 좌우
행간	Alt + 방향키 상하
윤곽선 만들기	Shift + Ctrl + O

Q 툴박스, 옵션 바가 사라졌어요

A 작업을 하다 보면 단축키를 잘못 누르거나 창을 실수로 닫는 경우가 있습니다. 툴박스, 패널, 옵션 바(컨트롤 바)는 모두 상단 메뉴바의 [Window] 메뉴에서 확인할 수 있습니다. 옵션바가 없어졌다면 [Control]을 클릭하여 활성화하고 툴박스는 [Toolbars] 〉 [Advanced]를 클릭하여 활성화합니다. 그 외 패널들도 목록을 확인하고 필요한 패널을 클릭하여 활성화 합니다.

Q 오브젝트가 뒤로 그려져요

A 그리기 모드가 Draw Behind로 설정되었는지 확인합니다.

도구 박스의 아이콘은 오브젝트 생성 시 배열 순서 유형입니다. 왼쪽부터 일반 모드(Draw Normal)는 이전 오브젝트의 위로 쌓이게 되고 두 번째 배경 그리기 모드(Draw Behind)는 이전 오브젝트의 아래로 쌓이게 됩니다. 세 번째 내부 그리기 모드(Draw Inside)는 먼저 선택한 오브젝트 안에 그려지게 됩니다. 보통 일반 모드로 작업합니다.

Q 오브젝트가 찌그러져서 그려져요

A Perspective grid Tool(Shift + P)을 클릭하면 작업 화면에 원근감 격자가 활성화됩니다. 투시에 맞춰 오브젝트에 원근감이 적용되어 그려지므로 [View] 〉 [Perspective Grid] 〉 [Hide Grid(Ctrl + Shift + I)]하여 그리드를 비활성화합니다.

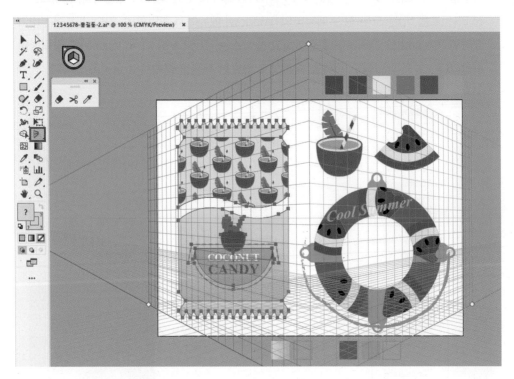

Q 아트보드가 투명해졌어요

A 단축키 Ctrl + Shift + D를 누르면 투명격자가 활성화됩니다. 다시 Ctrl + Shift + D([View] 〉 [Hide Transparency Grid])를 누르면 일반 보기 화면이 됩니다.

〈투명 격자 보기〉

〈일반 보기〉

Q 바운딩 박스가 안보여요

A 단축키 Ctrl + Shift + B를 누르면 바운딩박스를 비활성화합니다. 다시 Ctrl + Shift + B ([View] 〉 [Show Bounding Box])를 눌러 바운딩박스를 활성화합니다.

 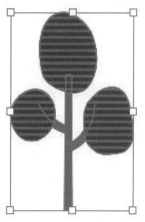

〈바운딩 박스 비활성화〉　　　　　　〈바운딩 박스 활성화〉

Q 고정점이 안보여요

A 단축키 Ctrl + H를 누르면 고정점 보기가 비활성화 됩니다. 다시 Ctrl + H([View] 〉 [Show Edges])하여 고정점 보기를 활성화합니다.

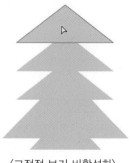 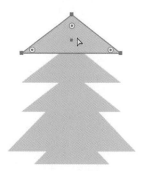

〈고정점 보기 비활성화〉　　　　　　〈고정점 보기 활성화〉

내일은 GTQi 일러스트